朦胧诗 · 飞鸟集

家 · 茶馆 · 子夜

青春
对话经典

傅　岩◎主编

三国演义 · 红楼梦

两任作家协会主席**黄亚洲、麦家**
两位语文教育专家**胡勤、金瑞奇**

倾情推荐

呐喊 · 朝花夕拾

苏菲的世界 · 人类简史

复活 · 百年孤独 · 变形记

浙江工商大学出版社
ZHEJIANG GONGSHANG UNIVERSITY PRESS
· 杭州 ·

日出东方 · 解密

图书在版编目（CIP）数据

青春对话经典 / 傅岩主编 . — 杭州 ：浙江工商大学出版社，2022.2

ISBN 978-7-5178-4592-8

Ⅰ．①青… Ⅱ．①傅… Ⅲ．①阅读课－高中－教学参考资料 Ⅳ．① G634.333

中国版本图书馆 CIP 数据核字（2021）第 142681 号

青春对话经典

QINGCHUN DUIHUA JINGDIAN

傅 岩 主编

责任编辑	何小玲　夏湘娣
责任校对	刘　颖
封面设计	广领设计
责任印制	包建辉
出版发行	浙江工商大学出版社
	（杭州市教工路 198 号　邮政编码 310012）
	（E-mail：zjgsupress@163.com）
	（网址：http://www.zjgsupress.com）
	电话：0571-88904980，88831806（传真）
排　　版	风晨雨夕工作室
印　　刷	杭州高腾印务有限公司
开　　本	710 mm×1000 mm　1/16
印　　张	24.5
字　　数	363 千
版 印 次	2022 年 2 月第 1 版　2022 年 2 月第 1 次印刷
书　　号	ISBN 978-7-5178-4592-8
定　　价	80.00 元

傅岩老师和他的学生们

2008年，傅岩老师出访英国，与亨利王子学校的学生们交流

傅岩老师在课堂上讲解《庄子》

学生在课堂上表演课本剧《雷雨》

　　傅岩老师（左一）、吴倩倩老师（右二），与红学专家土默热教授（中），著名作家、杭州土默热红学研究中心主任黄亚洲先生（右一），土默热红学研究中心讲师团团长蔡亚萍女士（左二）交流后合影

　　傅岩老师（后排左八）及学军中学语文组教师参加第十二届全国鲁迅学校校际交流会，并与鲁迅长孙周令飞（后排左十）、北京师范大学教授顾明远（后排左九）、杭州市语文教研员金瑞奇（后排左五）等合影

　　傅岩老师（左一）与陈萍校长（左二）、吴慧慧老师（右二）、代莉老师（右一）聘请黄亚洲先生（中）担任学军中学繁星文学社顾问

　　傅岩老师（左二）与陈萍校长（左三）、路颖颖老师（右二）率学军中学繁星文学社社员（左一、右一），与诺奖得主、法国小说家勒克莱齐奥交流

讲座后，著名作家麦家与师生们合影

人民教育家、著名语文特级教师于漪给学军中学语文教师的题词

爱我中华，爱我母语，爱我学生，追求卓越，更上层楼。

学军中学语文教师共勉

于漪 二〇一六年十一月

弘扬鲁迅精神

为杭州学军中学繁星文学社题

二零一七年中秋　　　顾明远书

中国教育学会会长、北京师范大学教授顾明远给学军中学繁星文学社的题词

做精神明亮的人

繁星闪烁

作家毕飞宇、王开岭给学生们的题词

和上学同幸福

毕飞宇
2016.5.

2016.5.20

一个语文教师的泳姿

——序《青春对话经典》

黄亚洲

杭州学军中学的语文教研组长傅岩老师，是个极有情怀的人。记得六年前，他和几位青年教师一道，在陈萍校长带领下，专程来我书院，来意是聘我为他们学校文学社的顾问。

我当即同意了。不是说我的文化水准有多高，关键是，学军中学是我女儿的母校。我女儿在这个中学读了六年书，担任了六年的班长，还做过学校的学生会副主席、校团委的体育委员。学军中学给了她很多。看我女儿后来的成长姿态，我觉得，都跟受学军中学的熏陶有很大的关系。

所以，我对学军中学有感情。有感情，还有第二个原因，那就是二十世纪八十年代中叶，整整两年的时间里，我几乎每天都俯瞰着学军中学的那个绿荫重重的校园，听校园里依稀传出的朗诵声，看学校操场上每天朝气蓬勃的万马奔腾。原因是，那两年，我作为杭州大学中文系干部专修科的"太学生"，在学校补了两年的大专学历，而所居寝楼，恰好是靠着文三路的那一栋。我的寝室是514，故眼皮底下，就是中学校园，大学校园与中学校园仅隔一条马路。

过了数月，我又以"杭州土默热红学^①研究中心主任"的名义，邀请他们来我书院，参加"庆贺土默热红学诞生四十周年座谈会"，而傅岩老师素来

---

① 土默热红学是土默热教授首创并独力完成的关于《红楼梦》研究的新学说，故称。其核心是"洪昇著书说"。

文学星空的有一块，
叫做学军！
为杭州学军中学《繁星》文学社题
黄亚洲
2015年日

黄亚洲先生给杭州学军中学繁星文学社的题词

对红学有所研究，一经分析，便对土默热红学的主要观点持赞同态度，于是，顺理成章，学军中学就成立了杭州高中学校里的首个"土默热红学研究小组"，由傅岩老师主编的《繁星》杂志随后也开辟了"读红""读鲁"专栏，以阅读《红楼梦》和鲁迅作品为重点来推动阅读经典名著活动，同时转载了我的一些诗歌、散文等作品，学校图书馆还设置了专门书架，陈列了关于土默热红学研究的部分著作以及我的部分作品。

倒弄得我不好意思起来。

但我想说的是，傅岩老师确是一个极有情怀的人，是一个善于引领学生走进经典名著殿堂热烈地追求文学梦的语文教师。

现在，摆在面前的这部由傅岩老师主编的《青春对话经典》，又让我们见到了这位优秀的语文老师的炽热情怀。

我以为，在杭州学军中学这样的省级重点高中，能坚持在语文课堂内外积极开展名著阅读，是需要勇气的。

你想，要让绝大部分是理科班包括以理科竞赛为主要任务的理科实验班学生，在高中三年里，深深沉浸于名著世界，要求读完一本名著后，认真选取自己感悟最深的精彩段落抄写并加以点评，还要撰写书评或读后感，还要去参赛评奖，多少语文教师敢于冒这样的不抓成绩而让学生读"闲书"的风险啊？

一般来说，为了获得理科高考高分或好的竞赛成绩，理科班的学生除了鏖战题海还能怎样？对于语文这个提分缓慢的学科，能刷一点应试的语文试卷，就算对得起语文老师了，哪还会花费如此多的心血于名著之中，于红学的探索之中？

显然，傅岩老师所倡导的"多读大用经典，少做无效闲题"，真是有些"逆风而行"了。

他胆子大。

傅岩老师的学生有一系列的实话实说，他们是这么说的："读书读得最凶的竟然还是高中"，"实话实说，高中阶段是最后能够静下心来读名著的阶段"，"您的课堂让我觉得学习语文、研究文学是一件有意思的事情，一件值得终身去做的事情；我非常感激您让我保留住了这份对于文学的兴趣与敬畏"，等等。

傅岩老师能做到这样，仅仅说他胆子大，有勇气，显然是不够的，他对此有冷静的分析。

我从他《自序》里所阐述的阅读名著的教学理念、对阅读内容的考量和制订的阅读规划来看，显然，傅岩老师是把阅读名著作为语文教学的真问题来研究的，他以实施课题的方式来将阅读名著课程化，避免了名著阅读的随意性和盲目性以至于有始无终的弊端，使名著阅读的开展特别有序且有效。

这样的实践与研究基础，是他敢于冒险的底气之一。

学生运用摘抄点评的方式，对《红楼梦》《呐喊》等古今中外几十部名著进行的解读，见出学生对作品词句的深层意蕴和作品的诸多表现手法的领会，表现出对作品独到的理解能力，从而提升其精神境界和审美能力。同时，傅岩老师在这样的阅读过程中，和学生一样，也是一个与名著的交谈者。由此，阅读课堂就成了一个不是寻求统一结论而是分享各自感悟的空间。拥有这样有质量的阅读和积累，还用担心学生高考的读写能力不够强吗？

我以为，这是傅老师敢于冒险的底气之二。

我还注意到，学生们的"阅读感悟"中有这样的一些话："坚信阅读能高性价比地拓宽视野和沉淀心境，无形地作用于生活"，"阅读……总能予我以答案、力量和内心的平和"，"阅读名著更是灵魂的壮游"，"在书籍中，我寻找理想生活"，"每一次阅读，都能将我从现实的纷扰中解救出来，许我一方宁静的角落，让我完成与自己的一次深度交谈"，等等。这是阅读名著后获得的有意义的生活的真实写照。傅岩老师读之，应该是十分欣慰吧？

这也应该是傅岩老师一贯倡导名著阅读的最厚实的底气吧？

就安静读书而言，在当今这个多少显得有些喧嚣与浮躁的时代，傅岩老师能如此坚持推动名著的阅读，如此热情充实孩子们的精神生活，以让当今的教育变得更好一些，其意义，真是不小的。

当代教育，是个探寻不完的话题，傅岩老师沉浮其中。我们是不是可以从他努力冲刺的泳姿中，得到某些启示呢？

我想是可以的，而且是应该的，所以我在这里啰唆了几句。

2021 年 10 月

（黄亚洲，曾任第八届全国人大代表、中共十六大代表、第六届中国作家协会副主席、第六届浙江省作家协会主席，为鲁迅文学奖得主。现任中国电影文学学会副会长、中国作家协会影视文学委员会副主任、《诗刊》编委、浙江省文史馆馆员。）

我执教多年，深切感受到语文教材的编写，从内容到体例都处在不断变化之中。编写者似乎总是认为，在某一种更为科学先进的编写理念指导下编写的教材，就一定比旧教材更能解决语文学习中面临的诸多问题，甚至由此引发了"编写怎样的教材是决定语文教学成败的关键"的争论。

可以肯定的是，有好的教材和高效的课堂，的确是可以提升学生的语文素养与能力的。但是我认为：

第一，从学习目标看，将语文学习的目标仅仅定位在提升语文素养与能力上是不够的，还应该让学生获得更多的精神滋养，从而有益于健全人格的形成；

第二，从学习方式看，语文学习过度强化教师在课堂内对课文的解读，也是有所欠缺的，还应该遵循语文学习的规律，让学生能主动地到人文经典世界里去自主体悟，自省自新；

第三，从资源取向看，语文教学资源仅仅局限于教材所选课文是不够的，教师要敢于打破课内课外资源的界限，对其进行有机整合，只要是促进学生精神成长的资源就是优质资源。

我以前一直是重视学生的课外阅读的。那时，每周有两节连堂语文课，可以阅读，也可以写作，我会隔周至少用两课时让学生到图书馆去自由阅读书籍报刊等，还自费订阅《杂文报》《语文报》等让学生在课外阅读。这样的阅读是有一定效果的。

当然，有的学校或语文组也会开列经典名著的阅读书目，也搞"书香校园"建设活动，尽力营造阅读氛围；但是一阵倡导之风吹过后，又是扎扎实实地"同步训练"，甚至将阅读经典与提升语文成绩对立起来而排斥课外阅读。

反思我所开展的阅读活动，存在的主要问题也是明显的：

一是阅读的内容虽然广泛但没有合理地整合和优化，总还是以"多读才会读、会写"的比较功利的目的来开展阅读活动；

二是没有按照课程化的要求考量阅读内容、程序和方法等要素，没有依据高中生学情制订三年阅读的比较科学系统的规划。

停留在阅读品质不够高这个层面的原因是多方面的，但核心问题还是对阅读经典的重要性认识不到位。

基于以上这些认识与反思，我吸取了一贯坚持让学生开展课外阅读的经验，从 2009 年起，通过主持实施杭州市实验课题"在阅读经典中成长——关于阅读经典、促进学生精神成长的教学研究"，来进行阅读经典课程化的教学实践与研究。

该课题的实施要点如下：

1. 纳入教学计划。每周安排一个课时阅读经典。每晚 8：20（高一年级）或 8：30（高二至高三年级）可以阅读指定经典作品。寒暑假也将规定选读的书目纳入计划。

2. 精选经典名著。精选五十种书目（含新课标必读书目、教师推荐书目、杭州市历届中小学生"品味书香　诵读经典"读书征文活动推荐书目等）（书目附后），结合各学年段特点，将这些书目安排到教学计划中，在六个学期内必读或选读。班里有书柜，书籍由学生自备和图书馆提供。

3. 落实具体措施。每本书读完后，选出自己认为精彩的段落，按照批注式阅读方法进行点评批注，要求用 A4 纸六至八页手抄，书写规范工整。每学期从读过的书中选一本，与寒暑假的阅读和写作任务结合起来，写一篇不少于一千字的书评。

4. 交流分享成果。编辑优秀摘抄点评和书评例文，在年级里点评引导，在校内评出优秀者进行奖励。优秀书评，有的上传到学军中学校园网"学军大军读名著"栏目刊出并不断更新；有的推荐到校内外的报纸（《学军中学报》《钱江晚报》等）、杂志（《繁星》《作文通讯》等）发表；有的推荐去参加读书征文大赛；等等。

5. 开展相关活动。如作家专家讲座、读书汇报演讲、课本剧演出、专著兴趣研读等与阅读经典有关的活动。

人教版统编语文教材的编写者强调，课外阅读，特别是整本书阅读，将成为重要的能力要求。我认为，这样的要求，将引导学生阅读原著，做到深源固根、流远木长。当然，对原著的鉴赏，我以为，教师不必是一个对作品进行先入为主的解读的导读者，而应该是一个将阅读课堂营造成对话、论辩和共享空间的引领者，让学生主动地走进原生态经典世界，与其进行自由的、鲜活的交谈，去吸取个性化需要的营养，并借鉴与批判，形成独到的价值判断和创造性的理解。在阅读过程中，教师是阅读者，也是和学生地位平等的交流者，从而与学生形成阅读经典的学习共同体。

本书所选作品，主要来自我教的杭州学军中学四届理科班学生，其中还有由理科竞赛特长生组成的实验班学生。理科生能如此用心地阅读经典，令人欣慰。这些作品，有不少曾公开发表，或者获得征文大赛奖励，有的学生还因此成为文学特长生。这种把阅读经典课程化的探索，取得了一定的成果，不仅仅是提升了学生的语文素养与能力，更重要的是促进了学生的精神成长，为他们未来的持续发展，奠定了良好的人文素养基础。

书中百多位作者，均为学军校友，包括在读大学的和已经走向社会的。他们撰写的简短的"阅读感悟"，充分肯定了阅读名著的意义，尤其是对自己精神成长的影响，其独特的感受和理解，饱含思想内涵和情感力量，这对正在阅读名著的正值青春年华的学弟学妹们，以及广大读者尤其是同龄读者，是有借鉴意义的。读了这些与阅读名著有关的"名言警句"，作为他们的语文教师，在感到欣喜的同时，也更加坚定了践行名著阅读教学实践的信心。

当然，有些学生的阅读还有待深入。我想，这是一个过程，而一个学生如果能从其高中三年开始阅读并坚持前行，那么，在他未来人生的道路上，这段青春对话经典的精神漫游一定会持续绽放亮光。

2021 年 5 月

附：经典名著书目①

1. 朱熹《四书集注》

2. 罗贯中《三国演义》

3. 洪应明《菜根谭》

4. 李毓秀《弟子规》

5. 曹雪芹《红楼梦》

6. 鲁迅《呐喊　彷徨　故事新编》

7. 林语堂《苏东坡传》

8. 冯友兰《中国哲学简史》

9. 茅盾《子夜》

10. 老舍《茶馆》

11. 沈从文《沈从文小说集》

12. 巴金《家》

---

① 此为笔者主持的杭州市课题"在阅读经典中成长——关于阅读经典、促进学生精神成长的教学研究"的五十种阅读书目，以教育部列出的高中生必读的二十几种书目为基础，结合学生的阅读水平和课题方案的要求列出。

当然，一部分学生并不满足于本书目，还在自选书目（包括我们推荐的二十种语文学科素养拓展书目和杭州市中小学生"品味书香　诵读经典"读书征文活动的推荐书目）的阅读过程中，读到了自己喜欢且感悟较深的作品，这就如和一位知心朋友对话，从中获得启迪，并成为自身精神成长恒久的营养。学生们自选阅读的作品题材广泛，形式多样，大多是古今中外的经典名著。从本书收录的一些自选书目的摘抄点评和书评、读后感来看，学生们对作品的解读还是比较深入的，其中不乏独到的领悟，这是值得肯定和鼓励的。当然，随着不断成长的过程，学生们日后再读这些作品，相信会有更深入的感悟和更多的收获。

13. 曹禺《雷雨》

14. 钱锺书《围城》

15. 季羡林主编《百年美文·哲思卷》上、下册

16. 汪曾祺《汪曾祺散文》

17. 李泽厚《美的历程》

18. 周国平《周国平文集》第 6 卷

19. 余秋雨《文化苦旅》

20. 龙应台、[德国]安德烈《亲爱的安德烈》

21. 毕淑敏《幸福的七种颜色》

22. 方勇、陆永品《〈庄子〉诠评》

23. 陈国恩等编《一世珍藏的微型小说 130 篇》

24. 王俊主编《精短散文珍藏本》

25. 华春主编《哲理小品·中国卷》

26. 李丽中编著《朦胧诗·新生代诗百首点评》

27. 郑允钦编选《外国百篇经典微型小说》

28. [奥地利]茨威格《三大师传》

29. [奥地利]卡夫卡《变形记》

30. [俄国]契诃夫《契诃夫短篇小说》

31. [俄国]普希金《普希金诗选》

32. [俄国]托尔斯泰《复活》

33. [法国]巴尔扎克《人间喜剧——巴尔扎克小说选集》

34. [法国]丹纳《艺术哲学》

35. [法国]加缪《局外人》

36. [法国]莫泊桑《莫泊桑短篇小说》

37. [法国]雨果《巴黎圣母院》

38. [哥伦比亚]马尔克斯《百年孤独》

39. [美国]欧·亨利《欧·亨利短篇小说》

40. [美国]海明威《老人与海》

编写说明

本书分上、下两卷编写。

上卷名曰"沿波讨源，细读段落"，主要选自我所教的学军中学几届学生的摘抄点评本。

在名著阅读活动中，我要求学生，在按计划读完一部名著之后，在把握整本书内容的基础上，要选取自己感受最深的一些段落，抄写在本子上，并主要从内容和形式等方面对其进行点评。

高一入学第一课上，我就会进行阅读名著的学法指导，重点给学生讲解阅读名著的意义和作用，介绍阅读的基本方法及要求，印发用批注式阅读方法点评的示例，如《古文观止》的编者点评、《红楼梦》的脂砚斋批注等，还有上一届学生的优秀摘抄点评样本。

我相信，学生精读的每一部名著，总有感悟深切的可被摘抄点评的一些段落。在阅读和摘抄点评过程中，教师不是灌输"权威"解读的导读者，而是让学生进行自由的个性化解读的引领者。虽然名著有必读和选读之分，但摘抄点评的段落却一定是学生在阅读过程中自主选择的。这样的解读积累，才是真正的阅读。

在高三阶段训练现代文解读能力时，有的学生就是解读不到位，其原因，不只是解题思路或方法不对，更主要的是自我精读（如我们对名著的这种扎实解读）作品积累有所欠缺。当然也不乏解读特别到位的，如包思雨同学。

作为理科实验班学生，她的摘抄点评显见其阅读作品之深入、见解之独到，很值得借鉴。高三时她解读现代文阅读题目常常得高分或满分，参赛作文获得全国大奖，最终升入北京大学。随着这个课题的深入开展，我们也欣喜地看到，2020届学生在坚持阅读传统名著的同时，又自主选择了另外一些作品做阅读鉴赏，其点评有见地，闪耀着个性化阅读的思想火花。

新课标提倡"整本书阅读"，有关研讨会、讲座盛行，一些专家、教授又开始研究所谓阅读指导方法，对名著的解读条分缕析，力图构建标准的解读模式。我以为，必要的指导是可行的，但他人包括专家、教授的解读仅供参考，因为这无论如何都无法替代学生对作品的自主品味和感悟。只要是走进了作品，并能体现出自己解读水平的"我的阅读"，就是有价值并值得鼓励的。

下卷名曰"披文入情，品析整本"，为学生阅读名著之后的书评和读后感。

对于精读的每一部名著，除首先做好摘抄点评外，我还要求学生每学期从读过的名著中选一种或两种写一至两篇不少于一千字的书评。每年暑假，杭州市有中小学生"品味书香　诵读经典"读书征文活动，省里也有类似的活动，我们将这些活动结合起来，让学生选读这些活动的推荐书目，以扩大阅读范围。

我们认为，要求学生在精读整本名著之后撰写文章来"品析整本"，能有效地提升学生的阅读和写作水平。学生的文章侧重于解读作品的思想内容，这与我们要求其首先读懂作品有关；而品析作品的艺术价值，不是重点要求。"品味书香　诵读经典"读书征文活动要求学生写读后感，也是侧重于对作品的理解。当然，从文体特点看，书评与读后感是有所不同的。在下卷里，我们并没有将两者截然分开。

不难看出，不管是上卷的摘抄点评，还是下卷的书评、读后感，《红楼梦》和鲁迅作品都占比较重，这与我所在的杭州学军中学长期坚持将《红楼梦》和鲁迅作品作为学生必读经典有关。实践证明，"读红""读鲁"是可行的。如在"读鲁"时，学生们不但读了鲁迅的小说、散文，有的（如瞿予非同学）还读了比较难懂的鲁迅的杂文，且能有自己的理解，难能可贵。有人说，《红楼梦》读不下去，鲁迅读不懂，我想，只要坚持读起来、读进去，一定会读得懂且读出趣味来的。

值得一提的是，为了深入开展《红楼梦》阅读研究，学军中学还成立了杭州市高中学校中首个土默热红学研究小组，同时，学军中学是鲁迅文化校际交流会理事校之一。我们除了组织有关作家、专家和学者开展阅读指导和交流活动外，还在学军中学的《繁星》文学杂志上开设了"读红""读鲁"专栏，刊发专家、校友和学生的作品。这些做法和学生作品获得了专家的肯定和社会的好评。

目　录

上卷　沿波讨源，细读段落

下卷　披文入情，品析整本

附　录

凡事总须研究，才会明白。古来时常吃人，我也还记得，可是不甚清楚。我翻开历史一查，这历史没有年代，歪歪斜斜的每页上都写着"仁义道德"几个字。我横竖睡不着，仔细看了半夜，才从字缝里看出字来，满本都写着两个字是"吃人"！

……

救救孩子……

总评：

《狂人日记》通篇营造出一种令人紧张的绝望气氛。一个被害妄想症"患者"的心理活动，朦胧一体的对生活的感受和心理幻觉，在特定的时代背景下有了特殊的深意。出身于封建士大夫家族的"狂人"，深受封建制度和礼教的迫害，终于造成了对社会的恐怖心理。他认为现实是"吃人"的世界，代代相传的观念只会湮灭人性，本质是受旧观念摧残的"仁义道德"正是这种"吃人"的思想，最终还是不狂了——小说中开篇便写道"候补矣"。也不知是喜抑悲，还是同时间持

历史上的"仁义道德"，实体上都只是吃人——用封建礼教和观念来束缚人的社会的载体。这种束缚代代相传，荼毒着一代又一代读书人的心灵。而像"狂人"这样真正的一时清醒的人，却被当作是疯子了。至此，狂人的醒悟又上升了一层，他认识到想要反抗者首先要成为非吃人的人的本质是不同的。"救救还孩子！"恰恰是其真然

上卷

沿波讨源，细读段落

本卷是学生的摘抄点评。我相信，学生精读的每一部名著，总有感悟深切的可被摘抄点评的一些段落。在阅读和摘抄点评过程中，教师不是灌输"权威"解读的导读者，而是让学生进行自由的个性化解读的引领者。虽然名著有必读和选读之分，但摘抄点评的段落却一定是学生在阅读过程中自主选择的。这样的解读积累，才是真正的阅读。

点评对象：

诗　经

作　者：/

点评人：王岩扉

简介	现就读于浙江中医药大学。曾获全国生物学联赛一等奖、校"鲁迅经典阅读"书评征文二等奖、"文心雕龙杯"全国中小学校园文学艺术大赛三等奖等。
阅读感悟	阅读名著像是自由穿行在一个个小世界，去见各种各样的人，在不急不缓中轻触颤动的灵魂，聆听萦绕的歌，捡拾落了一地的泪与笑，找寻自己的道。

（1）《卷耳》

陟彼砠矣，我马瘏矣，我仆痡矣，云何吁矣！

【点评】言"我马"，言"我仆"，言"陟"而未言"我"，因心有所往，虽知旅途艰难，但仍坚持心之所向。

（2）《凯风》

凯风自南，吹彼棘心。棘心夭夭，母氏劬劳。

凯风自南，吹彼棘薪。母氏圣善，我无令人。

【点评】首句舒心，灌注人以母爱的温暖和"小苗"成长的希望。后几句则哀而不伤，陈其事实却共鸣四方：母亲如此辛劳，孩子却不成才。把孩子比作酸枣树，让人不禁反思自我而思念母亲。此思似风，徐徐自南！无悔于世，无愧于母，愿也。

（3）《匏有苦叶》

深则厉，浅则揭。

【点评】这句原说的是追求爱情，不论它苦涩还是甘甜，都要渡河追寻，河的深浅亦不能成为干扰。这种无畏而坚贞执着的爱情大概是亘古不变的。我也愿将此理解为克服困难：不知深浅亦不问深浅，总有方法渡过眼前的河。此句如此轻快美好，让人感受不到痛苦，多的是一股惊人的冲劲。

（4）《氓》

于嗟鸠兮，无食桑葚。

【点评】桑葚黑美酸甜，缀于绿荫之下，对于小斑鸠而言是何等诱人呀！看不见也就罢了，摆在眼前了，不吃？不服啊！吃？醉了会被猎人捉去，但也可能不会……

想食不能，纠结反复。正如欲望，正如愿景。桑葚之于诱惑，之于爱情，之于梦想，之于安逸……又有何区别？

诱惑面前，若抵抗力不足，便将陷于深潭。爱情面前，即使是禁果，也忍不住尝一尝。梦想面前，即使有太多未知，洪流冲刷人群而留砥柱，也愿为之一搏，倾之一醉。安逸面前，蒙在痴妄中的人恐怕难逃一醉了。

或知其不可而为之——一往情深，愿赴火海；或不知其中险恶，痴醉痴醉，我们不就是那只小斑鸠吗？

点评对象：

庄子·逍遥游

作　者：庄　子

点评人：方伯迦

简介	现就读于浙江大学。曾任学军中学繁星文学社社长。在"文心雕龙杯"、新少年作文大赛总决赛、"课堂内外杯"、首届中国校园文学奖、首届"新声代"中学生议论文大赛总决赛等多项赛事上获全国奖。
阅读感悟	喜爱较为先锋且富有新意的文学作品，偏好童话和哲学著作。对古典音乐有极浓厚的兴趣，希望能将古典音乐的原理运用到文学中，并将科学中折射出的哲学与文学相贯通。

　　北冥有鱼，其名为鲲。鲲之大，不知其几千里也。化而为鸟，其名为鹏。鹏之背，不知其几千里也；怒而飞，其翼若垂天之云。是鸟也，海运则将徙于南冥。南冥者，天池也。

　　《齐谐》者，志怪者也。《谐》之言曰："鹏之徙于南冥也，水击三千里，抟扶摇而上者九万里，去以六月息者也。"野马也，尘埃也，生物之以息相吹也。天之苍苍，其正色邪？其远而无所至极邪？其视下也，亦若是则已矣。

　　【点评】鹏鸟视地，如人视苍天，盖"相对"之观念也。鹏与万物一样，虽雄壮可飞，然仍需风之依托，不免受外物影响而依赖外物，不是真逍遥。

　　且夫水之积也不厚，则其负大舟也无力。覆杯水于坳堂之上，则芥为之舟；置杯焉则胶，水浅而舟大也。风之积也不厚，则其负大翼也无力。故九万里，则风斯在下矣，而后乃今培风；背负青天而莫之夭阏者，而后乃今将图南。

蜩与学鸠笑之曰:"我决起而飞,抢榆枋,时则不至,而控于地而已矣;奚以之九万里而南为?"适莽苍者,三餐而反,腹犹果然;适百里者,宿舂粮;适千里者,三月聚粮。之二虫又何知!

【点评】不同需求,不同目标,只是相对的概念,并没有什么好嘲笑或自卑的。怎么知道对呢?先建立起一个理论,又去撞倒它,是庄子辩证的文风。

小知不及大知,小年不及大年。奚以知其然也?朝菌不知晦朔,蟪蛄不知春秋,此小年也。楚之南有冥灵者,以五百岁为春,五百岁为秋;上古有大椿者,以八千岁为春,八千岁为秋。而彭祖乃今以久特闻,众人匹之,不亦悲乎!

【点评】讲众生年岁长短,若匹之不亦悲乎,是相对的概念,故古今之道士忙于炼长生不老之药,错矣!

汤之问棘也是已。穷发之北有冥海者,天池也。有鱼焉,其广数千里,未有知其修者,其名为鲲。有鸟焉,其名为鹏,背若太山,翼若垂天之云,抟扶摇羊角而上者九万里,绝云气,负青天,然后图南,且适南冥也。

【点评】又重复原来的故事。一唱三叹,是庄子在文学上的音乐性。

斥鴳笑之曰:"彼且奚适也?我腾跃而上,不过数仞而下,翱翔蓬蒿之间,此亦飞之至也。而彼且奚适也?"此小大之辩也。

【点评】这也是一种飞,就像前文朝菌不能活到一天却也是一生。此小大之辩也。

故夫知效一官,行比一乡,德合一君,而征一国者,其自视也亦若此矣。而宋荣子犹然笑之。且举世而誉之而不加劝,举世而非之而不加沮,定乎内外之分,辩乎荣辱之境,斯已矣!彼其于世未数数然也。虽然,犹有未树也。

【点评】前四种人,修身、齐家、治国、平天下之贤人也。"其自视也,亦若此矣",是说他们只关心外界环境影响。第五种人明智而不管外界荣与辱,是极高人格——仍有未尽。

夫列子御风而行,泠然善也,旬有五日而后反。彼于致福者,未数数然也。此虽免乎行,犹有所待者也。若夫乘天地之正,而御六气之辩,以游无穷者,彼且恶乎待哉!故曰:至人无己,神人无功,圣人无名。

【点评】御风而行的神仙,便是如大鹏一般的境界——但这仍是依靠风的托力的。第六种人的精神是不死的，是不受时空限制而游无穷的，是无己、无功、无名的。他必定是不知己、功、名为何物的。行事对他来说是一种本能，不受外物驱动——所以他的幸福也是自然而不受环境影响的，是"游无穷"的。

【总评】鲲化为鹏，鹏飞九天。《逍遥游》一篇是《庄子》的总领。道家追求的目标即为"逍遥"，以"逍遥"开头，才能以"逍遥"作结。

点评对象：

三国演义

作　者：罗贯中

点评人：萧　阔

简介	北京大学学士、硕士。目前博士研究生在读。
阅读感悟	阅读名著帮助我更加深刻地了解到做人做事的道理，我相信阅读在人生之中是一个必不可少的部分。

　　却说许攸暗步出营【袁绍可谓失去了人和，开战前就众叛亲离】，径投曹寨。伏路军人拿住。攸曰："我是曹丞相故友，快与我通报，说南阳许攸来见。"军士忙报入寨中。时操方解衣歇息，闻说许攸私奔到寨，大喜，不及穿履，跣足出迎。遥见许攸，抚掌欢笑，携手共入，操先拜于地【就算不是真心，也要装一下的】。攸慌扶起，曰："公乃汉相，吾乃布衣，何谦恭如此？"操曰："公乃操故友，岂敢以名爵相上下乎！"攸曰："某不能择主，屈身袁绍，言不听，计不从【士人都有点脾气，还要选主人】。今特弃之来见故人。愿赐收录。"操曰："子远肯来，吾事济矣！愿即教我以破绍之计。"攸曰："吾曾教袁绍以轻骑乘虚袭许都，首尾相攻。"操大惊曰："若袁绍用子言，吾事败矣。"攸曰："公今军粮尚有几何？"操曰："可支一年。"攸笑曰："恐未必。"操曰："有半年耳。"攸拂袖而起，趋步出帐曰："吾以诚相投，而公见欺如是，岂吾所望哉！"

操挽留曰："子远勿嗔，尚容实诉：军中粮实可支三月耳。"攸笑曰："世人皆言孟德奸雄【这里表现得很好，不知来意，确实不能以实相告，奸雄本色】，今果然也。"操亦笑曰："岂不闻'兵不厌诈'！"遂附耳低言曰："军中止有此月之粮。"攸大声曰："休瞒我！粮已尽矣！"操愕然曰："何以知之？"攸乃出操与荀彧之书以示之曰："此书何人所写？"操惊问曰："何处得之？"攸以获使之事相告。操执其手曰："子远既念旧交而来，愿即有以教我。"攸曰："明公以孤军抗大敌，而不求急胜之方，此取死之道也。攸有一策，不过三日，使袁绍百万之众【后勤就是命根子，百万之众没了粮草等于没有命啊】，不战自破。明公还肯听否？"操喜曰："愿闻良策。"攸曰："袁绍军粮辎重，尽积乌巢，今拨淳于琼守把，琼嗜酒无备【不负责任，是要追究责任的，军法不严就导致守备不严】。公可选精兵诈称袁将蒋奇领兵到彼护粮，乘间烧其粮草辎重，则绍军不三日将自乱矣。"操大喜，重待许攸，留于寨中。

....

却说袁绍在帐中，闻报正北上火光满天，知是乌巢有失【能猜到怎么不提早防备？】，急出帐召文武各官，商议遣兵往救。张郃曰："某与高览同往救之。"郭图曰："不可。曹军劫粮，曹操必然亲往；操既自出，寨必空虚，可纵兵先击曹操之寨；操闻之，必速还：此孙膑'围魏救赵'之计也。"张郃曰："非也。曹操多谋，外出必为内备，以防不虞。今若攻操营而不拔，琼等见获，吾属皆被擒矣。"郭图曰："曹操只顾劫粮，岂留兵在寨耶！"再三请劫曹营。绍乃遣张郃、高览引军五千【能讨论是好事，但是自己要有主意，要果断】，往官渡击曹营；遣蒋奇领兵一万，往救乌巢。

且说曹操杀散淳于琼部卒，尽夺其衣甲旗帜，伪作淳于琼部下败军回寨，至山僻小路，正遇蒋奇军马。奇军问之，称是乌巢败军奔回，奇遂不疑，驱马径过。张辽、许褚忽至，大喝："蒋奇休走！"奇措手不及，被张辽斩于马下，尽杀蒋奇之兵。又使人当先伪报云："蒋奇已杀散乌巢兵了。"袁绍因不复遣人接应乌巢，只添兵往官渡。

却说张郃、高览攻打曹营，左边夏侯惇，右边曹仁，中路曹洪，一齐冲出：三下攻击，袁军大败。比及接应军到，曹操又从背后杀来，四下围住掩杀。张郃、高览夺路走脱。袁绍收得乌巢败残军马归寨，见淳于琼耳鼻皆无，手足尽落。绍问："如何失了乌巢？"败军告说："淳于琼醉卧【淳于琼悲剧了，但是现在杀还有什么用，袁绍只是意气用事罢了】，因此不能抵敌。"绍怒，立斩之。郭图恐张郃【这种严重的派系之争严重影响了团结，不团结怎么能发挥实力呢？】、高览回寨证对是非，先于袁绍前谮曰："张郃、高览见主公兵败，心中必喜。"绍曰："何出此言？"图曰："二人素有降曹之意，今遣击寨，故意不肯用力，以致损折士卒。"绍大怒，遂遣使急召二人归寨问罪。郭图先使人报二人云："主公将杀汝矣。"及绍使至，高览问曰："主公唤我等为何？"使者曰："不知何故。"览遂拔剑斩来使。郃大惊。览曰："袁绍听信谗言，必为曹操所擒；吾等岂可坐而待死？不如去投曹操。"郃曰："吾亦有此心久矣。"

【点评】曹操烧了袁绍的粮草，袁绍不注意自己的后勤线，最后的下场只能是战败，而曹操可以在正面战场僵持不下的时候，果断改变思路，进行袭扰，不愧是一代奸雄。

点评对象：

三国演义

作　者：罗贯中

点评人：徐艺凡

简介	毕业于浙江工业大学，现在中汇会计师事务所从事审计相关工作。
阅读感悟	坚信阅读能高性价比地拓宽视野和沉淀心境，无形地作用于生活。

……言未毕，一声炮响，两边五百校刀手摆开，为首大将关云长提青龙刀，跨赤兔马，截住去路。操军见了，亡魂丧胆，面面相觑。操曰："既到此处，只得决一死战！"众将曰："人纵然不怯，马力已乏，安能复战？"程昱曰："某素知云长傲上而不忍下，欺强而不凌弱，恩怨分明，信义素著。丞相旧日有恩于彼，今只亲自告之，可脱此难。"操从其说，即纵马向前，欠身谓云长曰："将军别来无恙。"云长亦欠身答曰："关某奉军师将令，等候丞相多时。"操曰："曹操兵败势危，到此无路，望将军以昔日之情为重。"云长曰："昔日关某虽蒙丞相厚恩，然已斩颜良、诛文丑、解白马之危以奉报矣。今日之事，岂敢以私废公？"操曰："五关斩将之时，还能记否？大丈夫以信义为重。将军深明《春秋》，岂不知庾公之斯追子濯孺子之事乎？"云长是个义重如山之人，想起当日曹操许多恩义，与后来五关斩将之事，如何不动心？又见曹军惶惶，皆欲垂泪，

一发心中不忍，于是把马头勒回，谓众军曰："四散摆开。"这个分明是放曹操的意思。操见云长回马，便和众将一齐冲将过去。云长回身时，曹操已与众将过去了。云长大喝一声，众军皆下马，哭拜于地。云长愈加不忍。正犹豫间，张辽骤马而至。云长见了，又动故旧之情，长叹一声，并皆放去。后人有诗曰：

曹瞒兵败走华容，正与关公狭路逢。

只为当初恩义重，放开金锁走蛟龙。

【点评】这一段首先描写关羽在曹操感情攻势下的思想斗争。当曹操向他欠身施礼时，他竟欠身回礼，称曹操为"丞相"！这一彬彬有礼的态度实际上包含着一个信号：关羽没有忘记旧情。机警过人的曹操立即抓住这个信号，向关羽告饶。之后又以关羽欠下人情债为突破点，提醒他"大丈夫以信义为重"。这一切，在关羽心中掀起巨浪。作为一个威震天下的英雄，他极其爱惜自己的名声，此时"恩怨分明"的性格终于占了上风，再加上"又见曹军惶惶，皆欲垂泪，一发心中不忍"，他的思想防线就此崩溃了。然后，写关羽终于下定了决心。只见他勒马回头，吩咐众军"四散摆开"，放走了曹操。此刻，他的心中躁动着以恩报恩的情感，什么军令状，什么两军的生死搏斗，一时都顾不得了。最后，写关羽见曹操与众将已经冲了过去，不禁"大喝一声"。这叫声，包含着十分复杂的感情：有不得不违背将令的懊恼，有义气得以保全的激动，也有抓住剩余的曹军以为补偿的念头。曹军中与关羽关系最好的张辽恰恰又在此时赶到，于是关羽"又动故旧之情，长叹一声，并皆放去"。作品描写关羽的感情起伏，一波三折，宛曲有致。"华容道放曹"体现了古代士文化的价值观，为塑造关羽这个性格复杂的"义绝"典型写下了最浓重的一笔。

次日，两军出营，布成阵势。超分庞德为左翼，马岱为右翼，韩遂押中军。超挺枪纵马，立于阵前，高叫："虎痴快出。"曹操在门旗下，回顾众将曰："马超不减吕布之勇。"言未绝，许褚拍马舞刀而出，马超挺枪接战。斗了一百余合，胜负不分，马匹困乏，各回军中换了马匹，又出阵前；又斗一百余合，不分胜负。

许褚性起，飞回阵中，卸了盔甲，浑身筋突，赤体提刀，翻身上马，来与马超决战。两军大骇。两个又斗到三十余合，褚奋威举刀，便砍马超。超闪过，一枪望褚心窝刺来。褚弃刀，将枪挟住，两个在马上夺枪。许褚力大，一声响拗断枪杆，各拿半节，在马上乱打。操恐褚有失，遂令夏侯渊、曹洪两将齐出夹攻。庞德、马岱见操将齐出，麾两翼铁骑，横冲直撞，渰杀将来。操兵大乱，许褚臂中两箭，诸将慌退入寨。马超直杀到壕边，操兵折伤大半。操令坚闭休出。马超回至渭口，谓韩遂曰："吾见恶战者，莫如许褚，真虎痴也！"

【点评】对这场惊心动魄的恶战，作品没有详细描绘双方的神情，只概括地叙写"斗了一百余合，胜负不分"。可以想象，那破天斩浪的大刀、梨花飞舞的银枪，牵动着多少将士的心。之后仍没有描绘双方招式，又概括一句"又斗一百余合，不分胜负"。由"胜负不分"到"不分胜负"，仅仅颠倒了一下词序，却大大加强了读者的印象。层层蓄势，为后面的描写做了有力的铺垫。接着"许褚性起，飞回阵中，卸了盔甲，浑身筋突，赤体提刀，翻身上马，来与马超决战"。这一连串鼓点般急骤的语言，活脱脱地勾勒出许褚那剽悍狂躁、志在必得的神态。最后一个戏剧化的镜头，使双方的勇气和武艺都得到充分渲染。事后，用"吾见恶战者莫如许褚，真虎痴也"这一洋溢着赞叹之意的话语结束，真是画龙点睛之笔。从这一篇章还能看出，《三国演义》虽有"尊刘贬曹"的思想倾向，但常常以赞美的笔调描写曹操手下的文臣武将的谋略和武功，从而表现"向往国家统一，歌颂忠义英雄"的创作主旨。在艺术手法上，最大特色是"动"与"静"的对照，而场面的变化使原本并不复杂的情节显得起伏有致，带来美的享受。

点评对象：

红楼梦

作　者：曹雪芹

点评人：吕骐瑶

	简介	现就读于上海对外经贸大学。获第三届"燕园杯"中学生历史写作活动全国一等奖、第十六届"叶圣陶杯"全国中学生新作文大赛二等奖。
	阅读感悟	人类的全部生活都依次在书本中留下印记。即便种族、人群、国家消逝了，书也依然存在。

　　此开卷第一回也。作者自云：因曾历过一番梦幻之后，故将真事隐去，而借"通灵"之说，撰此《石头记》一书也，故曰"甄士隐"云云。但书中所记何事何人？自又云："今风尘碌碌，一事无成，忽念及当日所有之女子，一一细考较去，觉其行止见识，皆出于我之上。何我堂堂须眉，诚不若彼裙钗哉？实愧则有余……虽我未学，下笔无文，又何妨用假语村言，敷演出一段故事来，亦可使闺阁昭传，复可悦世之目，破人愁闷，不亦宜乎？"故曰"贾雨村"云云。

　　【点评】《红楼梦》是以这一段话开始的，它表达了作者的创作意图，我整理了一下，约有几点：（1）作者发现身边的女子比自己更加优秀；（2）自己碌碌无为，十分悔恨，想告诫世人；（3）让女子的优点为人所知。此外，根据红学研究者的分析，曹雪芹也想通过这本书来洗刷曹家的冤屈。《红楼梦》

四大家族谐音"假史枉雪"，可能表达了作者对家族覆灭无奈、愤恨的情感。本段最后一句话，说明作者是将真人真事隐藏在了"梦幻"当中，借虚拟的人物来抒发真情实感，这也是《红楼梦》的独特之处，因此寻找人物原型也成了红学研究者的重要工作。

世人都晓神仙好，惟有功名忘不了！

古今将相在何方？荒冢一堆草没了。

世人都晓神仙好，只有金银忘不了！

终朝只恨聚无多，及到多时眼闭了。

世人都晓神仙好，只有娇妻忘不了！

君生日日说恩情，君死又随人去了。

世人都晓神仙好，惟有儿孙忘不了！

痴心父母古来多，孝顺儿孙谁见了？

【点评】这一段是跛足道人唱的《好了歌》。我认为它表达的是世人都想做神仙，但没有看清本质，留恋于人间的其他东西。神仙和人其实没有本质的区别，神仙只是彻悟了的人。世间万物只有结束了才回归，才算是好。甄士隐领悟了之后写的《好了歌注》里有这样一句话"反认他乡是故乡"，意思是现实人生是暂时居住的他乡，而超脱尘世的虚幻世界才是人生本源的故乡。这是一种很典型的中国传统哲学世界观，而《红楼梦》里也是这样。大荒山青埂峰下那块石头遇到的一僧一道（茫茫大士、渺渺真人）生得骨骼不凡、丰神迥异，而甄士隐遇到的一僧一道则是一个癞头跣足，一个跛足蓬头，形成鲜明对比，体现了尘世的苦难摧残人的身心，要追求精神的独立自由。

后面便是一片冰山，山上有一只雌凤。其判云：

凡鸟偏从末世来，都知爱慕此生才。

一从二令三人木，哭向金陵事更哀。

············

【聪明累】机关算尽太聪明，反送了卿卿性命。生前心已碎，死后性空灵。家富人宁，终有个家亡人散各奔腾。枉费了，意悬悬半世心；好一似，荡悠悠三更梦。忽喇喇如大厦倾，昏惨惨似灯将尽。呀！一场欢喜忽悲辛。叹人世，终难定！

【点评】这是王熙凤的判词。凤姐作为贾府的实际掌权人，是要对贾府覆灭负责任的。"冰山"有多种解释，一是凤姐倚为靠山的贾府权势难以持久，二是贾府在政变中的靠山难以持久，三是凤姐内心冷酷。"凡鸟"合起来就是个"凤"字，一方面暗示王熙凤名字，一方面点出凤姐只是凡鸟，不能神通广大地摆脱灾祸。"一从二令三人木"的解释就更多了。"一从"可以理解为一开始凤姐对贾琏服从，也可以是贾琏对凤姐的服从，也可以是贾府对皇帝或是靠山的服从。"二令"可以是凤姐对贾琏，也可以是贾琏对凤姐，或是贾府玩弄权术，利令智昏。"三人木"中"人""木"合起来就是"休"字，可以是凤姐被休弃，也可以是一切都消散了。而"哭向金陵事更哀"，可能是贾府覆灭后凤姐被押送回金陵后抄没祖财，也可能是休弃后被送回故乡金陵，还有可能是死后魂归故乡。"意悬悬半世心"是指贾府半世积累的财产因为凤姐玩弄权术、私放高利贷等行为而被抄没。"荡悠悠三更梦"显然是指第十三回秦可卿死后托梦凤姐，告诉她自己发现了贾府有两件事未妥，为了避免"树倒猢狲散"的结局，来嘱托凤姐，但最后贾府还是落得这个结局。

点评对象：

红楼梦

作　者：曹雪芹

点评人：俞睿清

简介	现就读于同济大学。作品在"语文报杯"全国中学生作文大赛中获省级二等奖。
阅读感悟	我时常阅读，并尝试着将一些精彩的文段在舞台上演绎。曾参演课本剧《重生》（据鲁迅作品改编），通过这样的方式，能更深层次地体悟和理解名著。

……这门子听说，方告了座，斜签着坐了。

雨村因问方才何故不令发签，这门子道："老爷既荣任到这一省，难道就没抄一张本省'护官符'来不成？"雨村忙问："何为'护官符'？我竟不知。"门子道："这还了得！连这个不知，怎能作得长远！如今凡作地方官者，皆有一个私单，上面写的是本省最有权有势、极富极贵的大乡绅名姓，各省皆然。倘若不知，一时触犯了这样的人家，不但官爵，只怕连性命还保不成呢！所以绰号叫作'护官符'。方才所说的这薛家，老爷如何惹得他！他这件官司并无难断之处，皆因都碍着情分面上，所以如此。"一面说，一面从顺袋中取出一张抄写的"护官符"来，递与雨村。看时，上面皆是本地大族名宦之家的谚俗口碑。其口碑排写得明白，下面所注的皆是自始祖官爵并房次。石头亦曾抄写了一张，今据石上所抄云：

贾不假，白玉为堂金作马。

阿房宫，三百里，住不下金陵一个史。

东海缺少白玉床，龙王来请金陵王。

丰年好大雪，珍珠如土金如铁。

⋯⋯⋯⋯⋯

【点评】上述"护官符"写的是当时金陵的四大家族。贾家，白玉和金银处处是；史家，人多得连阿房宫都住不下；王家，连龙王都要来请；薛家，挥金如土。虽运用了不少夸张手法，自也足以体现出当时四大家族的鼎盛、富裕、势大。就是因为当时社会的阶级差异大，葫芦僧乱判了葫芦案。冯渊无辜被打，家人想讨一个公道，原来贾雨村还想秉公执法，门子却给他介绍了"护官符"，告诉他万不可得罪四大家族，致使最终并没有真正的公正。这体现出当时的社会黑暗，官场的愚昧腐败，为官之人的趋炎附势、以大欺小、阿谀奉承。贾雨村前后态度的改变体现了社会环境对人的影响之大。从中也可以感受到作者对这般混乱的官场的厌恶和对社会情状的强烈批判。

⋯⋯开匣看时，原来是宫制堆纱新巧的假花儿。黛玉只就宝玉手中看了一看，便问道："还是单送我一人的，还是别的姑娘们都有呢？"周瑞家的道："各位都有了，这两枝是姑娘的了。"黛玉冷笑道："我就知道，别人不挑剩下的也不给我。"周瑞家的听了，一声儿不言语。⋯⋯

【点评】这一小段读起来十分有趣，美丽的假花却只是姑娘们挑剩下的，黛玉一开始心中还有一丝疑问和希望，希望说是只给她的，得到回答后，她可爱得犯脾气。"我就知道⋯⋯"这一句话，既可以体现黛玉的机灵，也从字里行间读出她的埋怨情绪，这也算是作者对林黛玉多愁善感的性格的描写。

⋯⋯宝玉掀帘一迈步进去，先就看见薛宝钗坐在炕上作针线，头上挽着漆黑油光的鬏儿，蜜合色绵袄，玫瑰紫二色金银鼠比肩褂，葱黄绫绵裙，一色半新不旧，看去不觉奢华。唇不点而红，眉不画而翠，脸若银盆，眼如水杏。罕言寡语，人谓藏愚；安分随时，自云守拙。

【点评】这段是对薛宝钗的外貌、性格的描写。宝钗虽然拥有美丽的容貌，长得极为标致，但从她的衣着和神态中可以读出她的性格特点：她是一个很拘谨的人，也是较为守旧、保守的，这与林黛玉形成鲜明对比。

黛玉嗑着瓜子儿，只抿着嘴笑。可巧黛玉的小丫鬟雪雁走来与黛玉送小手炉，黛玉因含笑问他："谁叫你送来的？难为他费心，那里就冷死了我！"雪雁道："紫鹃姐姐怕姑娘冷，使我送来的。"黛玉一面接了，抱在怀中，笑道："也亏你到听他的话。我平日和你说的，全当耳傍风。怎么他说了你就依，比圣旨还快些！"宝玉听这话，知是黛玉借此奚落他，也无回复之词，只嘻嘻的笑两阵罢了。……

【点评】这段又是关于黛玉闹小脾气的，林黛玉是《红楼梦》中典型的多愁善感的人物。"嗑着瓜子""抿着嘴笑"，黛玉温婉的性格（表面）刻画得很随意，却可以很容易想象出来。言语中的嗔怪，自己被冷落借此发泄一下，让人不知是可笑还是可厌，府中的人都知道她的小脾气，所以让着她，宝玉也只得不言语。

展眼元宵在迩，自正月初八日，就有太监出来先看方向：何处更衣，何处燕坐，何处受礼，何处开宴，何处退息。又有巡察地方总理关防太监等，带了许多小太监出来，各处关防，挡围幕；指示贾宅人员何处退、何处跪、何处进膳、何处启事，种种仪注不一。外面又有工部官员并五城兵备道，打扫街道、撵逐闲人。贾赦等督率匠人扎花灯、烟火之类，至十四日，俱已停妥。这一夜，上下通不曾睡。

至十五日五鼓，自贾母等有爵者，皆按品服大妆。园内各处，帐舞蟠龙，帘飞彩凤，金银焕彩，珠宝争辉，鼎焚百合之香，瓶插长春之蕊，静悄无人咳嗽。贾赦等在西街门外，贾母等在荣府大门外。街头巷口，俱系围幕挡严。

【点评】贾元春仅是回来省一次亲，却要这么大的排场，这么严格的礼仪要求，连贾赦和贾母都必须在一旁静候。这体现出在当时的封建制度之下，没有绝对的长辈和晚辈，只有绝对的皇帝权威，之前的任何高地位，仍不及在皇宫中有地位，这就是当时非常现实的社会。但我觉得这是一个残酷到没有人性的社会，是多么可怕；元春在宫中，才确保了贾府的兴盛，但父跪女，长辈跪晚辈，仍是我所接受不了的。

点评对象：

红楼梦

作　者：曹雪芹

点评人：洪含绛

简介	上海交通大学学士、硕士，目前于上海交通大学攻读博士学位。
阅读感悟	高中做摘抄、写书评的岁月已过去近十年，但阅读的习惯却一直伴随着我，阅读带来的精神财富也将使我受益终身。

花谢花飞花满天，红消香断有谁怜？

游丝软系飘春榭，落絮轻沾扑绣帘。

闺中女儿惜春暮，愁绪满怀无释处；

手把花锄出绣帘，忍踏落花来复去。

柳丝榆荚自芳菲，不管桃飘与李飞。

桃李明年能再发，明年闺中知有谁？

三月香巢已垒成，梁间燕子太无情！

明年花发虽可啄，却不道人去梁空巢也倾。

一年三百六十日，风刀霜剑严相逼；

明媚鲜妍能几时，一朝飘泊难寻觅。

花开易见落难寻，阶前闷杀葬花人；

独倚花锄泪暗洒，洒上花枝见血痕。

杜鹃无语正黄昏，荷锄归去掩重门；

青灯照壁人初睡，冷雨敲窗被未温。

怪奴底事倍伤神？半为怜春半恼春：

怜春忽至恼忽去，至又无言去不闻。

昨宵庭外悲歌发，知是花魂与鸟魂？

花魂鸟魂总难留，鸟自无言花自羞。

愿奴胁下生双翼，随花飞到天尽头。

天尽头，何处有香丘？

未若锦囊收艳骨，一抔净土掩风流。

质本洁来还洁去，强于污淖陷渠沟！

尔今死去侬收葬，未卜侬身何日丧？

侬今葬花人笑痴，他年葬侬知是谁？

试看春残花渐落，便是红颜老死时。

一朝春尽红颜老，花落人亡两不知！

【点评】 不可否认，黛玉有才，随感而发，便是千古绝唱。只是她的才情中带着太多太多的悲伤，看见普普通通的落花便可联想到自己飘零的身世和命运，怜惜落红，萌生葬花之想。而明明只是葬花却又感慨"他年葬侬知是谁"，未免悲观。如此一来，黛玉之才，便显得有些闺阁气了。这样一个女子，值得我们怜惜，却不可学习。花落本就是四季更替的必然结果，自打花朵含苞待放之时就已注定，正如人生，自打生下来起，便在走向死亡的终局，这一点任谁也无法改变。因此，与其伤感，不如珍惜人生，趁着风华正茂之时，做一些自己真正想做之事，也不枉此一生。我想，那些落花也曾有过绽放时夺目的光彩，即便此刻凋零了，它们应已知足了吧？与其悲观地说"花落人亡两不知"，不如乐观地"花开堪折直须折"，因为过去已成空，未来是未知，我们所拥有的，唯有此时此刻。

点评对象：

《呐喊》自序

作　者：鲁　迅

点评人：蒋冰雁

简介	现就读于浙江工业大学。
阅读感悟	当我们所处的时代渐渐被网络文学包围时，我仍然坚信历经岁月沧桑的名著会散发出它们特有的智慧与光芒，带我们拨开迷雾走向前方。

我懂得他的意思了，他们正办《新青年》，然而那时仿佛不特没有人来赞同，并且也还没有人来反对，我想，他们许是感到寂寞了，但是说：

"假如一间铁屋子，是绝无窗户而万难破毁的，里面有许多熟睡的人们，不久都要闷死了，然而是从昏睡入死灭，并不感到就死的悲哀。现在你大嚷起来，惊起了较为清醒的几个人，使这不幸的少数者来受无可挽救的临终的苦楚，你倒以为对得起他们么？"

"然而几个人既然起来，你不能说决没有毁坏这铁屋的希望。"

是的，我虽然自有我的确信，然而说到希望，却是不能抹杀的，因为希望是在于将来，决不能以我之必无的证明，来折服了他之所谓可有……

【点评】这一段话来自鲁迅与钱玄同的交谈，也是由这段对话，讲明了鲁迅写下第一篇白话小说《狂人日记》的缘由。在目睹当时国人麻木的灵魂之后，鲁迅便产生了弃医从文的打算，立志拯救国人的思想。然而在做出行动之前，鲁迅也有过犹疑与孤寂（这恰恰体现了坦率的艺术品格），而正是这段对话，让鲁迅走上了拯救国人的征途。"铁屋子"作为对传统中国的象征，既显现了鲁迅身居其中的寂寞孤苦，也昭示了鲁迅要领着国人从精神上走出这"铁屋子"的决心。哪怕是在那又艰难又黑暗的日子中，鲁迅依旧心怀希望，这也是鲁迅伟大的原因所在。

点评对象：

狂人日记

作　者：鲁　迅

点评人：蒋冰雁

　　今天全没月光，我知道不妙。早上小心出门，赵贵翁的眼色便怪：似乎怕我，似乎想害我。还有七八个人，交头接耳的议论我，又怕我看见。一路上的人，都是如此。其中最凶的一个人，张着嘴，对我笑了一笑；我便从头直冷到脚跟，晓得他们布置，都已妥当了。

　　我可不怕，仍旧走我的路。前面一伙小孩子，也在那里议论我；眼色也同赵贵翁一样，脸色也都铁青。我想我同小孩子有什么仇，他也这样。忍不住大声说，"你告诉我！"他们可就跑了。

　　【点评】由今天没有月光便推理出今天不妙，这是完全没有逻辑可言的，而这样的心理出自一个患有被害妄想症的狂人，也就恰好表现出狂人的"狂"之后一系列的心理，明明是人们见到狂人的奇怪举止后露出的正常反应，但在狂人的眼中，孩子也已被成人的世界、这黑暗的世界污染，也已变成吃人的怪物。

　　凡事总须研究，才会明白。古来时常吃人，我也还记得，可是不甚清楚。我翻开历史一查，这历史没有年代，歪歪斜斜的每叶上都写着"仁义道德"几个字。我横竖睡不着，仔细看了半夜，才从字缝里看出字来，满本都写着两个字是"吃人"！

【点评】所谓仁义道德，其实就是封建礼教。五四运动之后，封建礼教对社会的影响被越来越多的青年认知，封建礼教对人们精神的束缚也正如"吃人"一般，使人丢失自己独立的思考，如同行尸走肉一般，只剩下一个空洞无用的身躯。作者正是借着狂人的癫狂神态批评那些所谓的封建礼教。

没有吃过人的孩子，或者还有？

救救孩子……

【点评】小说开始就提到小孩子也同那些大人一样，用同样的目光看向"我"，让读者不免感到在这样黑暗的社会之下，本该无辜纯真如同白纸一样的孩子也在不知不觉中接受了世俗，成了那些"吃人"的人，也成了那被黑暗社会"吃"的人。"或者还有？"疑问语表现出作者的小心翼翼及对希望的一种试探。"救救孩子……"是作者对这个社会发出的呼喊，希望人们不要被困在铁屋中等待死亡，他在寻找希望，在挽救希望，这样的结尾让读者不自觉地深思。

【总评】《狂人日记》写的是一个患有被害妄想症的疯子对周围人、事的疯狂猜测，从一件件事中臆想着人们要吃掉他，但在这些表象的背后，我们可以看到作者对封建礼教、黑暗社会的批判以及作者对民族希望的期盼，无论是在多么黑暗的情况下，都不否认希望所带来的力量。

点评对象：

药

作　者：鲁　迅

点评人：吴予慧

简介	毕业于中国海洋大学环境工程专业。
阅读感悟	阅读于我，除了开阔眼界，更开阔了心胸。共情与包容使我在这个信息纷杂、发声便捷的时代不会轻易成为一个因无知而无畏的"键盘侠"。

　　老栓也向那边看，却只见一堆人的后背；颈项都伸得很长，仿佛许多鸭，被无形的手捏住了的，向上提着。【被处死的是为了大家的自由、幸福而战的革命志士，可是百姓却把这当作热闹来看，可见人们思想之封建落后。】静了一会，似乎有点声音，便又动摇起来，轰的一声，都向后退；一直散到老栓立着的地方，几乎将他挤倒了。

……………

　　"这给谁治病的呀？"老栓也似乎听得有人问他，但他并不答应；他的精神，现在只在一个包上，仿佛抱着一个十世单传的婴儿，别的事情，都已置之度外了。他现在要将这包里的新的生命，移植到他家里，收获许多幸福。……【被处死的人是谁，华老栓并不关心；为什么会被处死，他到底该不该被处死，华老栓也无心思考。这杀头之事，对于华老栓而言只是一个让自己儿子得以痊愈的

大好机会而已，从这方面来说，他倒是该对此感到高兴的。】

············

……"夏三爷真是乖角儿，要是他不先告官，连他满门抄斩。现在怎样？银子！……"【夏三爷与被处死的夏瑜应是亲戚，但在他的眼里，没有正义，没有亲情，只有银子，只有自己的利益。】

············

"你要晓得红眼睛阿义是去盘盘底细的，他却和他攀谈了。他说：这大清的天下是我们大家的。你想：这是人话么？【在这种社会背景下，能提出这种言论的有新思想的革命人士正如《狂人日记》中的狂人一样，都被看成不可理喻的疯子。】红眼睛原知道他家里只有一个老娘，可是没有料到他竟会那么穷，榨不出一点油水，已经气破肚皮了。【眼中只有自己利益的又何止夏三爷一个呢？】他还要老虎头上搔痒，便给他两个嘴巴！"

【总评】《药》中有很多对比，突出了当时社会中人们思想的特点。如夏瑜是为正义、为革命而死，而华小栓的死却是愚昧的；夏瑜在牢中仍向人们传播新思想，可得到的却是人们的麻木与冷漠无情……可惜革命人士的血只被当作医痨病的药，却没能成为精神的解药，没能拯救当时人们愚昧落后的思想。

点评对象：

药

作　者：鲁　迅

点评人：包思雨

简介	北京大学本科毕业后，于本校继续攻读硕士学位。曾在学军中学《繁星》上刊登稿件多篇，《绿绸裙》曾获全国中学生作文大赛一等奖。
阅读感悟	阅读者的孤独大概是永远徘徊在书中无限的平行世界里，去接近一个形影难辨的答案。这大概是阅读是一生的事业的缘由：它不会总是甘甜快乐，却永远标志着追寻。

……天气比屋子里冷得多了；老栓倒觉爽快，仿佛一旦变了少年，得了神通，有给人生命的本领似的，跨步格外高远。而且路也愈走愈分明，天也愈走愈亮了。【华老栓一心想着治好儿子的病，却丝毫没有考虑过人血馒头是用怎样的代价换来的。路愈发分明，天愈发亮，读者的绝望愈发明显了！】

…………

老栓也向那边看，却只见一堆人的后背；颈项都伸得很长，仿佛许多鸭，被无形的手捏住了的，向上提着。【民众看杀头简直就是看戏。他们不懂什么是革命，没有自己的是非观，人云亦云，只知道革命即是造反，造反即是恶人。】静了一会，似乎有点声音，便又动摇起来，轰的一声，都向后退；一直散到老栓立着的地方，几乎将他挤倒了。

…………

"这给谁治病的呀？"老栓也似乎听得有人问他，但他并不答应；他的精神，现在只在一个包上，仿佛抱着一个十世单传的婴儿，别的事情，都已置之度外了。他现在要将这包里的新的生命，移植到他家里，收获许多幸福。太阳也出来了；在他面前，显出一条大道，直到他家中，后面也照见丁字街头破匾上"古□亭口"这四个黯淡的金字。

·············

小栓撮起这黑东西，看了一会，似乎拿着自己的性命一般，心里说不出的奇怪。十分小心的拗开了，焦皮里面窜出一道白气，白气散了，是两半个白面的馒头。——不多工夫，已经全在肚里了，却全忘了什么味；面前只剩下一张空盘。他的旁边，一面立着他的父亲，一面立着他的母亲，两人的眼光，都仿佛要在他身里注进什么又要取出什么似的；便禁不住心跳起来，按着胸膛，又是一阵咳嗽。【华老栓把希望全部注入这个包里，全部建立在革命党人为民众的牺牲上，他和华大妈指望用这个换来小栓的痊愈是多么可笑可悲。在这样愚昧与无知的引导下，小栓的死反成了命中注定的事了！】

【总评】《药》是我读来最感沉重的一篇小说。或许是因为它表现了现代文学史上重大、发人深省的主题，或许是因为我对旧民主主义革命的不彻底的悲哀。以上这一段中，华老栓揣着人血馒头时的希望，在我这个读者的眼中全成了绝望。一个革命者为了民众思想上的解放慷慨牺牲了，民众却用旧思想来抨击他、鄙弃他，他悲壮牺牲的鲜血甚至成了人们治病的"良药"。夏瑜壮烈的死，人们无知的议论，小栓悲剧而注定的死，夏四奶奶相信儿子却用无知的旧思想去理解儿子……所有这些揭示旧民主主义革命与民众严重隔膜的细节，从华老栓的"希望"中一点点渗透出来，最后终于将这惨白可笑的希望撕扯尽了。

点评对象：

一件小事

作　者：鲁　迅

点评人：李泽彤

简介	现就读于北京航空航天大学。在学军中学学习的三年里，我读了许多名著，其中尤以鲁迅的作品为最。
阅读感悟	鲁迅先生的作品以其深刻的思想性和强烈的讽刺性揭露了群众的愚昧麻木、社会的阴暗封建。这对我们的人格健全、价值观形成有极大的促进作用。

　　我想，我眼见你慢慢倒地，怎么会摔坏呢，装腔作势罢了，这真可憎恶。车夫多事，也正是自讨苦吃，现在你自己想法去。

　　【点评】揭露了大部分人事不关己高高挂起的想法，以及对他人的怀疑、冷漠。

　　车夫听了这老女人的话，却毫不踌躇，仍然搀着伊的臂膊，便一步一步的向前走。……

　　【点评】通过我与车夫二人对老女人态度的对比，突出了车夫对人的关心，勇于承担责任，即使可能被骗也不愿意一走了之，担心老女人真的受伤了，讽刺了"我"是担心惹是生非的人。

　　我这时突然感到一种异样的感觉，觉得他满身灰尘的后影，刹时高大了，而且愈走愈大，须仰视才见。而且他对于我，渐渐的又几乎变成一种威压，甚而至于要榨出皮袍下面藏着的"小"来。

【点评】在这样一件具有正能量的事中，"我"的心灵受到了极大的冲击，在这种情况下，我们是应该感到愧疚的，因为这是大善。

············

这事到了现在，还是时时记起。我因此也时时熬了苦痛，努力的要想到我自己。几年来的文治武力，在我早如幼小时候所读过的"子曰诗云"一般，背不上半句了。独有这一件小事，却总是浮在我眼前，有时反更分明，教我惭愧，催我自新，并且增长我的勇气和希望。

【总评】读这篇小说，不禁让人想起近两年的热点话题：老人摔倒，扶还是不扶？我觉得，鲁迅先生这篇小说告诉了我们答案。对于陌生人，我们毫无疑问想得与"我"一样，怀疑他人。但鲁迅在这里用车夫正直的行为告诉我们，无论如何，帮助他人都是我们应该做的，如果真的撞伤了他人，我们就应该承担责任，这里有意用了社会底层人民——车夫的言行与大众做对比，突出了连一个车夫都能有这种觉悟，而讽刺了那些身处大城市的有文化、有地位的人，反映了当时人们的自私、自我主义，表达了希望人们能解放思想的愿望，讽刺了社会环境对人性的束缚，希望人们的良知能被唤醒。

点评对象：

故 乡

作 者：鲁 迅

点评人：蒋冰雁

阿！闰土的心里有无穷无尽的希奇的事，都是我往常的朋友所不知道的。他们不知道一些事，闰土在海边时，他们都和我一样只看见院子里高墙上的四角的天空。

可惜正月过去了，闰土须回家里去，我急得大哭，他也躲到厨房里，哭着不肯出门，但终于被他父亲带走了。他后来还托他的父亲带给我一包贝壳和几支很好看的鸟毛，我也曾送他一两次东西，但从此没有再见面。

【点评】"我"回忆中的"故乡"是一个广阔的世界……这个世界鲜活，一点也不狭窄，一点也不空洞。同时，这也是"我"在与少年闰土的接触和情感交流中想象出的一幅美丽画面。它更是"我"少年心灵状态的一种折射。这颗心灵是纯真的、自然的、活泼的，又是充满美丽的幻想和丰富的想象的。它没有被"院子里高墙上的四角的天空"束缚，而是在与少年闰土的真挚友谊中展开了想象的翅膀，这"故乡"更加生动与美好。

这来的便是闰土。虽然我一见便知道是闰土，但又不是我这记忆上的闰土了。他身材增加了一倍；先前的紫色的圆脸，已经变作灰黄，而且加上了很深的皱纹；眼睛也像他父亲一样，周围都肿得通红，这我知道，在海边种地的人，终日吹着海风，大抵是这样的。他头上是一顶破毡帽，身上只一件极薄的棉衣，浑身瑟索着；手里提着一个纸包和一支长烟管，那手也不是我所记得的红活圆实的手，却又粗又笨而且开裂，像是松树皮了。

我这时很兴奋，但不知道怎么说才好，只是说：

"阿！闰土哥，——你来了？……"

我接着便有许多话，想要连珠一般涌出：角鸡，跳鱼儿，贝壳，猹，……但又总觉得被什么挡着似的，单在脑里面回旋，吐不出口外去。

他站住了，脸上现出欢喜和凄凉的神情；动着嘴唇，却没有作声。他的态度终于恭敬起来了，分明的叫道：

"老爷！……"

我似乎打了一个寒噤；我就知道，我们之间已经隔了一层可悲的厚障壁了。我也说不出话。

【点评】少年闰土是一个活泼可爱、富有表现力的孩子。他生活在大自然中，生活在自己的生活中。他比少年的"我"更像一位语言艺术家。但就是这样一个可爱的孩子，现在却成了一个神情麻木、寡言少语的人。"只是觉得苦，却又形容不出"，为什么他在少年时就能有所感而又形容得出，现在却形容不出了呢？因为"那时是孩子，不懂事"。但"不懂事"的时候是一个活泼的人，现在"懂事"了，却成了一个"木偶人"。也许，闰土长大后所说的"懂事"，懂得的就是中国传统的一套封建礼法关系，以及维系着这种礼法关系的封建等级观念。

就是这种封建等级观念，让少年时亲密无间的好伙伴，在多年后重逢时，显得那样生疏与无情，这实在是对人们情感的一种讽刺。在闰土对"我"称呼的变化中，可以明显感觉到闰土不再把"我"视为平等、亲切的朋友了。他已把"我"放了自己无法企及的高高在上的地位上，他自己的痛苦、悲哀，在这样一个高高在上的人面前已无法诉说。这个称呼中还带有一种"敬"，但也有一种"冷"。在这样的氛围中，"我"的情感也只能凝固在内心了。两颗心灵就因为这个称呼而被挡在了两边，无法交流，无法融合了。

点评对象：

阿 Q 正传

作　者：鲁　迅

点评人：包思雨

　　闲人还不完，只撩他，于是终而至于打。阿 Q 在形式上打败了，被人揪住黄辫子，在壁上碰了四五个响头，闲人这才心满意足的得胜的走了，阿 Q 站了一刻，心里想，"我总算被儿子打了，现在的世界真不像样……"于是也心满意足的得胜的走了。

　　阿 Q 想在心里的，后来每每说出口来，所以凡有和阿 Q 玩笑的人们，几乎全知道他有这一种精神上的胜利法，此后每逢揪住他黄辫子的时候，人就先一着对他说：

　　"阿 Q，这不是儿子打老子，是人打畜生。自己说：人打畜生！"

　　阿 Q 两只手都捏住了自己的辫根，歪着头，说道：

　　"打虫豸，好不好？我是虫豸——还不放么？"【阿 Q 这种自我唾弃的态度，无端贬低了自己的身份，也降低了别人看自己的态度。自贬为"虫豸"，抓着自己的辫根显出可笑的神气来，这些令人哭笑不得的细节，写出了阿 Q 无知的形象。】

　　但虽然是虫豸，闲人也并不放，仍旧在就近什么地方给他碰了五六个响头，这才心满意足的得胜的走了，他以为阿 Q 这回可遭了瘟。然而不到十秒钟，阿 Q 也心满意足的得胜的走了，他觉得他是第一个能够自轻自贱的人，除了"自轻自贱"不算外，余下的就是"第一个"。状元不也是"第一个"么？"你算是什么东西"呢?!【阿Q把"第一个"看作十分光荣的事,连"自轻自贱"也一并升了格,这些无端的自我抬高构成了可笑的"心满意足的得胜的走了"。】

············

但他立刻转败为胜了。他擎起右手,用力的在自己脸上连打了两个嘴巴,热剌剌的有些痛;打完之后,便心平气和起来,似乎打的是自己,被打的是别一个自己,不久也就仿佛是自己打了别个一般,——虽然还有些热剌剌,——心满意足的得胜的躺下了。【阿Q的精神胜利法在此上升到一个病态的级别。不需要别人的羞辱,在遭了坏事之后,竟然自扇巴掌聊以慰藉,精神胜利法也有些"痴想""妄想"的成分了。】

······不知怎么一来,忽而似乎革命党便是自己,未庄人却都是他的俘虏了。他得意之余,禁不住大声的嚷道:

"造反了!造反了!"

未庄人都用了惊惧的眼光对他看。这一种可怜的眼光,是阿Q从来没有见过的,一见之下,又使他舒服得如六月里喝了雪水。他更加高兴的走而且喊道:

············

阿Q飘飘然的飞了一通,回到土谷祠,酒已经醒透了。这晚上,管祠的老头子也意外的和气,请他喝茶;阿Q便向他要了两个饼,吃完之后,又要了一支点过的四两烛和一个树烛台,点起来,独自躺在自己的小屋里。他说不出的新鲜而且高兴,烛火像元夜似的闪闪的跳,他的思想也迸跳起来了:

············

阿Q将手向头上一遮,不自觉的逃出门外;洋先生倒也没有追。他快跑了六十多步,这才慢慢的走,于是心里便涌起了忧愁:洋先生不准他革命,他再没有别的路;从此决不能望有白盔白甲的人来叫他,他所有的抱负,志向,希望,前程,全被一笔勾销了。······

······他游到夜间,赊了两碗酒,喝下肚去,渐渐的高兴起来了,思想里才

又出现白盔白甲的碎片。【辛亥革命与民众的隔膜在此暴露无遗了。革命在阿Q
这样的贫苦农民的眼中意味着什么呢？地位、钱财。阿Q以为自己成了革命党的
一分子，兴高采烈地幻想着自己成了未庄的头号人物。然而他终于决定去"投革
命党"时，他这样美好的愿望又被"假洋鬼子"一笔勾销了。他这样做着有关革
命的梦，自己却是无关革命的落后民众，酿成悲剧是意料之中的事。】

　　阿Q要画圆圈了，那手捏着笔却只是抖。于是那人替他将纸铺在地上，
阿Q伏下去，使尽了平生的力气画圆圈。他生怕被人笑话，立志要画得圆，但
这可恶的笔不但很沉重，并且不听话，刚刚一抖一抖的几乎要合缝，却又向
外一耸，画成瓜子模样了。

………………

　　他第二次进了栅栏，倒也并不十分懊恼。他以为人生天地之间，大约本
来有时要抓进抓出，有时要在纸上画圆圈的，惟有圈而不圆，却是他"行状"
上的一个污点。但不多时也就释然了，他想：孙子才画得很圆的圆圈呢。于是
他睡着了。【即使在官府里，也要自欺欺人！性命已经要到头了，仍做着浑浑噩
噩的梦。】

………………

　　这些眼睛似乎连成一气，已经在那里咬他的灵魂。
　　"救命，……"
　　【总评】阿Q的形象，读来可笑且心酸，却不能很深地体悟其中的精髓，
且在此浅谈拙见吧。
　　大体上说来，阿Q这个形象，最悲剧的是两个方面，即他的"精神胜利法"
和对自己悲剧的"至死不悟"。小说用了夸张的方法，将农民在封建制度的
压迫和腐朽的传统思想的毒害下而扭曲的人性，集中体现在阿Q一人身上。
　　"精神胜利法"具有巨大的典型意义，应该说，中国有无数具有"阿Q精
神"的人，他们自欺欺人，自视甚高，遭到羞辱后不反省自己低下的社会地位，
而只是一味地自我安慰，用颓唐的"乐"掩饰自己命运的"哀"。在这一点上，

可以用四个字来概括：哀其不幸。

而在描写阿Q"精神胜利法"的同时，小说情节也在不断推进着：辛亥革命的消息，刺激了他改变生存地位的欲望，他向往革命，但"假洋鬼子"不准他"革命"；他终于陷入生命中最大的危机，被抓进衙门去。然而，即使被抓进衙门去，他也没有弄清自己的境遇，"革命"在他眼中等同于"地位"和"发展"。在衙门中，他也没有一点醒悟过来的样子，连画押也用着自己的"精神胜利法"，连上刑场也处于一种浑浑噩噩、苟且偷生的精神状态里。

最后那一声"救命，……"到底是对他的怜悯，还是他自己在巨大的恐慌中对性命的渴求？

然而，他终是一个悲剧了。

点评对象：

狗·猫·鼠

作　者：鲁　迅

点评人：钱　楠

简介	现就读于江南大学。
阅读感悟	阅读别人的故事，却更进一步走进自己的内心。喧嚣将我们与生活隔开，欲念会蒙住我们的眼；但书却能让身陷混沌之中的我们，更清醒地明辨是非。

　　现在说起我仇猫的原因来，自己觉得是理由充足，而且光明正大的。一，它的性情就和别的猛兽不同，凡捕食雀鼠，总不肯一口咬死，定要尽情玩弄，放走，又捉住，捉住，又放走，直待自己玩厌了，这才吃下去，颇与人们的幸灾乐祸，慢慢地折磨弱者的坏脾气相同。二，它不是和狮虎同族的么？可是有这么一副媚态！但这也许是限于天分之故罢，假使它的身材比现在大十倍，那就真不知道它所取的是怎么一种态度。然而，这些口实，仿佛又是现在提起笔来的时候添出来的，虽然也像是当时涌上心来的理由。要说得可靠一点，或者倒不如说不过因为它们配合时候的嗥叫，手续竟有这么繁重，闹得别人心烦，尤其是夜间要看书，睡觉的时候。【鲁迅相较当年已成熟了，面对别人的无理取"闹"，语言没有那么尖锐了，反而冷静下来，将别人身上"坏"的特性一一指出，更显成熟。这一段表达了鲁迅对"猫"的不喜与厌恶。】……

　　但是，这都是近时的话。再一回忆，我的仇猫却远在能够说出这些理由之前，也许是还在十岁上下的时候了。至今还分明记得，那原因是极其简单的：只因为它吃老鼠，——吃了我饲养着的可爱的小小的隐鼠。

･･･････････

　　当我失掉了所爱的，心中有着空虚时，我要充填以报仇的恶念！【鲁迅还是孩童时，他的感情色彩是非常强烈的，非常直率，想到什么就表现出什么，可见鲁迅是一个很感性的人，为了他可爱的隐鼠，不惜与猫为敌！】

　　我的报仇，就从家里饲养着的一匹花猫起手，逐渐推广，至于凡所遇见的诸猫。最先不过是追赶，袭击；后来却愈加巧妙了，能飞石击中它们的头，或诱入空屋里面，打得它垂头丧气。这作战继续得颇长久，此后似乎猫都不来近我了。【鲁迅是个爱憎分明的人，他喜爱隐鼠，即便猫未对他做什么坏事，他也愿意为隐鼠而恨猫，恨到入骨了。】……

　　【总评】《狗·猫·鼠》是针对"正人君子"的攻击所写的，鲁迅眼中的"正人君子"指的是当时的现代评论派陈西滢等人。鲁迅嘲讽他们散布流言，认为他们如同猫一般，具有猫的不好的品行，例如，猫"尽情折磨"弱者，"到处嗥叫，扰人安宁"，时而"一副媚态"，等等。鲁迅在文中表达了他对猫这些特性的憎恶。

　　同时，鲁迅追忆了童年时救养的一只可爱的隐鼠遭到摧残的经历和感受。鲁迅比较了隐鼠的"弱小"与猫的"强大"，隐鼠势弱得用手一捏仿佛就会灰飞烟灭，猫比鼠可要势大得多了。作者甚至纠结于若自己因猫犯错而不留情面地惩罚了猫，那么也是自己势大地"欺负"猫吗？这样，作者身上就会有从猫身上转移过来的憎恨。毕竟，人都是同情弱者的。所以，作者在文章后半部分的反思，体现了作者对弱小者的同情以及对暴虐者的憎恨。

点评对象：

阿长与《山海经》

作　者：鲁　迅

点评人：林　也

简介	现就读于宁波大学。获杭州学军中学"鲁迅经典阅读"书评征文比赛三等奖。
阅读感悟	我享受沉浸在名著中的时光，在书中，我看到了人性的复杂、世界的多样；在书中寻找知音，并期待与另一个自己相遇。与世界共鸣，我不再孤独。

我们那里没有姓长的；她生得黄胖而矮，"长"也不是形容词。又不是她的名字，记得她自己说过，她的名字是叫作什么姑娘的。什么姑娘，我现在已经忘却了，总之不是长姑娘；也终于不知道她姓什么。记得她也曾告诉过我这个名称的来历：先前的先前，我家有一个女工，身材生得很高大，这就是真阿长。后来她回去了，我那什么姑娘才来补她的缺，然而大家因为叫惯了，没有再改口，于是她从此也就成为长妈妈了。

【点评】此段交代了阿长姓名的由来。一个贫苦人家的姑娘，能到当时也算是大家的周府做工，却连名字也无人记得，可见是在家中地位低下，被人忽视的了。然而文中反复出现"阿长"与"长妈妈"称呼的切换，那标题中用"阿长"又是为什么呢？我以为有以下两个原因。第一，通读全文可以发现，文章采用先抑后扬的手法，前面阿长的做法让"我"十分不满，气愤之下叫她一声"阿长"也不为过；后面的《山海经》则是另一个转折。第二，写此文时，鲁迅已为中年人，再称呼记忆中的那个与此时自己年纪相仿的保姆"长妈妈"已不合适，所以称其"阿长"。

⋯⋯⋯⋯⋯⋯

梦里也记得元旦的，第二天醒得特别早，一醒，就要坐起来。她却立刻伸出臂膊，一把将我按住。【"立刻""一把"可以体现其紧张，怕"我"忘了。】我惊异地看她时，只见她惶急地看着我。【等着"我"开口说出吉利的话，紧张、郑重，试图用眼神提醒"我"，让"我"想起来。】

她又有所要求似的，摇着我的肩。我忽而记得了——"阿妈，恭喜⋯⋯"

【点评】阿长前一日交代"我"的事，"我"一个以玩为主的小孩子早已忘得一干二净了，但阿长却牢记在心。开头那句的动作迅猛，可见她早醒了，却守在"我"床边等"我"醒，就怕"我"忘了规矩说了其他话。阿长是一个迷信的人，却也是一个朴实、善良、宽厚的人。她其实很喜爱"我"，事事替"我"着想，希望"我"平安康乐，也是一个乐观的人，祈求新年一个好的开头能带来一年的好运。

⋯⋯⋯⋯⋯⋯

仁厚黑暗的地母呵，愿在你怀里永安她的魂灵！

【点评】作者或说是文中"我"对阿长的感激、怀念之情，符合文章主线先抑后扬的情感走向，表达对阿长这样一位善良、真诚、热爱孩子、迷信却乐观的农村妇女的赞美之情。

点评对象：

《二十四孝图》

作　者：鲁　迅

点评人：钱　楠

其中最使我不解，甚至于发生反感的，是"老莱娱亲"和"郭巨埋儿"两件事。

我至今还记得，一个躺在父母跟前的老头子，一个抱在母亲手上的小孩子，是怎样地使我发生不同的感想呵。他们一手都拿着"摇咕咚"。这玩意儿确是可爱的，北京称为小鼓，盖即鼗也，朱熹曰："鼗，小鼓，两旁有耳；持其柄而摇之，则旁耳还自击，"咕咚咕咚地响起来。然而这东西是不该拿在老莱子手里的，他应该扶一枝拐杖。现在这模样，简直是装佯，侮辱了孩子。我没有再看第二回，一到这一叶，便急速地翻过去了。

············

至于玩着"摇咕咚"的郭巨的儿子，却实在值得同情。他被抱在他母亲的臂膊上，高高兴兴地笑着；他的父亲却正在掘窟窿，要将他埋掉了。说明云，"汉郭巨家贫，有子三岁，母尝减食与之。巨谓妻曰，贫乏不能供母，子又分母之食。盍埋此子？"但是刘向《孝子传》所说，却又有些不同：巨家是富的，他都给了两弟；孩子是才生的，并没有到三岁。结末又大略相象了，"及掘坑二尺，得黄金一釜，上云：天赐郭巨，官不得取，民不得夺！"

我最初实在替这孩子捏一把汗，待到掘出黄金一釜，这才觉得轻松。然而我已经不但自己不敢再想做孝子，并且怕我父亲去做孝子了。家境正在坏下去，常听到父母愁柴米；祖母又老了，倘使我的父亲竟学了郭巨，那么，该埋的不正是我么？如果一丝不走样，也掘出一釜黄金来，那自然是如天之福，但是，那时我虽然年纪小，似乎也明白天下未必有这样的巧事。【孩童时的鲁迅对此故事就已无法理解，那残忍和狠毒的手段又能称之为"孝"吗？以伤害孩子的性命作为尽"孝"的条件，我认为不是"孝"，而是"愚孝"。面对这，鲁迅也在感叹，自己的父母会否像这样？可见当时流传的故事给人们思想的禁锢，这种"愚孝"的行为存在很大的问题了。】

现在想起来，实在很觉得傻气。这是因为现在已经知道了这些老玩意，本来谁也不实行。整饬伦纪的文电是常有的，却很少见绅士赤条条地躺在冰上面，将军跳下汽车去负米。何况现在早长大了，看过几部古书，买过几本新书，什么《太平御览》咧，《古孝子传》咧，《人口问题》咧，《节制生育》咧，《二十世纪是儿童的世界》咧，可以抵抗被埋的理由多得很。不过彼一时，此一时，彼时我委实有点害怕：掘好深坑，不见黄金，连"摇咕咚"一同埋下去，盖上土，踏得实实的，又有什么法子可想呢。我想，事情虽然未必实现，但我从此总怕听到我的父母愁穷，怕看见我的白发的祖母，总觉得她是和我不两立，至少，也是一个和我的生命有些妨碍的人。后来这印象日见其淡了，但总有一些留遗，一直到她去世——这大概是送给《二十四孝图》的儒者所万料不到的罢。【《二十四孝图》甚至影响到鲁迅对他周围人的态度，或许鲁迅的奶奶与家人对鲁迅有过某些想法，鲁迅可能因为这个故事而内心害怕，不与家人接近。所以说，《二十四孝图》害人不浅啦！】

【总评】本文从鲁迅追忆儿童读物讲起，通过表达对《二十四孝图》的感受，表现封建孝道的虚伪和残酷。鲁迅着重分析了"卧冰求鲤""老莱娱亲""郭巨埋儿"等孝道故事，指斥这类封建孝道不顾儿童的性命，将"肉麻当作有趣"，"以不情为伦纪，诬蔑了古人，教坏了后人"。作品对当时反对白话文，提倡复古的倾向，予以尖锐的抨击。

点评对象：

藤野先生

作　者：鲁　迅

点评人：林　也

……我拿下来打开看时，很吃了一惊，同时也感到一种不安和感激。原来我的讲义已经从头到末，都用红笔添改过了，不但增加了许多脱漏的地方，连文法的错误，也都一一订正。……

【点评】添改讲义，表现藤野先生对工作的认真负责和对"我"的无私关怀。

可惜我那时太不用功，有时也很任性。还记得有一回藤野先生将我叫到他的研究室里去，翻出我那讲义上的一个图来，是下臂的血管，指着，向我和蔼地说道：

"你看，你将这条血管移了一点位置了。——自然，这样一移，的确比较的好看些，然而解剖图不是美术，实物是那么样的，我们没法改换它。现在我给你改好了，以后你要全照着黑板上那样的画。"

【点评】纠正解剖图，藤野先生并未直接指摘"我"的不是，而是用较为温和的方式，用理解"我"的态度来纠正，体现其对学生严格的要求和循循善诱的态度。

……但我接着便有参观枪毙中国人的命运了。第二年添教霉菌学，细菌的形状是全用电影来显示的，一段落已完而还没有到下课的时候，便影几片时事的片子，自然都是日本战胜俄国的情形。但偏有中国人夹在里边：给俄国人做侦探，被日本军捕获，要枪毙了，围着看的也是一群中国人；在讲堂里的还有一个我。

"万岁！"他们都拍掌欢呼起来。

这种欢呼，是每看一片都有的，但在我，这一声却特别听得刺耳。此后回到中国来，我看见那些闲看枪毙犯人的人们，他们也何尝不酒醉似的喝采，——呜呼，无法可想！但在那时那地，我的意见却变化了。

【点评】"我"观看了处决中国犯人的一幕，一句"在讲堂里的还有一个我"，说明作者根本没有将自己算入其中，而是以一个旁观者的角度看这个荒唐的场面。作为全场唯一清醒的人，影片深深刺痛了作者的心，他认识到，医病已是无用，要医人，从此医坛少了一位名家，文坛多了一支笔杆，而此时，"呜呼，无法可想"，则反映出作者难以抑制的激愤。

⋯⋯每当夜间疲倦，正想偷懒时，仰面在灯光中瞥见他黑瘦的面貌，似乎正要说出抑扬顿挫的话来，便使我忽又良心发现，而且增加勇气了，于是点上一枝烟，再继续写些为"正人君子"之流所深恶痛疾的文字。

【点评】"良心发现"是指作者热爱国家、民族，关乎未来生死存亡的一种革命精神。但这毕竟是一项漫长的事业，难免会畏难而退。因此需要"增加勇气"，让作者充满希望，更加勤奋。"正人君子"四字，则用了反语来讽刺那些为军阀政客张目还自命为"正人君子"的文人，作者骂人不带脏字，用那些文人最擅长的文字，来给他们一个痛击，不得不说声"巧妙绝伦"。

点评对象：

鲁迅杂文

作　者：鲁　迅

点评人：瞿予非

简介	现就读于江南大学。曾在"叶圣陶杯""北大培文杯""西湖杯"等全国作文大赛上获奖，并在杂志上发表文章多篇。
阅读感悟	阅读可以塑造包容、理性、细腻、乐观……这绝不仅仅是别人眼中的好品质，更是使自己不迷失于困厄、不迷失于他人看法的光线。

（1）《我之节烈观》

……性质全异的，便是第二种。这类人不过一个弱者（现在的情形，女子还是弱者），突然遇着男性的暴徒，父兄丈夫力不能救，左邻右舍也不帮忙，于是他就死了；或者竟受了辱，仍然死了；或者终于没有死。久而久之，父兄丈夫邻舍，夹着文人学士以及道德家，便渐渐聚集，既不羞自己怯弱无能，也不提暴徒如何惩办，只是七口八嘴，议论他死了没有？

…………

我们追悼了过去的人，还要发愿：要自己和别人，都纯洁聪明勇猛向上。要除去虚伪的脸谱。要除去世上害己害人的昏迷和强暴。

我们追悼了过去的人，还要发愿：要除去于人生毫无意义的苦痛。要除去制造并赏玩别人苦痛的昏迷和强暴。

我们还要发愿：要人类都受正当的幸福。

【点评】作者笔锋至此，收敛了通篇犀利的质问，对这些可怜的人、处在"无主名无意识的杀人团"的人、"极难、极苦"的人，提出了深切的冀愿，用笔唤醒人们的思想。作者在此直接点出节烈是害人的。总结全文，于黑暗中点亮希望的灯火。

（2）《随感录三十六》

但是想在现今的世界上，协同生长，挣一地位，即须有相当的进步的智识，道德，品格，思想，才能够站得住脚：这事极须劳力费心。而"国粹"多的国民，尤为劳力费心，因为他的"粹"太多。粹太多，便太特别。太特别，便难与种种人协同生长，挣得地位。

有人说："我们要特别生长；不然，何以为中国人！"

于是乎要从"世界人"中挤出。

于是乎中国人失了世界，却暂时仍要在这世界上住！——这便是我的大恐惧。

【点评】当时的中国，仍有很多人陷入"帝国"自以为是的想法，不了解世界已经逐渐连为一体，只有融入世界才能使国家真正强大，取长补短。"特别"不是"自我"的理由，不是肆意妄为的理由，不是夜郎自大的理由。由此联想到，现在很多人追求特立独行，认为只有这样才有特点，却失去了人人应有的东西。

（3）《未有天才之前》

……所以我想，在要求天才的产生之前，应该先要求可以使天才生长的民众。——譬如想有乔木，想看好花，一定要有好土；没有土，便没有花木了；所以土实在较花木还重要。花木非有土不可，正同拿破仑非有好兵不可一样。

【点评】作者在此用了泥土于花、乔木的比喻，可以从中看出几点：第一，环境对人才培养有极重要的意义；第二，每个成功的人背后都有一个支持者——或家人或团队；第三，世有伯乐，然后有千里马；第四，天才不是天生的，天赋是出生带来的。

（4）《北京通信》

……站在歧路上是几乎难于举足，站在十字路口，是可走的道路很多。我自己，是什么也不怕的，生命是我自己的东西，所以我不妨大步走去，向着我自以为可以走去的路；即使前面是深渊，荆棘，狭谷，火坑，都由我自己负责。然而向青年说话可就难了，如果盲人瞎马，引入危途，我就该得谋杀许多人命的罪孽。

【点评】这篇杂文是对青年人的教诲。鲁迅先生是很爱青年的，认为青年是国家的希望，试图教导他们，唤醒他们，使他们走上正确的道路。同时，如此硬汉，对待自己的生命，更有斗士一般的气魄，此义无反顾、坚定的态度，饱含对自己的坚持与牺牲自我，为国家而"战"的理念。

（5）《黄花节的杂感》

……当时大概有若干人痛惜，若干人快意，若干人没有什么意见，若干人当作酒后茶余的谈助的罢。接着便将被人们忘却。久受压制的人们，被压制时只能忍苦，幸而解放了便只知道作乐，悲壮剧是不能久留在记忆里的。

…………

……这当然是劳苦的，但总比枪弹从致命的地方穿过去要好得远；何况这也算是在培养幸福的花果，为着后来的人们呢。

【点评】黄花节，是纪念黄花岗烈士们的节日，而以他们生命换来的幸福的种子，却被人们当作"谈助"，在黄花节找由头吃喝玩乐，或是感慨一句"苦啊！"，这当然是劳苦的，但是在为国家、为今后人们的幸福生活而奋斗，是值得的。

点评对象：

苏东坡传

作　者：林语堂

点评人：包思雨

　　由一般世俗的看法衡量，苏东坡毕生坎坷多舛。有一次，孔子的弟子问伯夷叔齐二大先贤，他二人不食周粟，饿死首阳山。弟子问孔夫子："这些大贤人临死之时，有无怨恨？"孔夫子曰："求仁而得仁，又何怨？"【这处引用实为巧妙，先人孔夫子的话仿佛已经道尽苏东坡一生。"多舛"，这不过是外人的看法；谁也没有参与过苏东坡的人生，谁知道他对这些所谓"多舛"是否怨愤呢？他或许早已看淡了这些坎坷，只认为这是他"求仁得仁"所必须付出的罢了。】

　　苏东坡今生的浩然之气用尽。人的生活也就是心灵的生活，这种力量形成人的事业人品，与生而俱来，由生活中之遭遇而显示其形态。正如苏东坡在《潮州韩文公庙碑》中所说："浩然之气，不依形而立，不恃力而行，不待生而存，不随死而亡矣。故在天为星辰，在地为河岳，幽则为鬼神，而明则复为人。此理之常，无足怪者。"

　　在读苏东坡传时，我们一直在追随观察一个具有伟大思想、伟大心灵的伟人生活，这种思想与心灵，不过在这个人间世上偶然呈形，昙花一现而已。苏东坡已死，他的名字只是一个记忆，但是他留给我们的，是他那心灵的喜悦，是他那思想的快乐，这才是万古不朽的。【苏东坡这样的人才，千百年才会出现一个。他那些璀璨光辉的思想，如流星般难得一见，却万古不朽，长存人世。他留下的精神遗产，"取之无禁，用之不竭"，是天地神灵的馈赠。】

【总评】读完一整本《苏东坡传》，感觉林语堂在其中一直如一个指路人一般，循循善诱地引导我们在心中树立起苏东坡的形象，剖析着苏东坡的灵魂。

"苏东坡"这个名字，对我们来说已经熟悉至极。那么他的灵魂呢？或者思想呢？这位大哲人、大诗人用毕生浩然之气凝结成的思想体悟，我们真的了解吗？

坦诚地说，我并没有。我并非苏东坡，我只能从一个旁观者、仰望者的角度，去景仰、敬佩这位天纵大才一生的成就。别人的思想，我们几乎做不到彻底体悟，更不必说对苏东坡。但是，苏东坡的文学、哲学造诣，就如同名贵的中草药，我们初见它，并不知道它的内在、它的药用价值，但是依然能从它品种的稀缺中体味出它的鲜、贵。我们望不见它的内里，只能触摸到它的表层，但对于它的价值我们不会否定半分，对于它的仰慕我们不会减少半分。

"求仁而得仁，又何怨？"这句话同样适用于苏东坡。我们认为他一生坎坷，实际上他却乐在其中。他求豪爽求耿直便也得到了它们，那些贬谪、污蔑又与他何干？求正气而得正气，无憾矣！

点评对象：

子 夜

作 者：茅 盾

点评人：张依雨

简介	毕业于浙江大学，获法律硕士学位。现就职于浙江省委网信办。
阅读感悟	阅读是一种方法，一个习惯，更是一份乐趣，无论是文学名著、专业书籍还是碎片化的阅读，总能予我以答案、力量和内心的平和。

吴荪甫的脸色突然变了【大概是因为屠维岳丢了工作仍镇定自若地大笑并说出"我笑——大雷雨之前必有一段时间的平静，平静得一点风也没有"这样有深度的话，让颇有见识的吴荪甫震惊了】，但立刻又转为冷静【变得快，正是大腕风范】。他的有经验的眼睛终于从这位青年人的态度【倔强、冷静却又自负、自命清高】上看出一些不寻常的特点【在那样一个年代，这样有能力、有魄力的人确实也不多见】，断定他确不是神经病者而是一个怪物了【大多数天才的表象都会疑似神经病，但内在却像个怪物，潜力大得惊人】；他反倒很客气地问⋯⋯

⋯⋯⋯⋯⋯⋯

觉得话里有刺，吴荪甫勉强笑了一笑【会装也是一种本领】；他现在觉得这位年轻人固然可赞，却也有几分可怕【一个能如此冷静而自信（略带猖獗）

的初生牛犊的确令人欣赏而又为人所怕】，同时却也自惭【虽说是"自惭"，其实也是对自己能慧眼识珠的一种自信，而这里也正说明了"世有伯乐，然后有千里马"，不然即使是个人才也只能在人群中被湮没】为什么这样的人放在厂里两年之久却一向没有留意到。……

…………

……他看见吴荪甫的浓眉毛似乎一动。可是那紫酱色的方脸上仍是一点表情都没流露【善于伪装，隐藏感情】。渐渐地两道尖利的眼光直逼到屠维岳脸上，这是能够射穿任何坚壁的枪弹似的眼光【犀利、尖锐，这种眼光也只有在洞察人情世故、经过千锤百炼的人那里才有，无疑吴荪甫就是这样的人】，即使屠维岳那样能镇定，也感得些微的不安了。他低下头去，把牙齿在嘴唇上轻轻地咬一下。【屠维岳的镇定、自负、猖狂，仍抵不住吴荪甫犀利、尖锐的目光，可见吴荪甫令人压抑不安的魄力，正是他的自信、气度、能力让他在别人面前能有这样的魄力。作者通过塑造屠维岳这么一个冷静、自负的年轻人反而更好地反衬出吴荪甫的犀利和魄力，更好地塑造出这个强者形象。】

点评对象：

四世同堂

作　者：老　舍

点评人：董安琪

	简介	现就读于浙江工业大学。
	阅读感悟	自幼好诗书，每每求得佳句，誊抄注释，悉心收藏。读书是至乐，阅读名著更是灵魂的壮游。

　　祁老人的背虽然有点弯，可是全家还属他的身量最高。在壮年的时候，他到处都被叫作"祁大个子"。高身量，长脸，他本应当很有威严，可是他的眼睛太小，一笑便变成一条缝子，于是人们只看见他的高大的身躯，而觉不出什么特别可敬畏的地方来。到了老年，他倒变得好看了一些：黄暗的脸，雪白的须眉，眼角腮旁全皱出永远含笑的纹溜；小眼深深的藏在笑纹与白眉中，看去总是笑眯眯的显出和善；在他真发笑的时候，他的小眼放出一点点光，倒好像是有无限的智慧而不肯一下子全放出来似的。

　　【点评】这是对祁氏大家庭中老祖宗的描写，他的高大与小眼睛搭配，给人以柔和安定的感觉。他一生平平淡淡，晚年又子孙满堂，在风雨如晦的旧中国，蜗居在一方小巷里享受天伦之乐；然而日本入侵者的渐渐逼近，搅乱了这一方安宁的天地。老人明事理，阅历丰富，又不失一颗爱国赤子之心。

点评对象：

四世同堂

作　者：老　舍

点评人：徐颖萱

 简介	现就读于浙江大学。曾获第十一届"文心雕龙杯"全国校园文学艺术大赛二等奖、第十六届"叶圣陶杯"全国中学生新作文大赛二等奖。
阅读感悟	阅读一部名著，就像跨越时间的维度与伟人对话，追逐着前人留下的生命印记，看文学一路跃动着的火花。因为书本，我们在延续人类的文明和一代又一代人的生命之旅。

　　……而后又发了点议论："我就不明白日本鬼子要干什么！咱们管保谁也没得罪过他们，大家伙平平安安的过日子，不比拿刀动杖的强？我猜呀，日本鬼子准是天生来的好找别扭，您说是不是？"

　　老人想了一会儿才说："自从我小时候，咱们就受小日本的欺侮，我简直想不出道理来！得啦，就盼着这一回别把事情闹大了！日本人爱小便宜，说不定这回是看上了卢沟桥。"

　　"干吗单看上了卢沟桥呢？"小顺儿的妈纳闷。"一座大桥既吃不得，又不能搬走！"

　　"桥上有狮子呀！这件事要搁着我办，我就把那些狮子送给他们，反正摆在那里也没什么用！"

　　"哼！我就不明白他们要那些狮子干吗？"她仍是纳闷。

"要不怎么是小日本呢！看什么都爱！"老人很得意自己能这么明白日本人的心理。"庚子年的时候，日本兵进城，挨着家儿搜东西，先是要首饰，要表；后来，连铜纽扣都拿走！"

"大概拿铜当作了金子，不开眼的东西！"小顺儿的妈挂了点气说。她自己是一棵草也不肯白白拿过来的人。

【点评】韵梅是标准的家庭妇女，祁老人也从未读过书，他们二人的对话体现的几乎是所有普通百姓的心理，面对所谓战乱，所谓日本鬼子，他们离得太远，在北平被占领之前，人们对"战争"的看法天真甚至可笑，以为所谓攻打只是为了抢一两只"石狮子"。这种天真的愚昧既反映了老百姓对"乱"的习惯，事不关己高高挂起，有恨其不争的可叹，又有对乱世中人的可怜，而更深的，则是一种无奈，因为在这种情况下，战士是孤独的，不被理解的。

到了学校，果然已经上了课，学生可是并没有到齐。今天没有他的功课，他去看看意国的窦神父。平日，窦神父是位非常和善的人；今天，在祁瑞宣眼中，他好像很冷淡，高傲。瑞宣不知道这是事实，还是因自己的心情不好而神经过敏。说过两句话后，神父板着脸指出瑞宣的旷课。瑞宣忍着气说："在这种情形之下，我想必定停课！"

"呕！"神父的神气十分傲慢。"平常你们都很爱国，赶到炮声一响，你们就都藏起去！"

瑞宣咽了口吐沫，愣了一会儿。他又忍住了气。他觉得神父的指摘多少是近情理的，北平人确是缺乏西洋人的那种冒险的精神与英雄气概。神父，既是代表上帝的，理当说实话。想到这里，他笑了一下，而后诚意的请教：

"窦神父！你看中日战争将要怎么发展呢？"

神父本也想笑一下，可是被一点轻蔑的神经波浪把笑拦回去。"我不知道！我只知道改朝换代是中国史上常有的事！"

瑞宣的脸上烧得很热。他从神父的脸上看到人类的恶根性——崇拜胜利（不管是用什么恶劣的手段取得的胜利），而对失败者加以轻视及污蔑。他一声没出，走了出来。

【点评】小说用了神态、语言描写，用"傲慢""冷淡""轻蔑"等词语体现出窦神父对被占领、被侵略的中国的轻蔑，甚至于说，作为一个典型的"外国人"，他关注的并不是中国如何，而只是崇拜胜者，崇拜武力。"历史总是由胜利者书写的"，也正因为有太多太多崇拜胜利的旁观者，非正义的战争才会剥夺无数条生命。更为讽刺的是，这样一个崇拜胜利的人却恰恰是代表上帝的神父，这或许也是人类的一种悲哀：面对一个民族的被侵略，另一个却无动于衷。

点评对象：

乡 愁

作　者：冰　心

点评人：郑祝倩

简介	现就读于南京航空航天大学。曾在"文心雕龙杯""叶圣陶杯"全国大赛上获奖。
阅读感悟	我享受在书海徜徉的时光，与大师们畅谈，觅得共鸣。感恩他们的生花妙笔，让我在满地都是六便士之处，抬头看到了月光。

我们都是小孩子，

　　偶然在海舟上遇见了。

谈笑的资料穷了之后，【"谈笑的资料"已经十分童真，给人浓厚的叙述感。】

　　索然的对坐，

　　无言的各起了乡愁。【"我们"都还是小孩子，却因一时无言而起相思，心中涌起大人的乡愁感，成熟。】

记否十五之夜，

　　满月的银光

　　　射在无边的海上。【"射在无边的海上"，有种直率感。】

琴弦徐徐的拨动了，

生涩的不动人的调子，【连用两个形容词，描写出调子的生涩，外界并非深受感触，而下文中，孩子们涌起凄衰感，莫名同感！】

天风里，

　　居然引起了无限的凄哀？

记否十七之晨，【"记否"与上段呼应，结构严谨，以讲故事的口吻展现世界。】

　　浓雾塞窗，

　　　　冷寂无聊。

角儿里相挨的坐着——

不干己的悲剧之一幕，

　　曼声低诵的时候，

　　竟引起你清泪沾裳？【由第一人称悄然转变为第二人称，很奇妙，也暗示对象的变化，"清泪沾裳"很含蓄隽永，又感人至深。】

"你们真是小孩子，

　　已行至此，

　　何如作壮语？"

我的朋友！

前途只闪烁着不定的星光，

　　后顾却望见了飘扬的爱帜。【"前途""后顾"形成对照。冰心的文字很细腻，也很简明，朴实而无华，是能打动人的。】

　　为着故乡，

　　我们原只是小孩子！【"原"倒更能倾诉作者的情感——对美好童年的追忆。别是一番滋味在心头。】

　　　　不能作壮语，

　　不忍作壮语，

　　也不肯作壮语了！

【总评】冰心的这首《乡愁》，仅看诗的主体，感觉像是中年或晚年的女士为回忆过去而写的。同时想起木心《从前慢》：

记得早先少年时

大家诚诚恳恳

说一句是一句

清早上火车站

长街黑暗无行人

卖豆浆的小店冒着热气

从前的日色变得慢

车、马、邮件都慢

一生只够爱一个人

从前的锁也好看

钥匙精美有样子

你锁了，人家就懂了

点评对象：

家

作　者：巴　金

点评人：包思雨

　　她的眼前立刻现出一条很长、很长的路，上面躺满了年轻女子的尸体。这条路从她的眼前伸长出去，一直到无穷。她明白了，这条路是几千年前就修好了的。地上浸饱了那些女子的血泪，她们被人拿镣铐锁住，赶上这条路来，让她们跪在那里，用她们的血泪灌溉土地，让野兽们撕裂、吞食她们的身体。起初她们还呻吟，哀哭，祈祷，盼望有人把她们从这条路上救出去。但是并不要多久的时间，她们的希望就破灭了，她们的血泪也流尽了，于是倒下来，在那里咽了最后的一口气。【这条路是什么？是无数女子被逼迫着前仆后继地走上去的"礼教""门当户对""早嫁"的道路。镣铐是什么？是时代的阴影，是旁人的品头论足，是所谓从父从夫，几千年了，那些呻吟和挣扎早已不可闻，只有无数的女子倒下去，用血泪浸泡尸体铺满的土地，该是何等的罪恶！】

　　从遥远的几千年前到现在，这条路上，不知断送了多少女子的青春，不知浸饱了多少女子的血泪。仔细看去，这条路上没有一个干净的尸体，那些女子都是流尽了眼泪，呕尽了心血，作了最后的挣扎，然后倒下来，闭了她们的还有火在燃烧的眼睛。【谁又甘愿呢？即使再喊不动了，她们的眼中依然有火在烧，那些堆积成山不可磨灭的不甘、愤怒和悲哀，终究有一天会迸发出来，把她们的灵魂解救出去。】……

　　……"牺牲，这样的牺牲究竟给谁带来了幸福呢？""难道因为几千年来这条路上就浸饱了女人的血泪，所以现在和将来的女人还要继续在那里断送她们的青春，流尽她们的眼泪，呕尽她们的心血吗？"难道女人只是男人的玩物吗？"最后一个更大的问题："你愿意抛弃你所爱的人，去做别人的玩物吗？"她觉得这时候她已经跪在那条路上了，耳边一阵呻吟，眼前一片血肉模糊的景象。她还有什么勇气来回答上面的问题？正义是那样地渺茫！她的希望完全破灭了。她不能够支持下去，便捧着脸哭起来。

……"我不走那条路。我要做一个人，一个跟男人一样的人。……我不走那条路，我要走新的路，我要走新的路。"【一连串问题，句句扣人心弦，句句是琴的扪心自问。只带来悲哀的牺牲，断送青春的道路，这些几千年来未曾停止过的对女子的毒害，琴面对它们终于发出了不平的呐喊。去走出一条新的路来吧，打破那沉重的枷锁！】

【总评】这是我在全书中读到的触动最大的片段。它充分体现了琴作为一个慢慢睁开眼的女性对自由、人权、平等的强烈渴望。那浸泡了女子血泪、代表着无从抗争的不平等的路是多么悲伤的存在！那些死在这条路上的女子的怨灵，又将如何地用礼教去逼迫更多的年轻女子走上这条不归路！琴在不平地呼喊，我庆幸她没有在母亲逼婚这样大的打击下心如死灰。去成为一个和男人享有同等权利的人，去走出一条新的路，巴金对女性在新时代改变处境的殷切希望，在琴的觉醒中体现得淋漓尽致。也只有这样痛彻心扉的觉醒，才能助她后来勇敢抗争，为自己爱情的自由做奋力一搏吧。

点评对象：

雷　雨

作　者：曹　禺

点评人：孙　哲

简介	本科毕业于德国达姆施塔特工业大学。
阅读感悟	阅读最妙的一点在于，在自己有限的生活体验中，感受不同人物的一生，通过与作者的精神交流，获得更开阔的视野和对生活更深刻的认识。

周朴园　你知道么？

鲁侍萍　也许记得，不知道老爷说的是哪一件？

周朴园　哦，很远的，提起来大家都忘了。

鲁侍萍　说不定，也许记得的。

周朴园　我问过许多【想证明自己并未遗忘，实际上只不过是为自己开脱】那个时候到过无锡的人，我想打听打听。可是那个时候在无锡的人，到现在不是老了就是死了，活着的多半是不知道的，或者忘了。【多次提到很久以前，多次说大家都忘了，其实内心是不怎么想面对的，希望所有人都不记得了吧。】

鲁侍萍　如若老爷想打听的话，无论什么事，无锡那边我还有认识的人，虽然许久不通音信，托他们打听点事情总还可以的。

周朴园　我派人到无锡打听过。——不过也许凑巧你会知道。三十年前在无锡有一家姓梅的。

鲁侍萍 姓梅的？

周朴园 梅家的一个年轻小姐，很贤慧，也很规矩【*因为心中有愧，所以特意评价高些，以掩盖自己的罪行*】，有一天夜里，忽然地投水死了，后来，后来，——你知道么？

鲁侍萍 不敢说。【*还是平静如初，侍萍早已不再年轻，稳重多了。想来是受多了苦，磨炼得成熟老到了。*】

周朴园 哦。

鲁侍萍 我倒认识一个年轻的姑娘姓梅的。

周朴园 哦？你说说看。

鲁侍萍 可是她不是小姐，她也不贤慧，并且听说是不大规矩的。【*明白自己的身份，自嘲年轻时的做法，同时，这也是对周朴园的嘲讽。*】

周朴园 也许，也许你弄错了，不过你不妨说说看。

鲁侍萍 这个梅姑娘倒是有一天晚上跳的河，可是不是一个，她手里抱着一个刚生下三天的男孩。听人说她生前是不规矩的。

周朴园 （痛苦）【*表面的痛苦，谁知道是不是真的后悔伤心，只是有些不安也是有可能的。*】哦！

鲁侍萍 她是个下等人，不很守本分的。听说她跟那时周公馆的少爷有点不清白，生了两个儿子。生了第二个，才过三天，忽然周少爷不要了她，大孩子就放在周公馆，刚生的孩子抱在怀里，在年三十夜里投河死的。【*从第三方的角度客观地描述当年的痛苦，可见早已认清了现实，释怀了。*】

周朴园 （汗涔涔地）【*心虚了。*】哦。

鲁侍萍 她不是小姐，她是无锡周公馆梅妈的女儿，她叫侍萍。

周朴园 （抬起头来）你姓什么？【*内心的不安更加严重。*】

鲁侍萍 我姓鲁，老爷。

周朴园 （喘出一口气【*生怕有什么牵连*】，沉思地）侍萍，侍萍，对了。这个女孩子的尸首，说是有一个穷人见着埋了。你可以打听得她的坟在哪儿么？

鲁侍萍　老爷问这些闲事干什么？

周朴园　这个人跟我们有点亲戚。【终究是不敢明说的，哼！】

鲁侍萍　亲戚？

周朴园　嗯，——我们想把她的坟墓修一修。【这么做只是为了安慰一下自己吧！恐怕愿意做的也只有这么多了，尽是些毫无意义的事。】

鲁侍萍　哦——那用不着了。

周朴园　怎么？

鲁侍萍　这个人现在还活着。

周朴园　（惊愕）【此时的心情怕是害怕更多吧？】什么？

鲁侍萍　她没有死。

周朴园　她还在？不会吧？我看见她河边上的衣服，里面有她的绝命书。

鲁侍萍　不过她被一个慈善的人救活了。

周朴园　哦，救活啦？

鲁侍萍　以后无锡的人是没见着她，以为她那夜晚死了。

周朴园　那么，她呢？

鲁侍萍　一个人在外乡活着。

周朴园　那个小孩呢？

鲁侍萍　也活着。

周朴园　（忽然立起）你是谁？【心中的不安爆发了，恐慌至极。】

鲁侍萍　我是这儿四凤的妈【不愿再有牵连，有骨气！好！】，老爷。

周朴园　哦。【放下心来，若有所思。】

点评对象：

美的历程

作　者：李泽厚

点评人：郑淑慧男

 简介	毕业于杭州学军中学。曾在"叶圣陶杯""课堂内外杯""时代新人说"等全国作文大赛上获奖。
阅读感悟	阅读诗歌和哲学性散文，能明了昏暗迷途中的那束光芒，能够明晰生活琐碎中所蕴含的美好，这是淡淡的日子里难得相遇的天堂，也是最易获得的远方。

（1）《龙飞凤舞·远古图腾》

　　中国史前文化比过去所知有远为长久和灿烂的历史。七十年代浙江河姆渡、河北磁山、河南新郑、密县等新石器时代遗址的陆续发现，不断证实这一点。将近八千年前，中国文明已初露曙光。

　　上溯到旧石器时代，从南方的元谋人到北方的蓝田人、北京人、丁村人、山顶洞人，虽然像欧洲洞穴壁画那样的艺术尚待发现，但从石器工具的进步上可以看出对形体性状的初步感受。北京人的石器似尚无定形，丁村人的则略有规范，如尖状、球状、椭圆形……到山顶洞人，不但石器已很均匀、规整，而且还有磨制光滑、钻孔、刻纹的骨器和许多所谓"装饰品"："装饰品中有钻孔的小砾石、钻孔的石珠、穿孔的狐或獾或鹿的犬齿、刻沟的骨管、穿孔的海蚶壳和钻孔的青鱼眼上骨等。所有的装饰品都相当精致……所有装饰品的穿孔，几乎都是红色，好像是它们的穿戴都用赤铁矿染过。"这表明对形体的光滑规整、对色彩的鲜明突出、对事物的同一性（同样大小或同类物件串在一起）……有了最早的朦胧理解、爱好和运用。但要注意的是，对使用工具的合规律性的形体感受和在所谓"装饰品"上的自觉加工，两者不但有着漫长的时间距离（数十万年），而且在性质上也是根本不同的。虽然二者都有其实用功利的内容，但前者的内容是现实的，后者则是幻想（想象）的；劳动工具和劳动过程中的合规律性的形式要求（节律、均匀、光滑等）和主体感受，是物质生产的产物；"装饰"则是精神生产、意识形态的产物。尽管两者似乎都是"自然的人化"和"人的对象化"，但前者是将人作为超生物存在的社会生活外化和凝冻在物质生产工具上，是真正的物化活动；后者则是将人的观念和幻想外化和凝冻在这些所谓"装饰品"的物质对象上，它们只是物态化的活动。

【点评】在八千年前，中国文明就已经初露曙光，那长久历史中的文明的灿烂，大多湮没于时间之中，不为世人所知。人类的不断变化，智力的不断形成，在逐渐被发现的遗址中显露，而最初的他们，对于形体性状的初步感受，就隐藏在石器工具的背后。

石器工具的不断完善，不仅体现了人类社会的进步，也表明人类对于美的追求从未停止过。光滑规整、色彩鲜明，也许是人类对美最初的认识。

（2）《青铜饕餮·线的艺术》

汉字作为书法，终于在后世成为中国独有的艺术部类和审美对象。……甲骨文已是相当成熟的汉字了。它的形体结构和造字方式，为后世汉字和书法的发展奠定了原则和基础……从一开始，象形字就已包含有超越被模拟对象的符号意义，一个字表现的不只是一个或一种对象，而且也经常是一类事实或过程，也包括主观的意味、要求和期望。这即是说，"象形"中即已蕴含有"指事""会意"的内容。正是这个方面使汉字的象形在本质上有别于绘画，具有符号所特有的抽象意义、价值和功能。但又由于它既源出于"象形"，并且在其发展行程中没有完全抛弃这一原则，从而就使这种符号作用所寄居的字形本身，以形体模拟的多样可能性，取得相对独立的性质和自己的发展道路，即是说，汉字形体获得了独立于符号意义（字义）的发展途径。以后，它更以其净化了的线条美——比彩陶纹饰的抽象几何纹还要更为自由和更为多样的线的曲直运动和空间构造，表现出和表达出种种形体姿态、情感意兴和气势力量，终于形成中国特有的线的艺术：书法。

许慎在《说文解字·序》中说：

> 仓颉之初作书，盖依类象形，故谓之文。

以后许多书家也认为，作为书法的汉字确有模拟、造型这个方面：

> 或象龟文，或比龙鳞，纾体放尾，长翅短身，颓若黍稷之垂颖，蕴若虫蚊之芬缊。（蔡邕：《篆势》）
>
> 或栉比针列，或砥平绳直，或蜿蜒缪戾，或长邪角趣。（蔡邕：《隶势》）

【点评】青铜时代却不只有青铜器之美。与之同时发达成熟的，是汉字。汉字在最初时，还只是传达意图的图画文字——甲骨文，但甲骨文的成熟奠定了后世汉字的发展原则与基础，这也使汉字到了现在，已不再是简单的文字，而是一种艺术形式，是书法。它最初由图案而来，由线构成，这就又不同于陶器、青铜、图腾、歌舞了，它是一种独特的线的艺术，仅有线的力量便展现出文化之美。

点评对象：

美的历程

作　者：李泽厚

点评人：瞿予非

（1）《魏晋风度·人的主题》

这种对生死存亡的重视、哀伤，对人生短促的感慨、喟叹，从建安直到晋宋，从中下层直到皇家贵族，在相当一段时间中和空间内弥漫开来，成为整个时代的典型音调。曹氏父子有"对酒当歌，人生几何，譬如朝露，去日苦多"（曹操）；"人亦有言，忧令人老，嗟我白发，生亦何早"（曹丕）；"人生处一世，去若朝露晞，……自顾非金石，咄唶令人悲"（曹植）。阮籍有"人生若尘露，天道邈悠悠，……孔圣临长川，惜逝忽若浮"。陆机有"天道信崇替，人生安得长，慷慨惟平生，俯仰独悲伤"。刘琨有"功业未及建，夕阳忽西流，时哉不我与，去乎若云浮"。王羲之有"死生亦大矣，岂不痛哉！……固知一死生为虚诞，齐彭殇为妄作，后之视今，亦犹今之视昔，悲夫！"。陶潜有"悲晨曦之易夕，感人生之长勤。同一尽于百年，何欢寡而愁殷"。……他们唱出的都是这同一哀伤，同一感叹，同一种思绪，同一种音调。可见这个问题在当时社会心理和意识形态上具有重要的位置，是他们的世界观人生观的一个核心部分。

【点评】这是一种并不使人心衰气丧的对人生的悲伤，是"死灰"，并非"死水"，存在人的觉醒，对生死存亡的重视，对自然轮回的思考，恐怕是如今我们这个虚浮的世界少有的,肯为时间感到苦,为空间感到寂,如此魏晋风度,也难怪留下许许多多千古名篇,为世人所赞颂。

············

……只有人必然要死才是真的,只有短促的人生中总充满那么多的生离死别哀伤不幸才是真的。既然如此,那为什么不抓紧生活,尽情享受呢?为什么不珍重自己珍重生命呢?所以,"昼短苦夜长,何不秉烛游";"不如饮美酒,被服纨与素";"何不策高足,先据要路津";说得干脆、坦率、直接和不加掩饰。表面看来似乎是无耻地在贪图享乐、腐败、堕落,其实,恰恰相反,它是在当时特定历史条件下深刻地表现了对人生、生活的极力追求。

【点评】生命无常,人生易老,古往今来都是一个普遍的命题,魏晋诗篇之所以具有如此感人的魅力而被传诵,也是因为这思绪中包含的时代内容。他们喝酒、清谈,是一种对时代、对时光的勇敢对抗。"哀众芳之芜秽兮,恐美人之迟暮",瞬间的凋零,往往使人感慨良多,尽情享乐,更多的是一种唯心而论。

（2）《魏晋风度·文的自觉》

鲁迅又说:"汉文慢慢壮大是时代使然,非专靠曹氏父子之功的,但华丽好看,却是曹丕提倡的功劳。"曹丕地位甚高,后来又做了皇帝,极人世之崇荣,应该是实现了人生的最高理想了吧,然而并不。他依然感到"年寿有时而尽,荣乐止乎其身,二者必至之常期,未若文章之无穷"。帝王将相、富贵功名很快便是白骨荒丘,真正不朽、能够世代流传的却是精神生产的东西。"不假良史之词,不托飞驰之势,而声名自传于后。"（《典论·论文》）

【点评】曹操父子在文学史上具有一定的地位,然而很多时候,更为广泛流传的是曹植的诗歌。可是真正富有内涵的,其实是曹丕的诗歌。曹植的诗歌,很多时候,空注重华丽的外表,而曹丕深思更多,他对死生意义的探求,对流传百世的追求,可能有些功利,但无疑是正确的。

点评对象：

君子之道

作　者：余秋雨

点评人：胡子豪

简介	现就读于浙江大学。曾在"叶圣陶杯""文心雕龙杯"等多项比赛中获奖，同时在不断尝试着使自己的文章拥有高于文字的思想力量。
阅读感悟	阅读名著，能通过提升一个人的思想境界影响其人生历程和所能达到的人生高度。

（1）《前论·有效遗嘱》

儒家对后世的遗嘱——做君子，不做小人，有没有传下来呢？

传下来了。而且，传得众人皆知。……

…………

因为与人人有关，所以能够代代感应，成为有效遗嘱。

一定有人不赞成，认为君子之道流传那么久，产生真正完美君子的比例并不高。因此，不能认为"有效"。

这种观点，把理想人格的设计和引导当作了"应时配方"。其实，人类历史上任何民族的理想人格设计，都不具备"即时打造、批量生产"的功能。君子之道也一样，这是一种永不止息的人格动员，使多数社会成员经常发觉自己与君子的差距，然后产生"见贤思齐""景行行止"的向往，而不是在当下急着搭建一个所谓"君子国"。过程比终点重要，锻铸人格的过程不应该中断，而一个匆促搭建的"君子国"，肯定名不副实。

【点评】这段话反驳了人们功利的想法：认为君子之道流传那么久，产生真正完美君子的比例并不高，因此，不能认为"有效"。其实，他们忽略了一点，那就是君子之道不是用来塑造君子的，而是用来修身养性的。君子不是一种成就或是一种职业，而是一种追求。在作者眼里，修炼自己、克制自己的过程才是君子之道的核心所在。同时，批判了功利化的"君子国"的弊端。

（2）《本论·君子不器》

第一，尽量不要成为器物的奴隶。管子所说的"君子使物，不为物使"（《管子·内业》），说明了君子对于器物的主动性。环视四周，现在有很多人过度追求器物之盛，其实早已远远超过生命的实际需要，这就使自己成了器物的奴隶。他们成天收藏、拼比着奢侈器物，琳琅满目，乍看是生命的扩充，其实是生命的奴化。而且，奴化了的生命还要伺候那么多冷若冰霜的"主人"。须知，哪怕是积器如山，堆物成城，也比不过你简囊远行的身影。

【点评】由人变器的事情，到处可以看到。年年月月用完全一样的语句和口气复述着同一本陈旧的教科书，这种老师，其毅力可以称道，但他们让多彩的生命变成了复制之器。"君子不器"又可以解述为"抵抗人的全面工具化"。人，总是要找回自己，即便什么时候机器代替了人力劳动，对人的坚守还会持续。生命的意义不在于富有，而在于拥有自己心爱的东西。君子不会玩物丧志，更不会为眼前的利益所蛊惑。

（3）《君子之交·常谊》

据我观察，那些孤寂傲世的人，并不是一开始就是这样的。他们大多是在友谊上频遭冷遇、几次碰壁，也就以冷对冷，以壁对壁，使自己变成了一道"冷壁"。

对此，我想借自然现象做一番劝解——

日光普照，月色千里，并不要求山川大地来回报。不求回报的日光，才叫日光；不求回报的月色，才叫月色。

对日光和月色来说，无所谓冷遇，也无所谓碰壁。如果出现十里雾霭，几片夜云，看起来好像是阻挡，是异质，是障碍，却只会使苍穹更美。

其实，友谊的滋味，恰恰也在于阻碍和落差。历史上那么多传之广远的优秀诗文，都是在描述人间情感的各种"失衡状态"，例如，思念、怨恨、忧郁、嫉妒、期待、苦守、追悔、自责，几乎每一项都与友谊或爱恋的落差有关。要是没有这种落差，人类的诗情就会减去大半。

【点评】特别喜欢这段话中举了日光月色的例子，很形象，也很文雅。如果永远是等价交换、同量往返，那么生活就失去了意义，就像到了无坡无沟、无壑无丘、无荫无蔽的一块平地，旅行者便会失去乐趣。我们不必小气到放声一唱，就要从山崖间捡拾每一缕回声。只管放松地走，自由地歌唱，只管这一路上撒播友谊的信号还不求答复，这才是人生。

点评对象：

这是四点零八分的北京

作　者：食　指

点评人：郑祝倩

这是四点零八分的北京
一片手的海浪翻动
这是四点零八分的北京
一声尖厉的汽笛长鸣

北京车站高大的建筑
突然一阵剧烈地抖动
我双眼吃惊地望着窗外
不知发生了什么事情

我的心骤然一阵疼痛，一定是
妈妈缀扣子的针线穿透了心胸
这时，我的心变成了一只风筝
风筝的线绳就在妈妈的手中

线绳绷得太紧了，就要扯断了
我不得不把头探出车厢的窗棂

直到这时，直到这时候
我才明白发生了什么事情

——一阵阵告别的声浪
　　就要卷走车站
　　北京在我的脚下
　　已经缓缓地移动

我再次向北京挥动手臂
想一把抓住她的衣领
然后对她大声地叫喊
永远记着我，妈妈啊北京

终于抓住了什么东西
管他是谁的手，不能松
因为这是我的北京
这是我的最后的北京

【总评】这首诗的第一节连用两个"这是四点零八分的北京"，将我们带入作者的这首诗中。"四点零八分"是这一列车启动的时刻，给诗人烙下深深的印象。这些学生昨天还在校园里，在父母的怀抱中无忧无虑地生活，今天却不得不告别亲友，远离家乡，到一个陌生的地方，独自生活。这是对学生们意志的考验。这对学生们来说意味着什么？他们怎么想呢？

食指为此做了解答。

"一片手的海浪翻动"将总体的形态描绘得生动形象。短短八个字，渲染了台上人数之多，将"学生团"的形象展现得淋漓尽致。又以"汽笛长鸣"暗示列车即将启动。从寥寥数语所给予的形象意蕴中想见，在这亲人分别的时候，大家互相叮嘱，千情百态。

第二段的"剧烈的抖动"似乎仅仅是简单地描写了列车的启动，但含义深刻。"我双眼吃惊地望着窗外"，眼神吃惊、惘然的学生形象跃然纸上。

第四段中的"线绳"是维系母子的纽带，诗歌也由此形成一种蓄势，快要扯断的窒息感，象征列车即将开动。

随着车轮的转动，母子的距离被拉长了，而且是一段持续的动作。同亲人的分离已成现实，尽管没人能接受这一事实，但学生们不得不面对。情节环环相扣，"我"向北京挥动手臂，想一把抓住母亲的衣领。

最后一节对故乡的依恋和热爱之情更是溢于言表。列车缓缓地驶离车站。"我"离故乡北京和亲爱的妈妈越来越远，"我"实在不愿意相信这是真的，于是，"我"拼命用手一抓，抓住了一件自己也不知道的东西，希望能改变这一事实。不过这都没有实际作用与意义。"管他是谁的手，不能松"，这是一种近似"精神胜利法"的精神宽慰。末句"因为这是我的北京，这是我的最后的北京"，直抒胸臆，表意深刻。

点评对象：

北岛的诗

作　者：北　岛

点评人：郑淑慧男

（1）《一切》

一切都是命运

一切都是烟云

一切都是没有结局的开始

一切都是稍纵即逝的追寻【前四个"一切"写出了当时一切的虚无、乏力。生命充满了灰暗。】

一切欢乐都没有微笑

一切苦难都没有泪痕【第五、六个"一切"写出了世界的黑暗，已经没有微笑的欢乐，已没有还能留下泪痕的苦难。泪痕，早已被数不清的苦难冲洗干净。】

一切语言都是重复

一切交往都是初逢

一切爱情都在心里

一切往事都在梦中

一切希望都带着注释

一切信仰都带着呻吟

一切爆发都有片刻的宁静

一切死亡都有冗长的回声【一切美好的事物只能留在心里与梦中，无法倾诉，难以留下。人们对于生的希望需要解释才能说明，信仰带着再无力量的苦痛呻吟。爆发和死亡变得宁静、平常，迫使人们再无力挣扎。】

（2）《无题》

永远如此

火，是冬天的中心

当树林燃烧

只有那不肯围拢的石头

狂吠不已【石头是抗拒燃烧的林子里的唯一者，它们也在被燃烧，但它们决不屈服，即使成了灰，也要留下最后一声吠叫。】

挂在鹿角上的钟停了

生活是一次机会

仅仅一次

谁校对时间

谁就会突然衰老【钟停了，像是时间静止在这一刻，没有时间的概念。生活只有一次，即使再短暂，也需要人们去斗争、把握，而非屈服地认清时间。】

点评对象：

日出东方

作　者：黄亚洲

点评人：张依雨

陈独秀怒喊一声"放屁！"【愤怒的斗士形象跃然纸上。】他觉得他此时不能不喊，但他用足了气力而声带却如棉絮一样没有共振。【描写的是梦境，何尝不是现实的隐喻？反抗的声音，自由、民主的呼声，竭尽全力的呐喊，在当时却未必能激起绝大多数的民众的觉醒，更别提西方列强的同情和认可了。】他的话，所有的剪子都没有听见。【"剪子"借代得妙，衣冠楚楚、冠冕堂皇掩盖不了西方列强的掠夺之心、强盗之行！梦里没听见是因为隔着梦境，现实中呢，是没听见，还是装作听不见，甚至是无所谓听不听得见。】

…………

一个说："就我记忆所及，中国人自从他们的唐朝宋朝以后，就没有站起来过。"

另一个说："就我记忆所及，他们中国人，自从他们的唐朝宋朝以后，就没有发出声音过。"【没有站起来过，没有发出声音过，可悲！可叹！】

陈独秀以头触门。他此时悲愤已极。他觉得整个大门都被他撞坍了，他自己也头痛如裂。

…………

"那是巴黎的钟！"陈独秀翻身坐起，两眼如铃，铃上遍布血丝。"钟很响。君曼，我听出来了，那是用中国人的骨头敲的，是骨头，腿骨！"【隐喻当时中

国人被打断了腿骨站不起来。用自己腿骨去敲响丧权辱国的钟，何等屈辱！何其可悲！】

··············

"我的汗都是从泪腺里流出来的！天下最大的傻瓜就是陈独秀！我是陈独傻！"【斗士敢于向封建思想开炮，也敢于自嘲、自省。】

··············

干燥的5月3日之夜，星星眨眼，所有眼镜后面的眼珠也如眨眼之星。这个夜晚是非常时刻，空气中有导火索燃烧的吱吱之声。在这样的时刻，学生们不能不黑压压地聚集于北池子箭杆胡同九号，中国思想界巨人的声音对他们而言是非常重要的。【领袖之重要性，指明要走的路和未来的方向。】

··············

但是高君曼像个门神。从门隙里透出的灯光打在高君曼的挺拔的鼻梁上，她的黑黑的眼珠像白天一样闪着黑色的光。

"我知道，全知道。"高君曼尽量压着声音说，"我知道青岛要亡了，我知道山东要亡了，可我更知道这会儿陈先生病重，这会儿他烫得像块炭。同学们，他要这么劳累下去，他也得亡！"【连接受过教育、作为思想界领袖的妻子的高君曼也不能免俗，自由民主、民族大义之前首先是丈夫的安危和身体健康。那普通人呢，如何能轻易做到信仰高于世俗的追求？对比之下更显陈独秀的难能可贵。】

··············

"我知道你们为什么而来！"陈独秀把着急的妻子推到身后，"你们是为巴黎而来！我告诉你们，同学们，实际上，中国的外交不会断送于巴黎，而只会断送于沉默！"【首先要有声音，然而有声音谈何容易！不仅西方列强不想中国发出声音，就连一些中国人也不想中国人发出声音！】

陈独秀说到这里就把手舞起来，背脊上的小火罐随之颤动。

"你们要喊！诸位同学，你们要喊！陈先生今天喊不动了，你们，要喊！"

··············

高君曼想扶陈独秀进房，陈独秀又一把推开了她。【即便病得厉害，依然会为理想追求站起来，体现了强烈的信念、坚定的意志。】咣当一声，一只火罐摔在地上。

"现在是到了直接解决的时候了！我一条喉咙，只能在纸上喊，而你们，你们喉咙多，你们要一齐喊，喊出声来！【中国的觉醒力量，星星之火，聚能燎原，散也能明一方之路。】你们要喊得巴黎每一道街路都打摆子！中国不能没有声音！你们就是声带！中国只有你们是声带了！"

············

蔡元培听见了声音。声音使他心境复杂。

若是北大学子面对砧板和刀锋没有声音，他是着急的。他的"兼容并包"的办学方针以及聘任陈独秀之类的大胆之举，说到底，就是为了拓宽学子的声带。但是学生一旦热血上了脸，那就很可能不仅仅是涉及声带了。作为大学校长，他又不能不控制火候。【心境复杂纠结之处，一面是民族大义，一面是学生安危，说到底都是为了学生，也是为了国家。】

············

蔡元培的左脚那只已经裂了一条细口子的黑皮鞋，踏在校长办公室的褪色地板上发出咯咯的声响，像母鸡下蛋后的声音。蔡元培忽然发现自己此时的心态也是母鸡的心态，他很怕身子底下的软和和的鸡蛋有任何一点碎裂。【鸡蛋既是学生，也是当时的革命之心、革命之火，怕孵不出生命，也怕用力过度破碎了。】

他绕着写字桌，一步步走得很慢，怕惊醒什么似的。【身为校长的职责和民族大义之间的矛盾困扰着他。】其实他明白，他怕惊醒的是自己心里的一个念头。这个念头是一道命令，命令他疯狂地跑下楼，在最后的一刹那，把学校的大铁门锁上。

············

蔡元培当然知道昨夜发生于法科礼堂的那场风暴。他虽未身处风暴中心，但那种嘶叫声他是听到的。鸡叫三遍的时候他还独处书房，瞪着窗外的夜空。他很为他的学生骄傲，他知道这场风暴是属于整个民族的。【年轻人是国家和民族的希望，从接触最先进思想的学生开始，直至整个民族的觉醒。而学生的觉醒也一定程度得益于自己的大学改革,当然骄傲!】自鸦片战争以来的民族屈辱,终于选择了一个直接的爆发点。这爆发点没选择其他地方,恰恰选择了他治下的一群学生的嘴巴。……

然而,话虽虚伪,"鲜血"二字,却也如两下重锤,敲在蔡元培的心坎上。【正好打在七寸上,校长真正忧心的不是职位不保,而是学生安危难保。而这样的"劝告"能让校长纠结,说明流血是当局政府做得出的且是极有可能发生的。】

他彻夜难眠,就是怕这两个字。这两个字只能涌动在他的学生的心头,而不能流淌在他的学生的脸上。【身为老师、校长的拳拳爱护之情体现得淋漓尽致。】

…………

蔡元培的嘴唇和电话线抖得一样厉害。

片刻之后,他拔腿冲出了校长室。……

…………

"锁!锁上!"校长说。

…………

"取下!"蔡元培忽然手指大锁,"快取下!"

…………

蔡元培顿脚说:"谁叫你们开门了?"【拔腿冲出、重复话语、纠结反复、顿脚、反问等一系列动作和话语,体现了校长的高度紧张,有下意识的动作反应,也有紧急状况下头脑高速运转后的应对。】

…………

……蔡元培说:"锁,拿掉!门,关上!"【正如李大钊所解读的,"门是将关未关,锁是将锁未锁。若天下之领导者均以此种立场对待民意,则天下有救了"。这是校长的表态,关门是履行校长职责,不锁是尊重学生、支持学生。"将关未关、将锁未锁",正是校长的智慧所在,让人叹服。】

点评对象：

病隙碎笔

作　者：史铁生

点评人：亓乃薇

简介	浙江大学毕业，现为中国人民大学汉青研究院金融专硕研究生。
阅读感悟	对我来说，阅读名著是一件"孩子气"的心安理得的事，可以没有任何预设目的，可以容纳天马行空，大笑或是落泪……难怪人们总是借阅读名著想再做一回小孩。

　　……生病的经验是一步步懂得满足。发烧了，才知道不发烧的日子多么清爽。咳嗽了，才体会不咳嗽的嗓子多么安详。刚坐上轮椅时，我老想，不能直立行走岂不把人的特点搞丢了？便觉天昏地暗，等又生出褥疮，一连数日只能歪七扭八地躺着，才看见端坐的日子其实多么晴朗。后来又患"尿毒症"，经常昏昏然不能思想，就更加怀恋起往日时光。终于醒悟：其实每时每刻我们都是幸运的，任何灾难前面都可能再加上一个"更"字。

　　【点评】先单从句段本身来看，就很能体现作者深厚的文字功底了。"发烧"对应"清爽"，"咳嗽"对应"安详"，"知道""体会""想""看见"其实要表达的语意大同小异，但不重复，不让人生出乏味之感。反问句又显现出作者的自嘲幽默。这生病的经验一点一点累积，向我们生动地展示了作者与病魔的艰苦斗争，在经历了这些痛苦之后，作者的心境变得平和宁静，一种无为而治的悠闲自得，这也源于他不屈不挠的满足感。可是，时时刻刻对命运的满足，是否会使我们的生活停滞不前呢？也许不会，毕竟生活随时变化，充满机遇，满足也要时时变化。在我看来，满足感的前提条件是对自我的深度认识，清醒地认识到自己的优势与不足。对于外界环境，当的的确确无力改变时，我们就要静心珍惜现有的一切，当自己的才能尚未完全发挥时，也应该奋起抓住机会。我们鼓励闯一闯的冒险精神，但要提醒做好失败的准备；我们认可宁静平缓的生活节奏，但也反对任机会失去的消极态度。满足与不满足，实则应相辅相成，互为表里。

这一个愚顽的人，常在暮色将临时独坐呆问：爱情既是这般美好，何以倒要赞誉它的止步于一对一？为什么它不能推广为一对二、对三、对四……以至 n 对 n，所有的人对所有的人？这时候我就围绕他，像四周的黑暗一样提醒他：对了，这就是理想，但别忘了现实。

现实是：心灵的隔离。

现实是人吃了善恶树上的果实，因而偏离了上帝之爱的角度，只去看重人的社会价值，肉身功能（力量、智商、漂亮、潇洒），以及物质的拥有。若非这样的现实，爱情本不必特别地受到赞美。倘博爱像空气一样均匀深厚，为什么要独独地赞美它的一部分呢？但这样的现实并未如愿消散，所以爱情脱颖而出，担负起爱的理想。它奋力地拓开一片晴空，一方净土，无论成败它相信它是一种必要的存在，一种象征，一路先锋。它以其在，表明了亘古的期愿不容废弃。

博爱是理想，而爱情，是这理想可期实现的部分。因此，爱情便有了超出其本身的意义，它就像上帝为广博之爱保留的火种，像在现实的强大包围下一个谛听神谕的时机，上帝以此危险性最小的一对一在引导着心灵的敞开，暗示人们：如果这仍不能使你们卸去心灵的铠甲，你们就只配永恒的惩罚。

那个愚顽的人甚至告诉我，他听出其中肯定这样的意思：这般美好的爱愿，没理由永远止步于一对一——我不得不对他，以及对愚顽，刮目相看。

【点评】这段话相当精彩，因为整本书都是对神性和人生终极意义所做的一次艰苦卓绝而又辉煌壮丽的追问与眺望，有很多语段略显重复，类似"天堂只可以走向而不可以走到"的句子比比皆是，因而这一篇就显得尤为奇特了。主题思想与内涵不变，却是有贴近生活的感觉，以大家都耳熟能详的话题——爱情为切入视角，展开议论，而且这段话所表现出来的史铁生，正是我特别喜欢的。

这个愚顽的人心中的困惑，首先令人觉得有些傻气和无聊，继而又觉得不那么简单，有点解释不清的崩溃，最后彻底地迷糊了，只能在心中默念，为什么呀？这种史铁生式的逻辑，教人去细究很多生活中想当然的事，思想便在历练中沉淀出深度。有一个很精切的环境描写，好像是现实将理想的光芒逐步蚕食，人们被困在压抑的现实中寻不到出口。接下来无懈可击的论证非但没有让人感到枯燥，反而让人禁不住感慨爱情这般美好。试想不相识的两人在茫茫人海中相识相知，把自己心灵湖畔的小屋让给对方来往，是人们博爱的一小点。这一个史铁生，在经历一番彻悟后，在用慧眼洞察世事之后，绝不像神仙一样冷眼而观，拂袖而去，他衷心地献上祝愿，真诚地相信未来的美好，达到了理性与感性的高度统一。

点评对象：

病隙碎笔

作　者：史铁生

点评人：方　文

简介	现就读于北京大学。曾获"叶圣陶杯"作文大赛全国二等奖，有文章《穿透千年的眼镜》在《语文报》上发表。
阅读感悟	阅读是逃离现实的捷径。在书籍中，我寻找理想生活。

　　求神明保佑，可能是人人都会有的心情。"人定胜天"是一句言过其实的鼓励，"人是被抛到这个世界上来的"才是实情。生而为人，终难免苦弱无助，你便是多么英勇无敌，多么厚学博闻，多么风流倜傥，世界还是要以其巨大的神秘置你于无知无能的地位。

…………

　　我也曾这样祈求过神明，在地坛的老墙下，双手合十，满心敬畏（其实是满心功利）。但神明不为所动。是呀，恺撒尚且哀告无功，我是谁？古园寂静，你甚至能感到神明在傲慢地看着你，以风的穿流，以云的变幻，以野草和老树的轻响，以天高地远和时间的均匀与漫长……

　　【点评】每当世界安静下来的时候，我就会深深地感到生命的卑微与渺小。每每感叹命运时，又会想到这个世界已经运行了亿万年。造物主赋予了无数人命运。我们的祖祖辈辈有过太多的不同的命运了。那么我又是以什么身份、什么姿态在感叹命运呢？这个世界上，又有太多太多的人问着："我为什么要经历这些？"那么我口中的"我"，又代表了谁？又是谁允许我这样一个平凡又渺小的微不足道的人，为千千万万个"我"发声呢？

我想，上帝为人性写下的最本质的两条密码是：残疾与爱情。残疾即残缺、限制、阻障……是属物的，是现实。爱情属灵，是梦想，是对美满的祈盼，是无边无限的，尤其是冲破边与限的可能，是残缺的补救。每一个人，每一代人，人间所有的故事，千差万别，千变万化，但究其底蕴终会露出这两种消息。现实与梦想，理性与激情，肉身与精神，以及战争与和平，科学与艺术，命运与信仰，怨恨与宽容，困苦与欢乐……大凡前项，终难免暴露残缺，或说局限，因而补以后项，后项则一律指向爱的前途。

【点评】残疾即不完美，并非单纯地指生理上的残疾。从抽象的角度看，这世上所有的人都是残疾人。残疾并不可怕，也不特殊，因为人生的修行，就是在不断地填补残缺。爱与残疾，也可以理解为精神上的相辅相成。因为有残缺，才能有爱的救赎，才能突显爱的美丽、彼岸的价值；而正因为有爱，所有的残疾才有了一个出口，所有的不完美才能被欣赏。爱与残疾，是人性的密码，更是人生的终点与起点。

点评对象：

神女峰

作 者：舒 婷

点评人：郑祝倩

在向你挥舞的各色花帕中
是谁的手突然收回
紧紧捂住了自己的眼睛
当人们四散离去，谁
还站在船尾
衣裙漫飞，如翻涌不息的云
江涛
　　　高一声
　　　　　低一声

美丽的梦留下美丽的忧伤
人间天上，代代相传
但是，心
真能变成石头吗
为眺望远天的杳鹤
错过无数次春江月明

沿着江岸

金光菊和女贞子的洪流

正煽动新的背叛

　　与其在悬崖上展览千年

　　不如在爱人肩头痛哭一晚

【总评】《致橡树》中的舒婷是歌颂爱情的诗人形象，而《神女峰》则映射出坚贞不渝的号召者形象。

从宜宾沿江而下，舒婷目睹神女峰，感慨万千。

"花帕"是挥舞花帕的女性人群，我国古代传统观念无疑将重心倾向男性人群，身为著名的朦胧派诗人，舒婷站出来，为女性发声。女诗人在女性自身的立场上进行了深刻反省，在众女性对神女峰欢呼雀跃时，舒婷没有随波逐流，很有见解。

她抽身而去，在离去时，痛心疾首，心想为何众女性只是属于似乎地位无比低下的社会，而不知自己应该做些反应呢？神女峰为人称道，因为爱情。人们四下散去，诗人独自站在船尾，衣裙漫飞。众人皆醉她独醒。

男权本位的社会中，女性自古以来似乎永远是附庸状态，完全被动。男性有很多权力左右女性的举止甚至身材的美感。"神女"便天然是个"高端标配"。可是，处于被动位置的女性却被不平等的社会搞得晕头转向，不但认同男性的看法，还将这些标准放在首位，沦为奴隶。

舒婷尽管只是作诗，但她很清楚人权的真谛。她用犀利的《神女峰》，向世人宣告了现代女性对解放的追求。

"美丽的梦留下美丽的忧伤"，"美丽的梦"是诗人的人权梦，也是以她为代表的追求男女平等者的梦想。但美梦成真有非常大的难度，不仅需要世人的追求，更需要社会的正能量。而这仅仅实现了一个美梦的片刻快乐，却未达成共识。舒婷深情地呼唤着整个社会各行各业人士，人间正道是沧桑，留下的忧伤也美丽，因女性的呼声而美丽，因新声音的响起而辉煌！

点评对象：

林清玄散文

作　者：林清玄

点评人：屠一诺

简介	现就读于浙江大学。曾获全国创新作文大赛二等奖，杭州市第十三届中小学生"品味书香　诵读经典"读书征文活动高中组一等奖。
阅读感悟	读一本好书，是和优秀的灵魂对话。读书如看花。你未看此花时，此花与你同归于寂；你来看此花时，则此花颜色一时明白起来，便知此花不在你的心外。

（1）《月光下的喇叭手》

冬夜寒凉的街心，我遇见一位喇叭手。

那时月亮很明，冷冷的月芒斜落在他的身躯上，他的影子诡异地往街边拉长出去。街很空旷，我自街口走去，他从望不见底的街头走来，我们原也会像路人一般擦身而过，可是不知道为什么，那条大街竟被他孤单落寞的影子紧紧塞满，容不得我们擦身。

……我们是真的喝醉了，醉到连想故乡都要掉泪。

……………

告别老人，我无助软弱地步行回家，我的酒这时全醒了，脑中充塞着中国近代史一页沧桑的伤口，老人是那个伤口凝结成的疤，像吃剩的葡萄藤，五颜六色无助地掉落在万华的一条巷子里，他永远也说不清大豆和历史的关系，他永远也不知道老祖父的骊歌是哪一个乐团吹奏的。

故乡真的远了，故乡真的远了吗？

·············

在冬夜寒凉的街心，我遇见一位喇叭手。春天来了，他还是站在那个寒冷的街心，孤零零地站着，没有形状，却充塞了整条街。

【点评】在冬夜寒冷的街心，连月光也无法驱散老人孤独寂寞的黑影。街很空旷，街头望不见底，与之相比十分瘦小的老人心头却有着足以塞满整个大街的哀伤。

有人说，爱的背面不是恨，是冷漠；也有人说，痛到最深不是被伤害，而是被遗忘了一切。故乡是每个人心中的根，不管游子走得多远，只要故乡还在，他的心，便不会是风中的飘蓬。而这位老人，被突如其来的战争席卷，妻子尚怀着六个月的身孕，他便在田里工作时被抓去从军。三十年戎马倥偬，在无情的硝烟与枪炮中，连活下来都成了一种奢望，老人无暇，也不敢去寻觅自己的故乡，只敢在一个个月芒凄凉的夜晚，独自垂泪惆怅。三十年过去，人已不在，眼中月光也不再。老人记忆中童年的月光，应是明亮而欢愉的，只是记忆越发模糊，老人开始记不清曾经可爱的月光，更遗忘了故乡究竟在何方。匆匆岁月流逝，瓜子仁被嗑去，只剩下纷纷散落的残壳，宛如黑白照触目惊心，而瓜子仁是苦是香，只有老人自己心中知道，更无处倾诉。

的确，中国近代史上那道深深的伤口，埋葬了太多人的年华。这位老人，只是其中一例，又有谁能尽知，那带血伤疤中，太多刺痛的回忆？

见证所有的，也只有那冷冷月芒。

（2）《煮雪》

传说在北极的人因为天寒地冻，一开口说话就结成冰雪，对方听不见，只好回家慢慢地烤来听……

这是个极度浪漫的传说，想是多情的南方人编出来的。

可是，我们假设说话结冰是真有其事，也是颇有困难，试想：回家烤雪煮雪的时候要用什么火呢?因为人的言谈是有情绪的,煮得太慢或太快都不足以表达说话时的情绪。

⋯⋯⋯⋯⋯

遇到谈情说爱的时候,回家就要仔细酿造当时的气氛,先用情诗情词裁冰,把它切成细细的碎片,加上一点酒来煮,那么,煮出来的话便能使人微醉。倘若情浓,则不可以用炉火,要用烛火再加一杯咖啡,才不会醉得太厉害,还能维持一丝清醒。

⋯⋯⋯⋯⋯

我向往北极说话的浪漫世界,那是个宁静祥和又能自己制造生活的世界,在我们这个到处都是噪音的时代里,有时候我会希望大家说出来的话都结成冰雪,回家如何处理是自家的事,谁也管不着。

【点评】煮雪听言,的确是浪漫而温馨的。时光匆匆流逝,人们总想从回忆的沙漏中抓住一丝半缕残存的心动。若真可将人的话语冰冻为霜,那么,人之暮年时便可拾冰而忆了。年轻时候不想听的话,哪怕会让曾经的自己痛苦、心碎,经历了这么多年的风风雨雨,听着也会显得可爱了。但有些可能使人刺痛的话,却有着无比重要的意义,又该如何呢?因此,我觉得,话还是直说、直听为妙。但我们可以在心中幻出一片冰清玉洁的天地,将听过的话凝成白雪,以煮雪回味,除去噪音,留下一片本真的宁静。

点评对象：

一代人

作　者：顾　城

点评人：郑祝倩

黑夜给了我黑色的眼睛，

我却用它寻找光明。

【总评】 记得初中语文老师给我们拓展阅读过这首诗，但没有说过诗歌的题目。乍一看，没什么奇怪的，眼睛本来就是用来寻找光明的，而黑夜是一个神奇的事物。也想起那英的《白天不懂夜的黑》，经典句是"你永远不懂我伤悲，像白天不懂夜的黑"。记得那英曾在节目中说过，这首歌的创作者林隆璇写的词很有深意，她自己在二十多岁时还不能完全理解，在专辑中也没有表现得淋漓尽致。还是那句话，只有经历过才知道什么是生活的真谛，才能创作出不朽的作品。

"黑夜"象征着那场空前的浩劫。"黑色的眼睛"首先是被"黑夜""欺骗"，然后看遍红尘，所以诗人培养出一种觉悟、适应和穿透力。这双眼睛在被"黑夜"欺骗后发生深刻的怀疑，在黑暗中渐渐培养出一种觉悟，具有全新的品质，最终成为"黑夜"的叛逆，成为"寻找光明"的生命意识的象征。

我对诗的理解一定不是非常深刻的，但我知道，诗的篇幅长短不会对诗的成就产生任何影响。还有个新发现，"黑夜"和"光明"是现代诗人与当代诗人都很爱用的意象，不能说千篇一律，而是——情感共鸣！

点评对象：

顾城的诗

作　者：顾　城

点评人：鲍余颖

简介	毕业于杭州学军中学。
阅读感悟	名著阅读的意义在于：价值观的锻造和人性的洞察。阅读中，我们会形成自己的价值观，明白什么是崇高和卑鄙，并越发清楚地知道做人的底线。

（1）《有墙的梦寐和醒》

永远等待

墙

醒来

【点评】"永远"写出了时间之漫长、之无尽也。"等待"心怀希望，"墙"阻挡着墙内与墙外，是阻隔，是隔绝。我认为这一段墙有着深层含义，即阻挡着人们向未来发展与进步的道路，虽然现实黑暗、残酷，而诗人依然不懈地努力着、等待着。

有一些叶子落在地上

最后留下的鸟、鸟窠

我寂静的生日

四边有许多枯草

干枯了，还在生长

【点评】叶落到地上，草也枯了，一片萧瑟、凄凉景象，转眼，却发现枯草仍在生长、勃发，即使环境恶劣，也仍有人在奋斗，寻找出路。那些努力生长的草与落叶、枯草形成鲜明对比，歌颂了那些在逆境中奋勇前进的人，讽刺了那些在逆境中选择随波逐流的人。

蛐蛐在夹道中研究音乐

我的生日在秋天

我只能说

阳光投下了这么多

石头，有生命的迹象

【点评】石头多么坚硬、顽固、冰冷，而石头也有了生命的迹象，间接反衬出阳光投下之多、阳光之温暖，而阳光便是那恶劣环境中的唯一亮点，象征着那些领导人们从困境中走出来，鼓舞人们的人。

（2）《静静的落马者》

阳光轻轻地摸了他的面颊

许多枯萎的声音、宝石

许多血，这留给生者的疑惑

【点评】他，是落马者，阳光照在他脸上，作者却将其比作是阳光轻轻地摸了落马者的脸颊，表现了作者对落马者的尊敬与赞扬。而在其周围，伴随着枯萎的声音、宝石以及血，诗人更希望人们不要因为宝石等诱惑而不保卫自己的国家。

点评对象：

顾城的诗

作　者：顾　城

点评人：郑淑慧男

（1）《杨树》

我失去了一只臂膀，

就睁开了一只眼睛。

【点评】于诗人眼中，一切事物都存在正反面，这就像上帝关了一扇门就一定会打开一扇窗一样。杨树虽失去了一只臂膀，却为自己睁开了一只眼睛，那眼睛是枝叶被折去时落下的伤口，不管凌厉与否，都将看着这个世界的是非变迁。

（2）《星月的来由》

树枝想去撕裂天空

却只戳了几个微小的窟窿

它透出天外的光亮

人们把它叫作月亮和星星

【点评】茂盛的树木长在大地上，寻常人看到的是它的高大挺拔，而诗人却看到了它极力伸展的树枝直指天际，那背后隐藏着它的渴望，渴望撕裂天空，渴望冲出穹庐，渴望用几个窟窿换取世界的光明与希望。月亮和星星便是黑夜中那微弱光亮的所在。

（3）《残月》

云浆散去了，

风尘落下了，

月亮将半个脸挂在天上，

像刚刚大病一场；

星星比它亮，

篝火比它亮，

愿它慢慢养好伤。

【点评】散去的是浑浊不堪的云浆，落下的是饱经沧桑的风尘，就连月亮好不容易露出的脸，都如同大病一场后的苍白无力，只能虚弱地挂出一半，旁边的星星比它亮，地上的篝火也比它亮。还有什么办法呢？只能任它在时间中慢慢痊愈，但这一切终将好转，困境终会为强大的时间所冲刷。

点评对象：

解　密

作　者：麦　家
点评人：瞿予非

　　小黎黎话还没说完，金珍就嚎啕大哭起来。

　　哭得简直收不了场，几个人怎么劝都没用，最后还是小黎黎，非常生气地拍桌子呵斥他才把他呵住。哭是呵住了，但内心的痛苦却变得更强烈，以至双手像着魔似的在使劲地掐自己大腿。小黎黎责令他把手放在桌上，然后用非常严厉的口气对他说，但话的意思明显是想安慰他。

　　【点评】洋先生生前让金珍在不会乘法的情况下计算自己的寿数有几天，金珍自己总结出了一套乘法，但因不知道闰年的情况，所以答案是错误的。在听说闰年之后，金珍发现了错误而自责万分。容金珍极有孝心，性格中有些痴迷又不乏脆弱的东西，有偏执和激烈，而平时很内向，很多东西放在内心里，如果有什么东西触及了其内心深处，又很容易失控。天才与疯子往往只有一线之隔，金珍的性格通过作者的描写，形象地说明了这句话。

　　我是野兽，不是驯兽师，我的目的就是要追着你们在山坡上夺命地跑，你跑得快，我追得快，你跑得慢，我追得慢，反正你得跑，不能停，勇敢地跑。什么时候你停下了，我们之间的关系就解除了。什么时候你跑进森林里了，在我眼前消失了，我们的关系也解除了。但前者是我解除你，后者是你解除我，现在我们跑吧，看最后是谁解除谁。

【点评】希伊斯有一套不同寻常的教学观："一个错误的想法比一个完美的考分更正确。"他希望学生能转动脑筋，开掘想象力、创造力。这是他面对新生的讲话，以生动形象的比喻，讲明自己不是教学生奔跑，而是催促逼迫他们跑得更快。同时，他也坦陈学生可以解除自己，体现了希伊斯的超凡脱俗、自信虚心。

就这时，他突然觉得脖颈里像被什么啪地击打了几下，没等反应过来，人群里已是一片"下雨了""下雨了"的叫声。起初只见喊叫声，人不见跑动，都在举目仰望。但是转眼间，随着一道威猛的霹雳，雨急促得像高压水枪喷射出来的，劈里啪啦地往下砸。顿时，人都如受惊的鸟兽四处逃散，有的往前跑，有的向后退，有的往办公楼里冲，有的朝自行车棚里钻，乱叫乱跑着，满操场一派沸腾。

【点评】郑瘸子瘸腿并不那么严重，本来不会被发现，作者用插叙的手法形象地写出了郑瘸子瘸腿被发现的经过，最后他依然灿烂地微笑，所有人都认识了他，喊"加油"，体现了郑处长和蔼可亲又洒脱无畏的形象。人们躲雨时慌乱的情态尽显其中，极具画面感。"射""砸""跑""冲""钻""沸腾"这些动词用得恰到好处。

不一会儿，火车出站时的噪音再次将他弄醒，而接下来火车愈来愈紧的吭当声，犹如一种递进的令人精神亢奋的音乐，不断地拍打着他的睡意。他的睡眠本来就不是很坚强，怎么经得起这么蹂躏？睡意被吭当声碾得粉碎，他彻底清醒过来。月光从车窗外打进来，刚好照在他床铺上，阴影儿颠簸着，忽上忽下，很勾引他惺忪的目光。

【点评】作者用"拍打""坚强""蹂躏"写出了夜晚的不安，暗示可怕的事情即将发生。而"吭当""碾""粉碎""彻底""勾引"生动地写出了半夜清醒的突然，预示着笔记本已成幻影。如此细致朴素的描写，使得我们也沉浸在金珍不安的睡眠中，体会到那种不安与绝望，心也跟着悬起来了。

起初，他注意到，窗外伸展着傍晚的天空，由于视角不正，那天空是倾斜的，有时候——他眨眼时，又是旋转的。后来，他觉得视线越来越模糊，窗户、天空、城市、夕阳，一切都悄然隐退，继之而来的是流动的空气，和夕阳燃烧天空的声音——他真的看见了无形的空气和空气流动的姿态，它们像火焰一样流动，而且似乎马上会溢出天外。流动的空气，夕阳燃烧的声音，这些东西如同黑暗一般，一点点扩张开来，把他包裹起来。

【点评】景因人之情而有所不同，面对夕阳，有人会发出"夕阳无限好，只是近黄昏"的感慨，而如今的金珍无疑是焦躁的，笔记本丢失仿佛夺走了他的心脏，绚烂的夕阳夹杂着逐渐到来的黑夜，魅惑而又带有紧张的氛围，扩展在金珍的心中。金珍的恐惧、不安、疯魔，在其脆弱而又有棱角的内心中作威作福，通感的手法使得画面呈现出希区柯克电影般的压抑。

一阵咆哮之后，他突然感到冰冷的雨水像火一样燃烧着他，使他浑身的血都哗哗流动起来，血液的流动又使他想到雨水也是流动的。这个思想一闪现，他就觉得整个躯体也随之流动起来，和天和地丝丝相连，滴滴相融，如气如雾，如梦如幻。就这样，他又一次听到了缥缈的天外之音，这声音仿佛是苦难的笔记本发出的，它在污浊的黑水中颠沛流离，时隐时现。

【点评】容金珍终于想起了自己将笔记本放在了皮夹里，他所有的冷静、从容全都消失不见，他的思想变得有些不清明了，好像总有声音在与他讲话，好像他思想的容器真的只是装在笔记本里消失了。在笔记本消失这一段有大量的关于容金珍的描写。曾经容金珍的形象大多是来自小黎黎、郑局长、容先生的访谈录中，而这样细致的旅途描写，一段段冰与火、黑暗与光明、现实与梦幻，让我们更能感受到金珍天才般的思想中一种神秘与敏感的交织。

点评对象：

自由在高处

作　者：熊培云

点评人：瞿予非

（1）《集中营是用来干什么的？》

如前所述，从自由或人生的角度来说，无论生活在怎样一个国家或时代，人的一生都像是在"集中营"里度过，集中营是人的境遇或条件。法国人说，"生命是一次没有人能够活着逃出去的冒险"，似乎也给我们的生活罩上了某种末日情绪——逃出去了也是死。然而，当我们试着乐观地看待这一切，不难发现许多人仍然活着逃了出来。否则，为什么每当我徜徉在巴黎的奥塞博物馆里，总能在《吃土豆的人们》里面闻到文森特·凡·高先生的鼻息呢？当然，如你所知，这里逃出来的不是肉体的凡·高，而是凡·高的积极生活。积极生活是凡·高生命的一部分，正如我关于这个世界的思考与写作也是我生命的一部分一样。

【点评】作者在这里以论述的方式来讲积极的生活。在前段中抛出"集中营"是什么的问题，大多数人的答案往往是以"集中营"为主体的，而没有从被关押的人身上入手。反观现实生活，逆境就如同"集中营"，而你若以一个主动的视角，即被关押人的视角来看待，那么就会有一种积极乐观的心态。这是一种生命状态，自由独立，是突破困境的钥匙。

（2）《条件即逆境》

一条鱼，在鱼缸里自由自在地游啊游，也许它并不知道自己身处逆境之中，但是我们知道。鱼缸为鱼提供了生存条件，也为它划定了生活的边界。而且，这个鱼缸随时可能会被打破，如果主人疏忽，没几天水还会变质。简单说，鱼在获得鱼缸这一生存条件时，同时也获得了必须仰仗鱼缸之条件而生活的逆境。

【点评】我们身处一个充满条件限制的世界。世界的构成其实本身就是人为规定。我们依靠着我们自己规定的东西生存，甚至淡漠了大自然中时光的流逝。我们知道某一时刻的时针分针的位置，却被时间拘在日子里。因此不看东西，因此匆匆忙忙，我们全沉陷于生活的困难，却没有思考过人的存在本身就是一种逆境。以此看来，现在所遇到的"逆境"比之"女娲补天"又有何难？换一种心态对待，则外界不再拘束你。

点评对象：

我的名字对你有什么意义

作　者：［俄国］普希金

点评人：包思雨

我的名字对你有什么意义？

它会死去，

像大海拍击海堤，

发出的忧郁的汩汩涛声，

像密林中幽幽的夜声。

它会在纪念册的黄页上，

留下暗淡的印痕，

就像用无人能懂的语言

在墓碑上刻下的花纹。

它有什么意义？

它早已被忘记

在新的激烈的风浪里，

它不会给你的心灵

带来纯洁、温柔的回忆。

但是在你孤独、悲伤的日子，

请你悄悄地念一念我的名字，

并且说：有人在思念我，

在世间我活在一个人的心里。

【总评】在普希金所有著名或不著名的诗歌中，这是我最喜欢的一首。第一次读到是在一本半纪实的言情小说里，那本小说每一章的开头都引用一首普希金的诗。其他诗读过便忘了，独独这一首记得无比清晰，第一眼便喜欢上。它优美柔和，或许没有其他诗那么富有时代意义，也不够有代表性，但是读来给我一种温暖之感，这就是我所认为的好诗了。对于一些仅有一面之缘的人来说，我们的名字的确没有什么意义。就像翻开通讯录时，会想不起里面的人是谁。但是，当你念起这些名字时，就会知道有人是记得你的，在这世上你并非孤独一人。那难道不是一种温暖的感动吗？因此，尽管这首诗没有什么名气，它也肯定有一种鼓舞人心的力量，读来像看到湖面上皎皎的月光，空气中弥漫着人心的温暖与善良。

点评对象：

回声

作　者：[俄国]普希金

点评人：郑祝倩

无论是野兽在浓密的森林里咆哮，

无论是角声响起，雷声吼鸣，

无论是少女在山坡那边歌唱，——

　　　对一切的声音

你都会在空旷的天空中

　　　突然发出你的回响。

你倾听着雷声的轰鸣，

你倾听着风暴和浪涛之声，

你倾听着村中牧童的呼喊

　　　而传出你的回答；

但对你自己啊你却没有回响……

而你呢，诗人，也是一样！

【总评】这首《回声》结构工整，有层次感。

首先是"咆哮"对"吼鸣"，"歌唱"对"回响"，很有对仗的气势，而且例子鲜活。

回声啊,你面对一切声音,都会立刻给出回响,而你应声后,却没有人应你,多么凄惨的场面!

"而你呢,诗人,也是一样!"是直抒胸臆,写出一篇篇充溢着真挚感情的诗文,却无人回应,没能让社会上的人们产生内心的共鸣,这是何等悲凉!

诗人就和回声一样,用心倾听社会的声音,积极表达个人观点,希望人们支持或提出自己的见解。但无可奈何,那时俄国一派萧条与混乱,没有任何客观的出路,只好忍耐,同时尽力寻找能执行的客观任务,为百姓着想,开辟一片社会新天地。

这是诗人对凄凉世界的批判,也是对美好自由未来的憧憬。

点评对象：

莫泊桑短篇小说

作　者：［法国］莫泊桑

点评人：方　文

（1）《项链》

她带着醉意与狂热，翩翩起舞，她什么也不想，完全陶醉在她美貌所取得的辉煌胜利之中，陶醉在她成功的荣光之中。周围的人对她殷勤致意，啧啧赞美，热烈追求。女人们心中所羡慕的那种彻底而甜美的胜利，她已全握手中。正是在这样一种幸福的氛围里，她简直要飘飘欲仙了。

第二天，早晨四点钟，她才离开。她的丈夫从昨晚十二点起，就在一个清静的小客厅里睡着了，同时在那里呼呼大睡的还有三位先生，他们的妻子也都在舞厅里尽情狂欢。

【点评】虚荣心人皆有之，它可以促使我们奋斗，也可以把人引向堕落。女主人公对财富与奢侈的渴望已经达到了不正常的地步。确实，每个女人心底都活跃着一个苏文纨（《围城》中人物）——享受吹捧，享受自己的炙手可热，只不过有人埋得深，有人浮于表面罢了，这无可厚非。但女主人公却仅仅是在舞会上醉生梦死，在家无所事事，从未为自己和丈夫的未来奋斗过什么。这一条项链带来的改变，对女主人公来说可能是沉重的打击；可在我看来，这其实是一个成长的绝佳契机。梦总是要醒的，醒来时，现实依旧凄凉。她根本就不是什么落魄贵族，她仅仅是一个有几分姿色的平凡的女人——接受了这个现实，是否生活也不再那样残酷了呢？

（2）《西蒙的爸爸》

这帮调皮鬼对此回答甚为满意，发出一片嗡嗡的赞许声，似乎这个同学有爸爸葬在墓地，就高人一等，压到了那个根本没有爸爸的西蒙。但这些欺侮人的孩子的父亲，其实大多数是恶棍、酒鬼、小偷与虐待妻子的人。现在，他们推推搡搡，越来越使劲，似乎他们这些有合法身份的孩子，就想把眼前这个没有合法身份的孩子挤扁，挤死。

有一个站在西蒙对面的孩子，突然伸出舌头来嘲弄，还大声嚷道：

"没爸崽！没爸崽！"

【点评】一百多年前的矛盾，至今仍是期待解决的社会问题。校园暴力的新闻，一则一则都牵动着人们的心。一个小孩子，究竟为什么可以这么坏？莫泊桑的文字独到犀利，与鲁迅先生的文字有几分相似。较之抒发个人感情，他们更倾向于反映社会问题，而且是具有时代高度的社会问题，以及揭露人性中丑陋的一面。每每读到有关校园暴力的报道，我都暗自庆幸自己生在一个文明的家庭，生在大城市，读了一所好学校。而我又常常会想，为什么偏偏是那个孩子来遭受这不公的命运安排的一切呢？于是由窃喜与愧怍融合而成的负罪感在心底滋长，也让我渐渐认识了自己心灵深处的那一抹黑色。

（3）《两个朋友》

一道日光使得那一堆还能够跳动的鱼闪出反光。于是一阵悲伤教他心酸了，尽管极力镇定自己，眼眶里已经满是眼泪。

他口吃地说："永别了，索瓦日先生。"

索瓦日先生回答道："永别了，莫利梭先生。"

他们互相握过了手，不由自主地浑身发抖了。

军官喊道："放！"

十二枝枪合做一声响了。

索瓦日先生一下就向前扑做一堆了，莫利梭个子高些，摇摆了一两下，

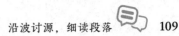

才侧着倒在他伙伴身上，脸朝着天，好些沸腾似的鲜血，从他那件在胸部打穿了的短襟军服里面向外迸出来。

【点评】此处对两个朋友死亡时的描述与《界河》相似，这种在瞬间抽离了所有生气的死法，更为战争蒙上了一层血色的阴影。两个朋友不是战士，他们被抓捕，却不约而同地宁死不从，死守口令。不用写他们如何大战敌军，不用写他们如何勇闯敌营，只身赴险，仅仅写他们被抓，然后被杀死，这就够了。他们已经成为英雄，他们身上平凡而又伟大的爱国精神，是《战狼2》也无法向观众传达的。《战狼2》的故事不像战争，更像是童话——正义永远会在最后一刻打败邪恶。

点评对象：

雪　夜

作　者：［法国］莫泊桑

点评人：郑思泱

 简介	现就读于浙江大学。曾获"语文报杯"省二等奖、"叶圣陶杯"国家二等奖等。
阅读感悟	文学之美，尤在其意境。纷扰喧嚣之时，打开书籍之扉，掩上思绪之窗，便能安抚沉浮翻腾的心。

　　茫茫太空，默默无语地注视着下界，越发显出它的莫测高深。雪层背后，月亮露出了灰白色的脸庞，把冷冷的光洒向人间，使人更感到寒气袭人；和她做伴的，唯有寥寥的几点寒星，致使她也不免感叹这寒夜的落寞和凄冷。看，她的眼神是那样忧伤，她的步履又是那样迟缓！

　　渐渐地，月儿终于到达她行程的终点，悄然隐没在旷野的边沿，剩下的只是一片青灰色的回光在天际荡漾。少顷，又见那神秘的鱼白色开始从东方蔓延，像撒开一幅轻柔的纱幕笼罩住整个大地，寒意更浓了。枝头的积雪都已在不知不觉间凝成了水晶般的冰凌。

　　【点评】这段文字对事物的描写极为细致，不同于我平时的描写。他的描写对象不多，但对其中一个主要对象的描写极为详细却不啰唆，因为他融入了人的情感而不显单调，也烘托了氛围。这两段的中心是"月亮"，对其他事物的描写都是在它的基础上展开的，使文章更有重心与画面感。语言较为含蓄，并运用比拟手法，更增强了意境与美感。

漫无涯际的旷野平畴，在白雪的覆压下蜷缩起身子，好像连挣扎一下都不情愿的样子。……

············

啊，美景如画的夜晚，却是小鸟们恐怖战栗、备受煎熬的时光！它们的羽毛沾湿了，小脚冻僵了；刺骨的寒风在林间往来驰突，肆虐逞威，把它们可怜的窝巢刮得左摇右晃；困倦的双眼刚刚合上，一阵阵寒冷又把它们惊醒……只得瑟瑟缩缩地颤着身子，打着寒噤，忧郁地注视着漫天皆白的原野，期待那漫漫未央的长夜早到尽头，换来一个充满希望之光的黎明。

【点评】前一段用了拟人的手法，使旷野平畴显得很独特，一般人不会这样写。而对大环境的描写更能突显整体的氛围，值得学习。

后一段笔锋一转，由美与舒缓转向紧张与凄冷。作者对小鸟的描写也不只停留在本身，还加了外界事物——风。然后再次转折，间接写出黎明的温暖与希望。画面、感受的切换让文章内容不单调。

点评对象：

肖申克的救赎

作　者：[美国]斯蒂芬·金

点评人：苏士千

简介	现就读于清华大学，将继续博览群书，游历世界。
阅读感悟	阅读能够接触到不同世界的观念，能够在浩瀚的时空中思考，很大程度上塑造了我的"三观"，也让我意识到个体的渺小、世界的伟大和人性的善与恶。

　　安迪在一九四八年到肖申克时是三十岁，他属于五短身材，长得白白净净，一头棕发，双手小而灵巧。他戴了一副金边眼镜，指甲永远剪得整整齐齐、干干净净，我最记得的也是那双手，一个男人给人这种印象还满滑稽的，但这似乎正好总结了安迪这个人的特色，他的样子老让你觉得他似乎应该穿着西装、打着领带的。……

　　【点评】这段话写的是"我"对安迪的印象。从这段话可以看出，安迪与其他囚犯大有不同，且有不一样的气质。从后面的发展看，安迪始终在心中认为自己不能苟且度日，要活得不同，仍抱着生活的希望。同时，最后一句也隐隐体现出他不属于这里，不属于肖申克，一切都是一个错误，是"一场飓风"。

……但当你被烙上了谋杀的罪名后，想离开肖申克可有的等了，慢得就像流水侵蚀岩石一样。……

【点评】"流水侵蚀岩石"这一比喻我认为用得非常妙。滴水穿石一方面可以体现日积月累的程度之深、时间之长。另一方面，"侵蚀"一词还表示时间会在肖申克侵蚀人们，侵蚀人性，侵蚀思想，侵蚀自由，侵蚀希望。这与后文安迪的行为有一对比，体现安迪身上不一样的充满希望的顽强。

……我认识一个叫波顿的家伙，他在牢房里养了一只鸽子。从一九四五年到一九五三年，当他们放他出来走走时，他都带着这只鸽子。他叫鸽子"杰克"。波顿在出狱前一天，也放杰克自由，杰克立刻姿态漂亮地飞走了。但是在波顿离开我们这个快乐小家庭一个星期之后，有个朋友把我带到运动场角落，波顿过去老爱在那里晃来晃去。有只小鸟像一堆脏床单般软趴趴地瘫在那里，看起来饿坏了。我的朋友说："那是不是杰克啊？"没错，是杰克，那只鸽子像粪土一样躺在那儿。

【点评】这段话表面上写了波顿和杰克，实际上言近意远。人们在肖申克监狱生活中被慢慢改造，变成只能在牢中生活的人。一旦离开这堵墙，便不知所措。人的思想、行为、意识被制度化。正如后面"我"不断提到的那样，还有布鲁克，等等。人离开"制度工厂"便失去生活能力。鸽子是作者呈现的意象，它离开了这里，也无法生存，最后倒了下来，失去生机，死得难堪。这是肖申克带来的悲剧，不给人以机会回归生活，几乎是剥夺人权，奴役他人。这是一场人生悲剧。

……当罹患关节炎的布鲁克穿着波兰西装和法国皮鞋，蹒跚步出肖申克大门时，已经六十八岁高龄了。他一手拿着假释文件，一手拿着灰狗长途汽车票，边走边哭。几十年来，肖申克已经变成他的整个世界，在布鲁克眼中，墙外的世界实在太可怕了，就好像迷信的十五世纪水手面对着大西洋时一样害怕。在狱中，布鲁克是个重要人物，他是图书馆管理员，是受过教育的知识分子。如果他到外面的图书馆求职的话，不要说图书馆不会用他，他很可能连借书证都申请不到。我听说他在一九五三年死于贫苦老人之家，比我估计的还多撑了半年。是呀，政府还蛮会报仇的：他们把他训练得习惯了这个粪坑之后，又把他扔了出去。

【点评】我读这段话时，内心不禁涌出一种悲伤、无奈之情，画面十分悲惨，为布鲁克感到同情，也痛恨心狠手辣的政府。政府——或肖申克的警卫、典狱长们觉得这些犯了过错的人，不应再回归社会，而应任人处置。"边走边哭"最是震撼人心。在我们眼中，获得假释对于他们而言应是一件好事。可布鲁克这位年过六十的老人却哭了，"我"说这是因为他眼里的世界只有肖申克了。几十年了，外面的世界对他来说太陌生了。人习惯于被禁锢，这是多么可怕！人性的扭曲，道德的沦丧！

点评对象：

人类简史：从动物到上帝

作　者：［以色列］尤瓦尔·赫拉利

点评人：吕佳祺

 简介	现就读于浙江大学。曾在"叶圣陶杯""文心雕龙杯"等大赛上获奖。热爱阅读且内容广泛。
阅读感悟	《人类简史》引导读者以探究的眼光重新审视历史，让读者对历史产生更全面和深刻的认识。这样生动立体的历史指导我充分认识当今社会，发现规律以适应时代变迁。

　　说到史前人类最重要的一件事，就是他们在当时根本无足挂齿，对环境的影响也不见得比大猩猩、萤火虫或是水母来得多。

　　【点评】"最重要"和"无足挂齿"形成了鲜明的对比，更突出了当时人类的微不足道。"大猩猩、萤火虫或是水母"，动物的等级和进化程度一个比一个低，这样列举出来无疑是三颗重磅炸弹，让读者清楚地认识到当时人类也没有什么大不了的。作者开篇就颠覆了一般人的认知，激发了读者的好奇心。

　　至于智人，也是属于某个科。虽然这件事看来再平凡不过，却曾经是整个历史上最大的秘密。智人一直希望自己和其他动物有所不同，仿佛整个科就只有自己的存在，没有兄弟姐妹，没有远近亲戚，而且最重要的是：没有父母。但可惜这绝非事实。不论你是否接受，我们所属的人科不仅成员众多，而且还特别吵闹，那就是一堆巨猿。

【点评】这个"整个历史上最大的秘密"看上去有些荒唐和搞笑，因为大多数人都明白：我们来自非洲的树上。然而在不久前，这个"整个历史上最大的秘密"才被达尔文揭露，我相信那时候的人们也觉得这个秘密有些荒唐和搞笑。哦，不，不是"有些"，而是"极其"吧。人希望自己是独一无二的，正如青春期的少男少女那样。好像这是作为一个人所有骄傲的来源。但作者会告诉我们，我们是多么平凡和普通。

大多数哺乳动物脱离子宫的时候，就像是已经上釉的陶器出了窑，如果还想再做什么调整，不是刮伤，就是碎裂。然而，人类脱离子宫的时候，却像是从炉里拿出了一团刚熔化的玻璃，可以旋转、拉长，可塑性高到令人叹为观止。正因如此，才会有人是基督徒或佛教徒，有人是资本主义者或社会主义者，又或有人好战，有人爱好和平。

【点评】作者的比喻十分恰当，或者说打比方的手法十分高超，读者很容易就明白了作者想要表达的意思。"一饮一啄，自有因果。"在生物学上，人为什么会长成这样，是有其原因的（作者说是因为脑容量太大）；而在社会学上，人为什么有不同集体和分工，是建立在生物学基础上的。

但想想，在历史上曾经有过这么一段时间，我们智人居然可以跟另一种不同物种的动物交配，还能生小孩，实在叫人感到有点不安或是毛骨悚然。

【点评】为什么人们会这样想呢?因为人太习惯于世界上只有我们"智人"一种人了，这恰好与前文作者的说法印证。虽然这种说法和想法让人很不舒服，但这是需要我们直视和接受的现实。

点评对象:

飞鸟集

作　者:［印度］泰戈尔

点评人:傅一舟

简介	现留学日本，在大阪大学攻读硕士学位。
阅读感悟	年少时阅读名著，可以在使我们的言行举止优雅、精神生活丰富的同时，促进精神的成长，给我们的人生带来不可估量的财富。

（1）

有一次，我们梦见大家都是不认识的。

我们醒了，却知道我们原来是相亲相爱的。

【点评】梦境虽然是美好的、理想的，却又是陌生的、不熟悉的，现实尽管有可能事事不如意，却是贴近生活的、熟悉的、真实的。这真实的、触手可及的感觉，是梦境无法给予的。

（2）

死之印记给生的钱币以价值，

使它能够用生命来购买那真正的宝物。

【点评】因为有"死"的存在，所以"生"才存在价值。人们的生命只有短短的数十年，因为生命短暂，所以人们才会拼命去努力、去奋斗，用有限的生命去"购买"精彩的人生。或许正因为有"死"的存在，活着的人们才"爱"着对方，明白有些东西失去了才会知道珍贵，才会去珍惜。有些东西无论花多少钱都是买不到的，例如生命、时间……

（3）

鸟以为把鱼举在空中是一种慈善的举动。

【点评】看似短短的一句话，却蕴含着深刻哲理。鸟儿生活在天空中，以为生物应该都生活在空中，在水里会淹死，于是将水中的鱼举在空中，认为这是一种挽救生命的善举。但是对鱼来说，一离开水将会无法生存，鸟的行为是十分残忍的。现实中也是这样，看似你在帮助别人，但是对别人来说，你的行为也许是一种伤害。因此在生活中，我们要帮助别人，最好以客观的事实去判断，千万不要凭自己主观的想法办事。

（4）

夜对太阳说道："在月亮中，你送了你的情书给我。"
"我已在绿草上留下我的流着泪点的回答了。"

【点评】夜是晚上，是无法与太阳共存的；太阳是白天，是与夜无法共存的。两者是一对矛盾的存在。它们之间的距离，既是近在咫尺的，又是远在天涯的。夜空中的月亮，是反射太阳而发光的，代表着太阳送给夜空的情书。绿草上留下的露珠，是夜的泪点，是为太阳送它情书而产生的感动，又是为它们两个永远无法在一起而流露的悲伤。

点评对象：

泰戈尔诗选

作　者：［印度］泰戈尔

点评人：金　典

简介	 现就读于浙江师范大学。曾在"文心雕龙杯""叶圣陶杯""我的书屋我的梦"等作文大赛上获奖。
阅读感悟	阅读名著，带给我的是经世人千年审阅后留下的文学之光，是文化的宝藏。名著是一抹光明的信仰，于是我们又开始了追求。

（1）《吉檀迦利·一》

你已经使我永生，这样做是你的欢乐。这脆薄的杯儿，你不断地把它倒空，又不断地以新生命来充满。

这小小的苇笛，你携带着它逾山越谷，从笛管里吹出永新的音乐。

在你双手的不朽的按抚下，我的小小的心，消融在无边快乐之中，发出不可言说的词调。

你的无穷的赐予只倾入我小小的手里。时代过去了，你还在倾注，而我的手里还有余量待充满。

【点评】这是一段富有想象力的诗。看其表面，实在是难以言说诗中的"你"是指什么，但可以看出的是，其无私地给予，不停地给予，用新生命、新音乐来创造一个美好的世界。

（2）《吉檀迦利·七》

我的歌曲把她的妆饰卸掉。她没有了衣饰的骄奢。妆饰会成为我们合一之玷：它们会横阻在我们之间，它们丁当的声音会掩没了你的细语。

我的诗人的虚荣心，在你的容光中羞死。呵，诗圣，我已经拜倒在你的脚前。只让我的生命简单正直像一枝苇笛，让你来吹出音乐。

【点评】诗中写到要把妆饰、衣饰卸去，这些美丽高贵的物品，其实显露的只是骄奢、虚荣，我们应回归简单。

（3）《吉檀迦利·八》

那穿起王子的衣袍和挂起珠宝项链的孩子，在游戏中他失去了一切的快乐；他的衣服绊着他的步履。

为怕衣饰的破裂和污损，他不敢走进世界，甚至于不敢挪动。

母亲，这是毫无好处的，如你的华美的约束，使人和大地健康的尘土隔断，把人进入日常生活的盛大集会的权利剥夺去了。

【点评】作者通过孩子穿着华美服饰玩耍，却受其华美拘束，难以放开手脚去玩的片段，强调要回归本真，回归简单淳朴的生活方式。

点评对象：

摆渡人

作　者：［英国］克莱儿·麦克福尔

点评人：蔡佳言

简介	现就读于清华大学。热爱文学，比较喜欢读逻辑思辨性的文章，也很喜欢读童话故事，涉猎颇广。
阅读感悟	读书，要真正去感受书中人物和作者那片波澜壮阔的心海。读书，就是以一种抽象的方式，去行更远的路，而时间会让这一路上的风景在回忆中变得厚重。

　　硕大的雨滴时缓时急，杂乱地敲打着车站的白铁皮屋顶，宣告自己的降临。迪伦叹了口气，把脸深深地埋进自己厚实的冬衣里，想尽力暖和一下冻僵的鼻子。她感到脚已经麻木了，于是在四处开裂的水泥地上跺着脚，保持自己的血液循环。她闷闷不乐地盯着光滑的、黑黢黢的铁轨，上面散落着薯片的包装袋、已经生锈的巴氏牌健怡汽水罐，还有破雨伞的残骸。火车已经晚点一刻钟了，而她十分钟前就心急火燎地赶到了。……

　　【点评】这是开篇第一章的景物描写，通过对雨点狂躁不安的描写烘托了迪伦此刻内心的焦急、烦躁，体现了她对一成不变的枯燥生活的不满和奋力抗争。

……很久以来他第一次为自己的命运黯然神伤。他的生活简直就是一座监狱，永无休止地轮回。他看到那些自私的灵魂说谎、欺骗，浪费上天赐予他们的生命，而这却是他梦寐以求又求之不得的。

【点评】这里描写了崔斯坦的心声，体现了他对成为人类、体验人类生活的强烈欲望，看惯了邪恶灵魂的他变得冷漠、麻木不仁，但是迪伦的出现又点燃了他心中的太阳，使他重新拥有了感知人心冷暖的能力，同时萌发了爱意。但是两人注定不同的命运、责任又使他不得不忍痛割爱，使他内心矛盾、痛苦却又无可奈何。

……夜缓慢而迟滞地过去了。壁炉里的火光变成了微弱的橙色火苗，屋外的黑暗也渐渐消散，一缕微光透过窗子渗了进来。初生的晨曦驱散了黯淡的灰色，给小屋添了些生气。可迪伦丝毫没有注意到这一切，她继续盯着炉中的木柴发呆，直到它们火热的暖色完全消散，变成一堆灰烬，燃尽的木头无可奈何地在炉栅里冒起了一阵青烟。她的身体石化般纹丝不动，她像是被战场上的炮弹声吓傻了似的，在麻木与呆滞中苟延残喘。

【点评】描写天亮时的景色，周围一切景物都洋溢着生气，这与迪伦无动于衷的态度形成鲜明的对比，突出了迪伦心事的沉重和失去了崔斯坦后内心的孤独、失落和无助，以及无限的悲哀。迪伦的心不在焉，也恰恰体现了她对崔斯坦深深的依恋，她的无助、弱小使她对未来充满了恐惧和迷茫。但是，当她义无反顾地打开安全屋的门时，又体现了她内心的强大、勇敢。

苦中情最浓

——读《文化苦旅》

方可育

　　走过道士塔的漫漫黄沙，途经李冰所修的都江堰，乘过吴江船，也踏了江南风雪，最后回到天一阁静读百年经典……这一场旅行穿越中国文化之躯，却不似轻松、闲适。

　　它只如它的文题，苦字当头，是皱眉，是喟叹，是无尽厚重的苦涩。

　　所以，一开始读它并不轻松。因为余秋雨并不像其它大家一样将自己的定位，描述最所常年徽置于历史代言人的高顶。这样的言语不必轻不实，觉得

披文入情，品析整本

本卷是学生的书评或读后感。我们认为，要求学生在精读整本名著之后撰写文章来"品析整本"，能有效地提升学生的阅读和写作水平。学生的文章侧重于解读作品的思想内容，这与我们要求其首先读懂作品有关；而品析作品的艺术价值，不是重点要求。省、市每年都有中小学生读书征文活动，我们让学生自主选读有关推荐书目，以扩大阅读范围。

阅读对象：

史 记

阅读提示：史家之绝唱，无韵之《离骚》

作 者：司马迁

理性哲学和想象力的产物

——读《史记》

郭无求

简介	浙江大学硕士研究生毕业。目前从事企业心理健康管理服务工作。
阅读感悟	语文的魅力是需要沉心体验、用心积累的。当我用心阅读，把自己放在那个时代，把自己代入主人公的身份里，我就能够感受到作者的心。

对于我国古代的史学巨著《史记》，除了鲁迅先生那句经久不衰的"史家之绝唱，无韵之离骚"之外，还有许多文人墨客为其留下褒笔。韩愈将司马迁、司马相如和扬雄三人的文采排在汉代之首，并以"雄深雅健"四字简单而准确地形容了《史记》的风格。更令人惊讶的是，作为唐宋八大家之一，一代文豪韩愈竟然是以《史记》作为自己写作的样本。郭沫若更是夸张地用"文章旷代雄""功业追尼父"来歌颂司马迁。那么多平日孤高、傲然的文学

奇才，却愿意在《史记》面前低下自己骄傲的头颅，对其大加赞美，究竟是什么吸引了他们呢？

我以为，司马迁的理性哲学般的思考是《史记》的一大亮点，而他丰富的想象力更是给全书添上了浓墨重彩的一笔。就此，我以《项羽本纪》为例发表一些拙见。

《项羽本纪》可以说是《史记》中最奇怪的一篇。所谓"本纪"，是用来记叙自古以来到西汉帝王们的故事的，可是项羽并没有称王却被列入了其中。普遍被接受的观点是司马迁觉得项羽对推翻秦王朝的统治功不可没，功之高可与帝王相媲美。如此说来，司马迁对项羽的业绩应该持的是肯定的观点吧？但是细看《项羽本纪》之中的细节，尤其是项羽的言行，似乎司马迁对项羽的评价也不高，尤其是从垓下之战开始直到乌江自刎这一段，几乎给予了完全否定的评价。这又是为什么呢？但也正是这个不寻常之处让人更加体会到司马迁的思路体系的逻辑性和理性极强。在我看来，即使排除掉当时的政治因素，司马迁仍然会给项羽一样的评价。在他眼中，霸道只是历史的代名词罢了，先前称霸得越早，最后灭亡得也越快。（可参见《商君列传》）在当时的乱世之中，项羽年少成名，能征善战，是一名不折不扣的勇将，也的确可以在初期称霸天下。可是真正能够成就王业的，只有像刘邦一样礼贤下士、用人不疑的人，这样士卒才会听命，士气才会高涨。项羽虽勇，可是真正忠诚于他的似乎也只有范增、虞姬等人和那最后的二十八骑，也就是嫡系中的嫡系。这样看来，只有像刘邦一样有帅才的人才能最终走上王道。这是其一。

第二，在前文的种种铺垫之下，先姑且不论真或假吧，司马迁将项羽塑造成一个勇猛、自傲、优柔寡断，懂得用兵却不懂带兵，极具男子气概却又过于自信的人物。于是在与二十八骑发动最后一战的时候，司马迁给他加上了一句："然今卒困于此，此天之亡我，非战之罪。"这句话既是讽刺项羽过于自大，不懂反省自身，也表现出项羽作为一个霸气十足的英雄人物在心理防线崩溃之时的无奈和怨天尤人。仔细一想，又合乎情理。项羽的形象，从生到死，司马迁一直在用他的妙笔一点一点地勾勒，细致而精妙，成形之时浑然天成。

项羽"此天之亡我，非战之罪"这句话是说给自己和二十八骑听的。

二十八骑全部阵亡，他自己的结局不用多说，战场相隔甚远，加上马蹄声、呐喊声，汉军是无论如何也听不到他在说什么的。这句话除了出自司马迁自己，还能出自谁呢？况且这句话其实也并没有绝对的褒贬。你可以像许多正直之士、著名文人一样认为这是项羽临死之际仍然不知悔改的可怜、悲情和自大本性的表现，也可以把它理解成霸王之气的绝唱。这种由司马迁结合自己的想象又不脱离常理和场景而创作的人物对话和环境描写贯穿全书，不胜枚举。而正是这些文字，流传到我们这一代的时候，早已成了无价的财富。

在司马先生的世界里，在《史记》的世界里，没有绝对的对错，没有一味地褒贬，有的只是丰富的想象力和理性的思考。当然他也留下了足够的空间给读者们自己想象。在这样一个理性思考和想象力相结合的世界里，你又能说它什么不是呢？也难怪柳宗元评价它"朴素凝练，简洁利落，无枝蔓之疾；浑然天成，滴水不漏，增一字不容；遣词造句，煞费苦心，减一字不能"。

走出《史记》的世界，学会的是以理性面对人生，用想象力思考往事；学会的是以理性对待问题，用想象力面对当今；学会的是以理性评价他人，用想象力展望未来。

从郭解之死看侠之利弊

——读《史记·游侠列传》

许梦琪

简介	美国宾夕法尼亚大学硕士。参与设计南京、上海等地的超高层建筑项目。有作品在威尼斯双年展上展出。
阅读感悟	在我看来，阅读不仅局限于名著，即使是普通的商务邮件，通过阅读，我们也可以学到很多东西。孔子说有教无类，其实我想说阅读也是无类的。

鲜衣怒马，驰骋江湖，侠，似乎是所有人心中埋藏的一个情结，梁羽生笔下的白发魔女、天山七剑，金庸笔下的郭靖、杨过，古龙笔下的楚留香、陆小凤，一个个形象鲜明的侠客串联起了我们心中的侠客世界。

然而真实的侠客们又是怎样的呢？翻开《史记》，找到《游侠列传》，我们便能看到一个现实的武侠世界，一个个真实存在的大侠。

"郭解，轵人也，字翁伯，善相人者许负外孙也"，一个有着可以用一句话简单概括身世的平凡人，却在后来成为受天下热血男儿景仰的一代大侠，并被太史公不惜以大量笔墨记入《史记》的"列传"里，从他少时阴贼，慨不快意，到壮年折节为俭，以德报怨，再到举家迁移，与人结仇，到最后的逃亡死亡，他的一生不可谓不传奇。侠存在的利与弊，究竟怎样呢？

从他的成名之路看，侠的门槛似乎比刺客的门槛要低。《游侠列传》中的侠似乎都没有被太史公提到过有什么惊世绝技，更多的是被描写成有何等义气、何等胆略。这种侠的性格，对天下闻名这个目标来说，似乎是一种捷径。同时侠这种可以不为繁文缛节所束缚的快意恩仇的职业，也十分符合热血之人的性情，让人很有成就感，这也难怪李白会崇尚"十步杀一人，千里不留行。事了拂衣去，深藏身与名"，陆游会吟哦"一匣有余地，胡为鸣不平"了。

看来，侠的存在，不仅有利于个人，而且有利于社会。

像郭解之类的侠都是德高望重、宅心仁厚之人，他们作为一代青年的偶像，在这些方面起了表率作用，同时他们的路见不平、拔刀相助也为社会治安做出了贡献，在天高皇帝远的"基层"解决了皇帝心有余而力不足的民生问题。可以说，侠客在一定程度上使社会安定。从郭解死后太史公对其一个"惜哉"的感叹，也可看出他在普通民众心目中的地位。

既然侠对社会有好处，汉武帝为啥最终要"冒天下之大不韪"，"族"郭解呢？我们姑且不说他迁家与杨氏的结仇，先看他生活中的两个细节。

> 解出入，人皆避之。有一人独箕倨视之，解遣人问其名姓。客欲杀之，解曰："居邑屋至不见敬，是吾德不修也，彼何罪！"乃阴属尉史曰："是人，吾所急也，至践更时脱之。"每至践更，数过，吏弗求。

从郭解可以让县吏免人差役这一点，可以明确地看出，郭解这个一方豪侠已可以干涉地方官员的执政，甚至连服役这种重大事件都能插手其中，此时就凸显出了侠道与律法之间的矛盾。

再到后来，郭解迁徙入茂陵，"诸公送者出千余万"，此细节不仅体现了他的声望，也暗示了他盛名之下的危险，如果哪天他与朝廷结仇，想要夺权，那么只要他振臂一呼，便绝对是一呼百应，即使最后不会像李自成一般攻陷京城，至少也会像陈胜、吴广一般引发乱世，这无疑是个巨大的安全隐患。

而压倒郭解的最后一根稻草便是其与杨氏的结仇。结仇不要紧，要紧的是杀了对方；杀人也不要紧（毕竟他少时也杀了不少人），要紧的是他的崇拜者们将被此事牵连的杨季主家人、闲坐的儒生杀死，甚至追到宫门之下，在天子眼皮底下明目张胆地诛杀告状鸣冤的无辜之人。如果按现在的法律，这已构成社会影响恶劣的危害公共安全罪了。大侠本身可能没有错，但受到他影响的、对其盲目崇拜的"少侠"却站在法律的对立面，公然与官府叫嚣，这对朝廷来说，必是忍无可忍的。所谓擒贼先擒王，作为侠之代表的郭解自是其杀鸡儆猴的对象。

从另一方面来说，侠也使国家丧失了很多宝贵的人才，那些本该将自己的青春献给军队建功立业的人和那些有着君子风度本该将时间花在读书做官上的能人，都因为仰慕大侠，喜爱侠道，而成了没有固定工作、浪迹天涯、靠人接济的游侠。长此以往，这便会成为社会人才匮乏的主要原因，恶性循环之下，最终王朝败落，民不聊生。

侠如同绣在暗黄古绢上的繁复龙纹，只能在那个体制不健全、法制不健全的古代散发出耀眼的光芒，而现在我们只能在博物馆中，从它的样式与黯淡的色彩中去想象、感受，怀念它昔日的辉煌。虽然侠这个职业已消失于时间之海中，但是侠的精神，那种太史公所推崇的其言必信、其行必果、已诺必诚、不矜其能、羞伐其德的精神，却依然在我们的身上扎根，并融入我们的血脉，代代相传，成为我们民族优良品格的重要因素。

阅读对象：

三国演义

阅读提示：浪花淘尽英雄

作　者：罗贯中

浅谈简版《三国演义》之弊

陈佳祺

简介	法国贡比涅技术大学毕业后，做了汽车行业的质量工程师。
阅读感悟	引用质量控制中的改善和改变两个概念来说，阅读对我的影响是一个从量变到质变的过程，是一个从对人生旅程的改善到对思想的改变的过程。

　　我在年纪比较小的时候看过简版的《三国演义》，又在最近看了毛批本《三国演义》，觉得二者在许多方面都有极大的不同。首先是语言功夫的不同，简版的《三国演义》语言较像现代文且直白，而毛批本原著语言较接近文言文且有文采。其次是在内容上，简版因为精简的需要删去了许多章节因而使得情节不够流畅，而原著就完整得多了。在人物的塑造上，原著也比简版的要丰满得多。所以针对这些不同，我想谈谈简版《三国演义》之弊。

　　首先是语言功夫。因为我自己的语言功夫也不怎么样，我只能谈谈自己的感受了。可能因为版本的关系，我看的简版《三国演义》在以现代文叙述的基础上，在人物形态的描写上却引用了原文，而在情节跳转时用了文言词语"却说"，此外在人物说话时引导词为"道"。这让我感觉很不好，这种文言不像文言，现代文不像现代文的叙述方法实在是太奇怪了。简版《三国演义》就像流水账一样叙述事情的经过，既没有感情色彩又没有细节描写。这样的《三国演义》根本没能突出原著的语言魅力。

在情节内容上，读了简版《三国演义》，对于三国时期的情况和战事的发展还是一头雾水。跨越性太大的章节会让人摸不着头脑。有时因为没有交代前因后果，人物的举动也常常让人费解。就拿孔明为周瑜的死大哭一事来说，因为在简版中丝毫没有铺垫孔明与周瑜关系如何如何微妙，他们又是如何知己知彼，给人感觉孔明在"猫哭耗子——假慈悲"。

至于人物，简版可能因为过于精简了，导致人物形象单薄甚至扭曲。或者说，简版为了突出其中的某个人物而将其他人物简化——至少我看的简版是这样的。在看了简版的《三国演义》之后，我丝毫没有看出刘备是一个有雄心壮志的英雄，在我看来他只是一个对诸葛亮的计谋无一不纳的纳谏者。而张飞的性格在简版中的表现和在原著中的表现更是大不相同。有勇无谋、粗鲁、暴力这些词都是我看了简版之后，对张飞的评价。而当我看了原著后才发现张飞有勇有谋，义气非凡。原来原著省去了"张翼德义释严颜"这一回，这回中张飞与严颜多次发生口角，也多次说要杀了严颜，而当他用计谋活捉了严颜后，却让严颜上座。这足可见其智义。

综上所述，简版《三国演义》的弊已经很明显了。其一在于语言上体现不出名著的特点；其二是它起不到一种反映历史发展的作用；其三是它会使人对三国中的人物产生曲解。我们之所以读名著，是因为名著不仅有历史意义还有文学意义，然而简版名著在这两方面都有缺失。

但是简版的名著也不是一无是处，知识是不断补充更新的，在读了简版后再读原著会更容易也更能体会名著的魅力。

何至"瑜"此

——读《三国演义》

许涵菁

简介	多伦多大学金融本科、皇后大学数据管理研究生。现就职于多伦多皇家银行。
阅读感悟	阅读名著，能使人思考和沉淀。随着年纪渐长，阅读的心境与感悟又与学生时期大有不同，虽然对于名著内容烂熟于心，但带来的感悟却历久弥新。

"滚滚长江东逝水，浪花淘尽英雄。"一部洗尽铅华的《三国演义》，让英雄、枭雄、奸雄、能人异士大放光彩，但也留下了疑问与矛盾。

其中最为矛盾的人，我觉得是周瑜。

众所周知，在《三国演义》中周瑜扮演的是智慧过人但心胸狭隘的阴险角色。尤为著名的便是诸葛亮的三气周瑜，一句"周郎妙计安天下，赔了夫人又折兵"，让周瑜气得旧伤复发而亡。周瑜就这样被扣上了"妒能"的帽子。

其实不然。在正史《三国志》中，陈寿对周瑜的评价是"性度恢廓"，也就是心胸豁达、宽宏大量，这便与演义中的形象有了出入。另一方面，周瑜贵为孙军军师，为孙策、孙权所倚重，打仗也屡创功绩，这样一个出色的人，用易中天《品三国》的话说："这样一个春风得意的人，又怎么会因为妒忌别人而被气死呢？我们妒忌他还差不多。"

那么其形象在小说家笔下的变化有何种原因呢？

首先，在我看来，《三国演义》是部小说，其严谨度与严肃度不及正史，人物故事有所虚构。章学诚先生说："七分实三分虚。"演义里许多精彩的情节源于传说和民间野史，是口传所成，自然有所差别。

其次，在上段中有提及，《三国演义》融有民间的叙述。如此一来，故事中便会存在叙述者主观的思想和认识。周瑜气量宏大是不争的事实，可一个人的魅力不光取决于个人，还受制于所属的势力是否得人心。周瑜属于孙氏集团，就当时的情势来看，刘备率领的刘氏集团是为了兴复汉室而战，曹操则掌有皇帝这张王牌，孙氏的争霸理由有些名不正言不顺，自然不被看好。

而从罗贯中自身的写作角度来说，周瑜也不得不成为艺术的牺牲品。小说以刘、关、张为视角展开叙述。刘、关、张不同于曹操、孙策、孙权，他们生活平民化，而后崛起，这种经历与"王侯将相，宁有种乎"一样激起了人们的"草根"热情，何况又挂上了汉室正统后裔的牌子。因此与其势力相对的东吴孙氏，人们必不喜欢。

诸葛亮的存在，更加剧了这种情况。诸葛亮亦是聪颖无比，料事如神，只是隐于山野之中，等待明君。正好刘备信其智才，多次亲自拜访，请他出山。这无疑使当时的文人志士备感欣慰。他们也个个饱读诗书，满腹文采，只可惜求仕无门，埋没于众人之中。而今诸葛亮的出山让他们看到了希望。同时罗贯中也毫不吝啬笔墨，对他大力褒扬。这就可怜了周瑜，为了兼顾小说剧情的戏剧性，只好舍之为副，也就成了诸葛亮的陪衬。毛宗岗先生在批注三国时所作"写周瑜乖巧，以衬孔明之加倍乖巧"，大抵就是说如此。

通过一些资料也可得知，其实早在《三国演义》之前，宋元时期的周瑜形象与正史比，已有很大出入，且相较《三国演义》，刻画更加尖锐——史书上"雅量高致""性度恢廓"的周瑜已不复存在，取而代之的是鼠目寸光、心胸狭隘的形象，这就是典型的"历史形象"与"艺术形象"之间质的差别。

正如鲁迅先生所言："惟细民所嗜，则仍在《三国》《水浒》。"《三国演义》的魅力，不仅仅是那金戈铁马、群雄疾走的战场与错综复杂的人物关系，还有对细节的把握与对历史的艺术性描绘，而从中能得历史真面目之一二，乃是读书的一大乐趣。

（本文曾发表于《钱江晚报》）

反评诸葛孔明

徐艺凡

在《三国演义》中，罗贯中把诸葛亮刻画成贤相，着重突出了他的"智"。"鞠躬尽瘁，死而后已"，他的形象几乎成了中国人智慧的象征，大有前无古人、后无来者之势。但诸葛亮就真的这么完美吗？暂且说说他的不足。

《三国志·诸葛亮传》中提到，刘备三顾茅庐，诸葛亮提出"隆中对"的战略主张，奉使东吴，说服孙权联刘抗曹……这一时期，诸葛亮展现了在政治、外交、军事上的卓越才能。但刘备一死，"政事无巨细，咸决于亮"，在以后的二十年里，诸葛亮有点目无君王、独霸朝纲、结党营私了。在《出师表》中对后主"指手画脚"，逐条规定，有"宫中府中，俱为一体，陟罚臧否，不宜异同"之言，要求后主听自己的话。当时，后主已是二十多岁的成年人，身为一国之君，诸葛亮却视之如幼儿，这不是一个君子的作为啊。

作为一个统兵将领和国家治理者，需要敢作敢为，拥有大气魄，诸葛亮在这点上略逊。在北伐曹魏时，魏延建议出骑兵偷袭长安，被诸葛亮毫不留情地拒绝。行军打仗，本就是一场冒险的豪赌，不是打败敌人就是被敌人打败，没有拼死一搏的气魄怎能决胜千里呢？

作为一个大政治家，应该胸襟广阔，能容纳不同的人和不同的意见。诸葛亮却造就了魏延身上三国史上最大的冤案。诸葛亮生性谨慎，行事小心，而魏延敢想敢做，颇有胆略且很有想法，两者性格和作风上的矛盾，导致诸葛亮在决策上对魏延极力排挤，在正面作战上却对其多加利用，这不可能不引起魏延的不满。

诸葛亮还犯下了在人事制度上的错误。诸葛亮在选择和使用人才上，与三国几位开国君主实在不能相比：刘备能识人，曹操能拉拢人，孙权能接纳人。诸葛亮的人才选拔制度几乎是废弛的，以至于在他死后出现"蜀中无大将"的局面。他一生只器重过两个人。一个是马谡，但马谡只能纸上谈兵；另一个是姜维，但独木难撑大厦。

尽管说了诸葛亮这么多的不是，但总体来说，他仍旧是一位杰出的政治家、军事家。人无完人，不可太奢求完美。

个性鲜明的小角色
——评《三国演义》对小角色的描写

叶　婷

简介	香港城市大学硕士，于杭州从事金融行业人力资源管理工作。
阅读感悟	回味高中时读的《三国演义》，发现其折射出的不仅仅是一个沧海横流、战火纷飞的英雄时代，更是一部蕴含着丰富的管理智慧和管理艺术的人力资源管理学经典。

对于《三国演义》，许多人都对作者细致生动的人物描写表示钦佩。可是评来评去也不过评论了关于刘备、诸葛亮、曹操、周瑜等重要角色的描写，却忽略了作者对小角色的精湛描绘。

《三国演义》讲述"天下大势，分久必合，合久必分"的三国时期，直至晋朝的一统天下。实在是乱世出英雄，在作者笔下，无论怎样的英雄都有自己鲜明的个性。

不知是否还记得丁原？虽然书中对他的描写不过几页纸中的几小段，但这位刺史的爱国、正直形象深入人心。当董卓谕以废立，并强调不从者斩时，作者特意强调了"百官听罢，不敢出声"，这也正为后面丁原"推案直出，立于筵前"做了铺垫。而后吕布去刺杀丁原时，作者描写道，是夜三更时分，原仍在秉烛观书。这一细小之笔，足以看出丁原的为国操心、虚心好学，是个有文化、有思想的忠臣。作者后又称"丁原仗义身先丧"。这样的爱国忠臣，在没人敢出声的情况下大义凛然，作者对之也该钦佩不已吧，虽并无详写，却句句精到。

再评评陈宫。

陈宫抓了曹操之后并非严刑拷打，而是审究。陈宫对曹操说道："汝休小觑我。我非俗吏，奈未遇其主耳。"作者用了许多语言描写来刻画陈宫的胸怀大志，非俗人耳。之后陈宫亲释曹缚，扶之上坐，再拜，可见陈宫"今感公忠义，愿弃一官，从公而逃"的诚意。他可以连官位都不要，一心追求正义，跟随明主，可见其不慕荣利，心胸开阔。但后来曹操因多疑而误杀好人，宫曰："知而故杀，大不义也！"足以看出陈宫是个重情义、讲义气的人。虽然之后觉得曹操是个狠心之徒想要除之，但是他顾全大局，为国家着想放弃了杀曹操的好机会，作者借此巧妙地表现了陈宫的大智大勇，不与恶人同流合污，是个不俗的忠臣。此处作者对陈宫的心理描写极其细致，不仅将陈宫的性格特点、思想品质展露无遗，实际上也从侧面刻画了曹操，得一箭双雕之利，把曹操严重的疑心病和狠心表现得淋漓尽致。

再评何进。

他是太过自信了。众臣谏曰："董卓乃豺狼也，引入京城，必食人矣。"而进却不当回事地说："汝多疑，不足谋大事。"而之后董卓的行动人人皆知，就是一豺狼！再说何太后诏何进，所有人都知道此十常侍之谋也，只有何进自大地认为："此小儿之见也。吾掌天下之权，十常侍敢待如何？"而事实是何进这一去就无返了。要怪也只能怪他自己不听忠言，刚愎自用。朝廷大臣去者大半他也不以为然，仍然任性地拿自己生命开玩笑，引卓狼，送己命。故后人有诗叹之曰："汉室倾危天数终，无谋何进作三公。几番不听忠臣谏，难免宫中受剑锋。"

对大人物的刻画作者当然也大用手笔，精彩至极，评论者甚多，就不必说了。而对小人物作者也如此精心刻画，可见他人物描写功底之深厚。

今品《三国演义》之人物，叹作者之文笔！

陈宫之死

袁赵雪青

简介	 互联网行业创业公司 PM，带着一个十几人的小 IT 团队。
阅读感悟	我想你天然会爱那些不一样的声音，只一本好书，在闲暇的时候翻开，接下来就不需要付出任何多余的努力了。

生死无二志，丈夫何壮哉！

不从金石论，空负栋梁材。

辅主真堪敬，辞亲实可哀。

白门身死日，谁肯似公台！

白门楼前，宫径步下楼，左右牵之不住。操起身，泣而送之，宫并不回顾，闻操命人安其老母妻子，宫亦不开口，引颈就戮。众皆下泪，其尸以棺椁盛。乱世三国，死得硬气如公台者，能有几个？

楼下缚着的是现主吕布，楼上坐着的是弃主曹操，断然归去，决不回头。些许单薄的背影下，全无悔意，只有遗憾，没有遇着明主。此生唯一的，也是最大的遗憾。

那日陈宫擒得曹操，这一小小的中牟县令从此便踏上了不归路。深夜时分，陈宫亲自省究曹操，操言"发矫诏，召天下诸侯，兴兵共诛董卓"云云，于是宫以为遇到了忠义之士，"乃亲释其缚，扶之上坐，再拜"。其实，忠义之士只是陈宫自己，操是奸诈决绝之人，以宫之智不难看出。如果当初陈宫真的解曹操去请赏，历史就会改写，陈宫也不会死于白门楼下。

　　但是，冥冥之中自有安排，因为陈宫就是陈宫，他深知自己是栋梁之材。在战乱连天之秋，他的心早已与国家之危、百姓之危紧紧相系，他要找到明主，并拼死助其平定天下。不为权，不为财，只为天下大义。于是，弃官，从操而逃。

　　曹操，并非陈宫所寻的主人。这一点，随操出逃的几日后陈宫便省得了。操因疑心误杀了伯奢一家，转而又杀奢。当操露出獠牙，眼里闪着凶光说"宁教我负天下人，休教天下人负我"，陈宫默然了。好不容易跳出了小水坑，可以有所作为了，更靠近梦想了，这一切随着操一言彻底幻灭，此刻陈宫的心，怕是绞痛异常吧！

　　陈宫毕竟是清醒的，深知倘若助操便是负了天下人。拔剑欲杀，转念间却又插剑上马，弃之而去。剑在手中，却一直没有下手，还是一味一个"义"字。公台兄啊，好傻气，好天真，彼原是大不义之人，杀之何妨，最后怎落得把自己也赔进去？

　　是命运的安排？纵然是，那这命运也太偏袒曹操了。而公台呢？坎坎坷坷，郁郁而不得志罢！

　　公奈何独事吕布？操不懂，我也不明白。吕布小人，多次弑父，徒有一身武艺，一莽夫耳！酒色钱权无一不好，公奈何事之？

　　宫每料事如神，实有谋略，却遇吕布"屡不"听其言，吕布失败之后，仍复不听其言。换作他人，早去矣，宫则不然。他也曾徘徊欲走，却仍狠不下心去。当吕布听妻妾之言而不从宫之言，宫叹曰："我等死无葬身之地矣。"是啊，他早预料到了，于是最后坦然面对死亡，全为一个"忠"字。

　　　　"公台别来无恙？"

　　　　"汝心术不正，吾故弃汝。"

　　　　"吾心不正，公又奈何独事吕布？"

　　　　"布虽无谋，不似你诡诈奸险。"

　　　　"公自谓足智多谋，今竟何如？"

　　　　"恨此人不从吾言。若从吾言，未必被擒也。"

"今日之事当如何？"

　　"今日有死而已。"

　　恨，恨吕布吗？陈宫岂不知吕布为人，又怎么没有料到他会不从自己之言？恨自己，亦没有什么好恨了。

　　今日有死而已，是真英雄，死有何妨，既已忠义两全，便死而无憾！

阅读对象：

红楼梦

阅读提示：谁解其中味

作　者：曹雪芹

黛玉之哭、笑、疑、嫉

陈学嫣

简介	毕业于中南大学，现于浙江大学攻读博士学位。
阅读感悟	阅读经典，使我能畅游在文学的海洋中。到了大学阶段，尽管选择了偏理性的医学，但阅读的习惯和爱好让我善待和珍惜前人的著作。

　　一首《枉凝眉》叹出黛玉和宝玉的悲欢爱情故事："想眼中能有多少泪珠儿，怎经得秋流到冬尽，春流到夏。"她泪尽而亡，她的笑随口而出，她的疑心令人难以想象，她的嫉似乎已成了"木石前盟"之羁绊。

哭，绛珠草还泪之说

　　哭，似乎是黛玉出场伊始就存在了。伤心离别时的难舍之泪，见贾母时"哭个不住"，也为宝玉"登时发作痴狂病"抹泪。那第二十二回的《葬花吟》

更是千古奇哭之作。"何处有香丘"的天问，"质本洁来还洁去"的希冀，在一句句叩问我的心。哪里是她的归宿？哪里是她的理想世界？还有《秋窗风雨夕》的十多个"秋"字，反《春江花月夜》之调，愁杀人、孤苦伶仃、身边无可倾诉之人，思念自家……许多的情感在黛玉身上交汇、融合。哭的次数多了，竟只心酸而泪不出。后八十回，见帕、见旧诗簌簌泪下，也愈发多了。但就是如此，痴颦儿就印在我的心里，怎么也忘不了她弱柳扶风的痴怨样。

笑，也是一种真性情

黛玉会笑，笑得"花枝乱颤"，虽不似"呜咽一声犹未了，落花满地鸟惊飞"，也有"笑岔了气，伏着桌子嗳哟"，还有"嗤的一声笑"。在第十九回中，因着与宝玉独处，"笑"字频繁出现。但等到宝玉婚事闹得沸沸扬扬之际，她就徒剩冷笑了，这该是一种多么绝望的笑啊。接着就是"杯弓蛇影绝粒"之后，偶尔抿嘴而笑。"甚至在笑声中，心灵深处也隐含着痛苦"，黛玉的命运还是以悲为终，笑终究只是几个小插曲，过场而已。

疑、嫉，黛玉的弱点

人无完人，评黛玉无法将她的不足之处忽略，但我更愿意称此为真实。为何有如此多人惜她、怜她、恼她、喜她？因为黛玉给人以真实。宝钗有停机德，但个性却被这种所谓的"德"给埋没了。黛玉却可以在周瑞家的送宫花时开口便问道："还是单送我一个人的？别的姑娘都有呢？"顿时，会嗔会疑的黛玉活了。"心较比干多一窍，病如西子胜三分"，轻轻一勾勒，黛玉的疑心重以及灵气也凸现出来了。还有宝钗进府时，她便有"抑郁不忿之意"。原因似乎是她担心"木石前盟"抵不上"金玉良缘"，所以看见宝钗的"金锁"和湘云的"金麒麟"，不免醋性大发一通。最终只得焚稿断痴情，"香魂一缕随风散，愁绪三更入梦遥"！

爱是爱她的美，那种美中不足的触手可及，不似恍若仙子的缺点。她似一棵草般枯了，爱情之旅也是痛苦和烦恼的填充。但是没有离家哪来的回家，没有苦哪体会得到幸福。也许与平平淡淡、天长地久相比，她和宝玉之结局是悲的，但论其内涵，有谁能与他们的心灵相通相比？因他们只能是阴阳相隔的苦命鸳鸯，人们总是将矛头刺向旧时封建婚姻的不自由。他们如梦般的爱情却只能在荣国府、大观园中产生、发展、结束。我更愿意看见并品味这所谓"传奇"，而不是"枉自嗟呀"，错过最美的——心灵上的依偎。

轻阅、细读，会为她的一颦一笑、一娇一嗔、一嫉一疑所陶醉。

聪明累

——浅观王熙凤

尉雪怡

简介	留美七年回国，目前是留学培训机构的一名老师。和念书的时候一样，依旧"热爱睡觉，热爱生活"，依旧想做一个温柔且坚定的人。
阅读感悟	读《红楼梦》的时候，偏喜爱有"味"的王熙凤多一些。大概是，在她身上看见了依照自己个性无法完成的那个可能性。书中辛酸泪、荒唐言，其实都是人生照影。

呀，一场欢喜忽悲辛。叹人世，终难定。

金陵十二钗中，最为世故的便是凤姐王熙凤了。而我眼中，她虽才情文思远不及三春——更遑论宝黛二人，但她才是最具烟火气质的女子，似是真切存于生活之中的一脉生息。

一、枉费了，竟悬悬半世心

王熙凤之依赖权势，全书才开始便可见其根本。第十三回贾珍托她料理秦氏死后宁国府之事，文中便说了"那凤姐素日最喜揽事办，好卖弄才干，虽然当家妥当，也因未办过婚丧大事，恐人还不服，巴不得遇见这事"。第十四回开篇便是她交代宁国府上下一干事项，话语之间杀伐决断之意毕现。此时便展露了她管理阖府上上下下几百口人的营生之才干——若是失了实才，岂有这等胆量包揽这事儿？而凤姐那一句"你是素日知道我的，从来不信什么阴司地狱报应的，凭你什么事，我说要行就行"，更将其好强图胜的性子体现了个完全。即使下了地狱有百千回的报应，若是此时有半分利益可图，无论如何也要办得这事儿。这般对于权势的依赖以及对于财货的欲求，如何不是一个真活女子之所为？

二、生前心已碎，死后性空灵

她身上还有一种超越当时男权社会思维模式的"妒"。其实若论她超越了，也并非全然。——她只是一面尽力扮着贤妻良母的角色，一面在内心痛怒其夫贾琏之不忠。她容下了平儿作为身边的大丫鬟，其实心眼明透之人如她，怎不知平儿和贾琏之间的勾结？只她需要一个宽容大度的表象罢了。至于多姑娘、鲍二媳妇儿之事，她心中虽怒，却也只多奚落、挖苦贾琏了数句。终于贾琏偷娶尤二姐激化了她内心的一切矛盾，因而借了秋桐之手生生逼得尤二姐吞金自杀。她此事行得毒辣，又巧用了秋桐，导演了一场"坐山观虎斗"的戏码，没惹得一滴血腥。有嫉妒反抗之心，又不欲招来骂名惹事上身，此非一个真活女子之所思？

三、机关算尽太聪明，反误了卿卿性命

王熙凤心机深沉，待事明透，一眼便看得出其中真意。探春建了海棠诗社，邀了素来没有文采的凤姐来做其中一员，她一笑便点破探春是要她来做诗社东道，大大方方便移出了五十两来。总有如此看穿众人的心眼儿。而贾琏偷娶了尤二姐，凤姐表面上与其姊妹相称，实则派了来旺去探明尤二姐的底细欲兴风作浪，且明说了万事由她摆平。她行事的手腕风格强硬亦由此体现。做一个心思明透、手腕精干的女强人，这难道不是一个真活女子之梦？

正是王熙凤的真和活让她在不同社会背景之下引发了无数读者的共鸣。她是如此聪明，让人不禁有些许嫉妒。却终为聪明所累，因而在嫉妒之余多

了更为深重的惋叹。终究要为丧在她手中的性命负责——在失了唯一真心爱她的贾母的荫庇之后。

凡鸟偏从末世来，却知爱慕此生才。裙钗齐家终为祸，聪明误算谁人耐？

好一个俏平儿

——初读《红楼梦》

吴瑞瑞

简介	现就读于香港科技大学。虽然学的是理科专业，但阅读习惯仍然令我在学习生活中受益匪浅。
阅读感悟	阅读名著，让我能不受时空限制，与智者神交，更让我在较为喧嚣的世界中，常有一方宁静的净土可以休憩。名著如人类文明打磨出的璀璨明珠，让我们得以"回头看一眼"，又不止于看见。名著还会随着人自身的成长常读常新，犹如甘泉，源源不断。

《红楼梦》这样一部皇皇巨著，塑造人物不计其数，据说还有学者认真统计过，全部出场人物共为九百七十五个，如果要画人物关系的树状图，盘虬卧龙也不足形容！若要真正说起来，平儿只能算个配角儿，身份上比不过十二正钗，出场次数也比不过袭人、晴雯等其他丫鬟；可是我又以为，作者还是很钟爱平儿这个角色的。何以见得？容我慢慢道来。

平儿者，凤姐心腹通房大丫头也，出场晚，于刘姥姥一进荣国府一回始得一见。引贾宝玉之思："平儿又是个极聪明、极清俊的上等女孩儿……供应贾琏夫妇二人。贾琏之俗，凤姐之威，他竟能周全妥帖……"借刘姥姥之眼："遍身绫罗，插金带银，花容玉貌的，便当是凤姐儿了。"平儿之灵气、秀气，可见一斑。虽说出场不多，但平儿的名字在章回标题中竟出现了足有两次，并都以"俏平儿"形容之，这一点便不容忽视。

我以为，平儿的俏丽，是一种"不平"的俏丽，即与众不同、格外出挑的一抹俏丽。

作者在《红楼梦》中善用对比映衬突出人物，例如著名的评语"晴有林风，袭乃钗副"，两个丫鬟与两个小姐相映衬，构成两种对立的人格；又如尤三姐的刚烈反衬尤二姐的软弱，迎春的怯懦反衬探春的勇锐……人物之间如有各色光线互相映射，构成一幅光彩夺目的全景图。

我说作者钟情于平儿，有一个重要原因便是，作者在以对比衬托手法突出平儿这一点上丝毫不吝笔墨。

先说说平儿和鸳鸯、紫鹃、袭人等大丫鬟构成的扇形对比。摆在一起，统观之下，平儿无疑是生存环境最艰难的一个。鸳鸯活泼伶俐、俏皮可爱，也得有贾母爱怜庇护；紫鹃聪慧敏捷、调皮任性，也得有黛玉这等刀子嘴豆腐心的主子。却看平儿，一边是凤姐儿这只"先时赔了四个丫头，死的死，去的去"只留下一个"瓶儿"的泼辣醋罐子，一边是贾琏这个"不知作养脂粉"却又"馋嘴猫儿似的"花花纨绔爷，平儿周旋于夹缝之中，生存之艰，不问可知。

再看平儿在这等困境之中，除了求得自保，竟还能坚守着自己的原则，保持着善良的本真，从不曾现出"哈巴狗奴才相"，真是难为得很了！

平儿的善良，在书中得到了多角度、全方位的呈现。第四十二回，平儿送走刘姥姥时，有这样一段语言描写：

> 这两件袄儿和两条裙子，还有四块包头，一包绒线，可是我送姥姥的。衣裳虽是旧的，我也没大狠穿，你要弃嫌我就不敢说了。"
>
> ……"……你放心收了罢，我还和你要东西呢。到年下，你只把你们晒的那个灰条菜干子和豇豆、扁豆、茄子、葫芦条儿各样干菜带些来。我们这里上上下下都爱吃这个。……"

语言温和，态度谦逊，不仅毫无施舍之意，而且以"平等"交换的方式，免去了受惠者的难堪，令人敬佩！若说平儿对主子们说话得体巧妙还掺杂维护自身利益之目的，那么她对刘姥姥这个大观园中姐妹们无不嘲笑的底层劳动人民这样的态度，便完完全全是出于她的善良本性和同情尊重之心了。

又有尤二姐一节，全府上下无不惧凤姐之狠，又鄙薄二姐从前为人，使温弱的二姐处于千夫指的绝境。唯有平儿看不过，"与二姐开解"，因此被凤姐骂"我的猫反倒咬鸡"。看官或许要问，平儿如真是同情二姐，何以却先向凤姐告发此事？我以为，这也是作者的高明之处。平儿确实对他人有一颗善悯之心，但也是建立在先保全自身基础上的。若连这点人之常情也没有，其一立显人物不真实，其二也不是前文塑造的平儿了。正是因为真实，更显得平儿可敬可叹。

第七十四回抄检大观园一节中，王善保家的倚仗着凤姐作威作福，也是一处似暗实明的对比。王善保家的一朝得势便得意忘形，丑态毕露。想凤姐作为荣国府日常事务的大管家，平儿自然也有不小的权力，但何时见过平儿仗势欺人，玩弄权术？相反，平儿曾"情掩虾须镯""软语救贾琏"，这两件事若无平儿的一掩一救，都将是一场不小的风波。

平儿与大观园内姐妹们也构成了一种微妙对比。与宝黛等相比，命运对平儿无疑苛刻许多，连李纨都叹"可惜这么个好体面模样儿，命却平常，只落得屋里使唤"，宝玉也曾心怜平儿"并无父母兄弟姊妹，独自一人……此人薄命，比之黛玉犹甚"。凤姐一急，打平儿也有，骂她是自己养的猫儿也有；小姐奶奶们都顾着伤春悲秋去了，连袭人都曾来讽刺她和凤姐在月钱上捞油水捞得厉害；真心疼平儿者，寥寥无几。但平儿从不怨天尤人，自哀自叹。她活在当下，珍惜当下，自把日子过得生机盎然。她与贾琏调笑，"浪"得二爷"上火"，又撒手跑了；她故意赌气似的摔凤姐帘子，凤姐佯怒，贾琏笑倒炕上，展开好一幅岁月静好图！对于出身，平儿是认命的，但绝不是自卑。家门寒微又何妨？风骨自存平儿质。比之黛玉，平儿对生活的态度更得我心。第三十九回还有这样一个细节：凤姐差人来叫被众人拉着坐下喝酒吃蟹的平儿，让她少喝些酒。"平儿笑道：'多喝了又把我怎么样？'一面说，一面只管喝，又吃螃蟹。"少女纯真活泼的笑靥一下子跃然纸上。比之宝钗，平儿又少了一股浓浓的世俗气和虚伪的做作味，多了小丫头的真诚开朗。这样贤淑又调皮的女子，谁不心生怜爱？

有人言，平儿如绿叶，凤姐儿如红花；我却以为，凤姐儿愈辣、愈毒，愈衬出了平儿之美。综观全书，凤姐儿草菅人命的事例绝不会少——尤二姐一案中杀二姐不见血，对张华赶尽杀绝；水月庵中为三千两银子逼得苦命鸳鸯死路一条……见惯了凤姐的"手段"，仍怀着一颗不屈的善良悲悯之心，其人唯平儿也；恐怖的黑暗扑面而来，却压不住平儿这一线光明，埋不住平儿这一缕清风。平儿的才干也是书中为众人称道的——李纨赞的是"凤姐的一把总钥匙"；宝钗赞的是"远愁近虑，不亢不卑"。而比于凤姐，平儿还更懂得"得饶人处且饶人"的至理，"大事化小，小事化了"的持家之道。我以为，平儿之才，绝不在凤姐之下；平儿之德，又高出凤姐几多哉！

与丫鬟们对比，与小姐们对比，与熙凤对比……作者在《红楼梦》中毫不掩饰对平儿的喜爱、赞赏。平儿，真真是全书似夕阳衰败的大背景下的一抹亮色！

踏旧梦

——《红楼梦》中女子之我所见

辛佳颖

简介	南京大学管理学硕士，现就职于上海市基层机关单位。
阅读感悟	知识如高山，读书如行路。行之弥久，弥知高山之深远、人生之须臾。名著则如山中小径，以前人历久日新之智慧，引来者寻得登山之近道。

　　寻寻觅觅，最终想来只有这首诗能诉尽这本奇书：满纸荒唐言，一把辛酸泪。都云作者痴，谁解其中味？

　　这寥寥数语却是最能概括此书之情的语言。正是这"满纸荒唐"的《红楼梦》，成为中国古典小说不可逾越的巅峰，也成为我人生道路上的一位指引者和见证者。红楼之美尤在诸位女子，而古典之美亦在这红楼之梦中体现得淋漓尽致。每一位女子不仅仅是一个个简单的形象，更是一个个人生时段的缩影。

林黛玉——幼

　　最早开始阅读《红楼梦》，是在小学三四年级之际。母亲最喜爱的书正是《红楼梦》，于是尚年幼的我便捧起有插图的儿童版本《红楼梦》，开始了我的红楼之旅。

　　那时的我尚不懂母亲喜爱此书的原因，也许是年幼懵懂，经历的不足让我无法完全理解这本书中的内容，记得清楚的也只有书中精美的图画。于是，只将它当作一般的言情小说阅读。

　　记忆深刻的也只有那些动人的画面，心中喜欢的，也只有作为贾宝玉唯一心爱之人的林黛玉。喜欢黛玉，也是因为我自己的个性。我的小任性在小学之时仍是未被抹去的小孩心性，若是遇到与自己不相合的事物，最擅长的便是冷言冷语地讽刺。仿佛浑身长刺的小兽物，只要稍有外界的侵扰，便竖起尖锐的硬刺来保护自己，实际上，心底无限脆弱。而林黛玉的躯壳，不仅有着天生性格的原因，也有着长久以来在贾家寄人篱下的感受。她的一颗诗心因敏锐纤细而诗才飞扬，也因诗才飞扬而敏锐纤细。以这一点而言，我的确将林黛玉视为与自己性格相似的人物。即使那样的人物异常不受旁人所爱，但是我相信有人能够理解。就像林黛玉拥有贾宝玉的钟情，相信不是所有人都诋毁着这一个性的。

　　并且从小便对古诗词略感兴趣的我，实在没有办法不喜欢她那些张扬文采、华丽漂亮的诗歌。

　　于是在这一阶段的我，心中踏过的旧梦，是林黛玉。

贾探春——长

在略大一些的时候，我又开始阅读《红楼梦》。那时是在初中一二年级，课业尚未繁忙，而我亦对这小时候所看的简略版和原版之差异起了好奇之心。于是去翻了古白话的《红楼梦》，出乎意料的是，这次喜爱的竟是贾探春。

的确，贾探春的种种缺陷很容易令人厌恶这个女子。为了得到平等的地位，为了获取主子的身份，她亲手剪断自己和生母赵姨娘的关系纽带，去与王夫人亲近，这便是所谓的六亲不认了罢。但是她的谋略、她的才干，与她身份的尴尬矛盾相生。我更情愿将她这些行为看作不得已而为之，在贾府整体的环境里，对自己要求本已极高的她，不能容忍一点点瑕疵。她的出身是她施展才能的阻碍，于是她要斩断。这于她谁说不艰难？

我欣赏贾探春，是在于她的智慧，在于她的眼光。诚然，她没有林黛玉的才学，没有薛宝钗的娴雅，没有史湘云的可爱，甚至连作势弄权也不能完全与王熙凤相匹敌，但是她卓越的能力，尤其是在王熙凤患病期间，她对大观园的管理和改革，也能体现她的政治才能，富有政治家的精神。当然，已是末日，又怎能有结果？但是她依然能在被抄家之时，只许搜自己的箱柜，而绝不能动她丫鬟的东西，极力维护自己作为一个主子形象的尊严，即使这尊严毫无意义，但是这样的精神却令我喜欢这个敢说敢为、决断果敢的女子。

或许也是因为自己近于叛逆期，贾探春便成了我这一阶段所踏过的旧梦。

薛宝钗——今

其实在高中老师要求阅读《红楼梦》之后，我才将在初中时期零碎读过的情节重新串联。这一次，我所喜爱的是以前一直不太欣赏的一个人物——薛宝钗。

大概从前的我和薛宝钗的性格大相径庭，她给我留下的印象是端庄而虚伪做作，美好的那一面竟被忽视了许久。不可否认，她的确有着冷漠无情的一面，但另一面她处事周到公平，这些品质都是不能抹杀的。其实薛宝钗的隐忍从容和罕语少言才是入世之道。林黛玉的才华和尖刻使她得不到下人的欢心，这也是她自己本身过于敏感所致。而除却封建礼教的那些深刻凿痕，薛宝钗更贴近大家闺秀的气质，雍容却不华贵，这一种美丽在现代的女子中已是极为罕见。

这也许就是我所要深深感慨的原因了。

现代社会提倡男女平等，倡导体现个性，但是否也意味着某些气质正在我们身边悄悄走失？

性格爽朗、敢爱敢恨固然是好事，但不是所有时候，这样的性格都是好的。况且若是过了分，这样的性格就会导致温婉雅致这类品质的流失。一个人若处理不好直爽与冲动之间的关系，这样的性格很容易成为泼辣和暴戾的来源。

因此，现在的我更愿意将薛宝钗温柔大方的一面放大，时刻提醒自己，我们所应该提倡的性格里，也应该有这样的一份，以此重建礼仪之邦。

于是在这样的心境下，薛宝钗便是我现在正所踏的红楼之梦。

此时的我已不会如幼时一般将《红楼梦》仅仅赋予言情小说同样的命运——调剂生活、解除烦闷，更多的是对其中细节的思考和对其意义的研究。

奇书之所以能成为奇书，不只在于它华丽的辞藻和大量精细的描写，也不只在于精彩的剧情和众多的人物，而在于它的意义。

对于《红楼梦》，经学家、道学家、才子、流言家、革命家所见各异，我之所见也和他人不同。我没有依照某伟人所说的要将此书阅读五遍以上才有发言权的要求，而只是讲述《红楼梦》中的几个不同的女子给自己不同的人生阶段带来的感受和影响罢了。

简言微述，不过自语。

（指导教师：傅岩）

（本文获浙江省"书香相伴，梦想同行"征文比赛一等奖，并被收入文集中出版）

【指导教师点评】这是作者在"在阅读经典中成长"读书活动中写的文章。作者以"踏旧梦"为题，具体深入地写出了自己在成长过程中阅读《红楼梦》欣赏品评三位女性形象获得的情感体验，饱含真情实感。可以看出，文学巨著对作者的精神成长特别是个性形成的影响是十分深刻的。尤其可贵的是，作为高一学生，对作品中人物的评价并未囿于成见，而是敢于表达自己独到的理解，突出作品对塑造当代人人格的意义，充满了思辨色彩和关注现实的情怀。这样个性化的感悟和解读名著，是应该充分肯定的。相信作者过些时候再读《红楼梦》，会有更多收获。

民以食为天

——评《红楼梦》之"饮食"

詹煜洲

简介	毕业于美国波士顿大学，现在纽约从事金融工作。
阅读感悟	我认为名著是可以打破时间禁锢助力成长的导师，也是人生时间轴上的明镜。

　　有句老话叫作"民以食为天"，既然是老话，那肯定很久以前就有了"以食为天"的想法。看着《红楼梦》中对府内饮食有意、无意以及粗略、精细的描写，不禁想到了韩剧中那些令人垂涎三尺的美食。而古代中国的食物，在曹雪芹的笔下，被描写得有过之而无不及。

　　细心观察，不难发现，中国大部分古典小说都对饮食进行了描写，而这些饮食文化随着作者、环境的改变而改变。如《水浒传》中，各个风流人物大碗喝酒、大块吃肉，字里行间无不透出一股豪放气派；《三国演义》中，宴席、陋桌不是浓浓的杀气便是真真的义气；《儒林外史》又带给读者一种"穷酸气"，而《红楼梦》，毫无疑问地显着富贵气。刘姥姥看到的"螃蟹宴"，花掉的钱可供庄稼人一年生活所需，林黛玉、秦氏平日吃的几两"人参汤""燕窝粥"，普通人可是要小心翼翼地几钱几分地喝。随便几样菜，平民连配料都买不起，恐怕用"富贵气"来形容，都贬低了它们。

不光是酒宴，作者在更多不经意间描写的大观园中的日常饮食，也同样显出了其中的奢华。

而不管食物多好、多新鲜，烹饪技术不过关那就是废品。拿"茄鲞"来说，茄子本是平民的家常便菜，可到了贾府的锅里，连"土生土长"的乡下人刘姥姥都没吃出来。用了新茄子，只要净肉，再拿肥鸡炖的老汤来蒸的茄子，也难怪刘姥姥尝不出来了。

不论是"螃蟹宴""人参汤""燕窝粥"，还是"茄鲞"，虽然是被作者艺术化了，但这些都来自现实生活，也都有它的应用价值，它们的根本目的是塑造人物。就拿书中地位最高的贾母来说，元宵节别人为她准备了肉粥、粳米粥，她却嫌油腻，又叫重新备了杏仁茶；种类不一、样式新鲜的干果，她也独挑几个自己爱吃的吃，与生在乡下的刘姥姥吃鸽子蛋，每个新玩意都尝好几口相比，不同阶层的人见识、素质的差异也就明显体现出来了。

再单说宝玉挨打后的事。宝玉想喝酸梅汤，袭人阻止他喝。王夫人叫人给他喝木樨清露，又做荷叶羹给他喝。书中又写了袭人对宝玉不能喝酸梅汤做的解释："……自然急的那热毒热血未免不存在心里，倘或吃下这个去激在心里，再弄出大病来，可怎么样呢？"只几句话，袭人的伶俐、见识都显现出来了，而她心细、贤惠的性情也随之浮出水面，熠熠闪光。同时，王夫人到底出身大家，对这些东西的见识更高一层，她命人去做的食物都是"对症"的食物。宝玉在瘀血未消、肿痛难忍之际，正需要清露、荷叶一类的饮品。这样一来，同一件事情，又写出了王夫人对宝玉浓厚的母爱。

一部《红楼梦》，光饮食便有如此之多可细究之处。倘若对它的每一字每一句都掂酌一遍，那还了得？作者说是"满纸荒唐言"，可谁又没见到他满纸真思想呢？

如果这不是红楼

——评袭人与蒋玉菡的缘

张宁娜

简介	英国爱丁堡大学教育专业硕士，现从事英语课程研发工作。
阅读感悟	每一次阅读，都能将我从现实的纷扰中解救出来，许我一方宁静的角落，让我完成与自己的一次深度交谈。

若这出戏不是红楼，我与你也该是另一段故事了。

喜爱袭人，并不因她的性格，也不是八卦她与宝玉间那点界限不明的情，而是她与蒋玉菡间的若有还无、藕断丝连的缘。

且看《红楼梦》第二十八回：

（蒋玉菡）唱毕，饮了门杯，笑道："这诗词上我倒有限。幸而昨日见了一副对子，可巧只记得这句，幸而席上还有这件东西。"说毕，便干了酒，拿起一朵木樨来，念道：

"花气袭人知昼暖。"

众人道："都依了，完令。"

薛蟠又跳了起来，喧嚷道："了不得，了不得！该罚，该罚！这席上又没有宝贝，你怎么念起宝贝来？"蒋玉菡怔了，说道："何曾有宝贝？"薛蟠道："你还赖呢！你再念来。"蒋玉菡只得又念了一遍。

薛蟠道："袭人可不是宝贝是什么？你们不信，只问他。"说毕，指着宝玉。宝玉没好意思起来，说："薛大哥，你该罚多少？"薛蟠道："该罚，该罚！"说着拿起酒来，一饮而尽。冯紫英与蒋玉菡等不知原故，云儿便告诉了出来。蒋玉菡忙起身赔罪。众人都道："不知者不作罪。"

第一遍看时，并未看出什么端倪，直到最后，见袭人嫁与蒋玉菡为妻，心中总觉纳闷；再次翻阅，才发现曹老先生早已将袭、蒋的红线牵起，露出点头来。

若说他俩无缘，蒋玉菡怎么会恰好只记住了对联上的这一句，又在不知道袭人的情况下吟出那句话。说是巧合，这也太巧了吧。

还得感谢下薛蟠，小丑般的行为恰好将二人的缘分点破，可不是二人的媒人吗？

再有，蒋玉菡与宝玉互赠汗巾，出于什么样的感情我可不想知道，也没兴趣，只说，后来，宝玉怕袭人生气，就将蒋玉菡给的那条汗巾转送了她。至此，蒋的汗巾在袭人手中，袭人的在蒋处。在我看来，男女互赠汗巾本就是非同一般之事，有点定情信物的味道。那宝玉在中间跳来跳去，倒也起了个穿针引线的作用。

宝玉究竟起了怎样的作用，在之后不再提起，也不知是曹老忘了，还是故意，或是高鹗没有发现，袭、蒋这红线就此隐匿，让人逐渐淡忘。

直到最后一回，才终于水落石出。

……花自芳的女人将亲戚做媒，说的是城南蒋家的，现在有房有地，又有铺面。姑爷年纪略大了几岁，并没有娶过的，况且人物儿长的是百里挑一的。……

城南蒋家的，模样百里挑一，只让人心生怀疑那人究竟是不是蒋玉菡。再说，那袭人心中只念叨宝玉，一听自己将嫁与他人，悲痛万分，却又不敢违命，只得在心里埋下了必死的决心。

然而，她怕把太太的好心弄坏，不敢死在贾家。怕伤了哥哥的心，又不愿死在自己家中。"千思万想，左右为难，真是一缕柔肠，几乎牵断，只得忍住。"既然怕伤了亲友的心，就等到了蒋家再死吧。可是，过了门，她见蒋家办事极其认真，全按正配的规矩置办，又恐害了蒋家，辜负了一番好意，又灭了自杀的念头。直至得知新郎是蒋玉菡，而且自己的汗巾又在他那儿，才始信姻缘前定。之后，自杀之心被新郎的柔情化为乌有。从此，又是另一番天地。

袭人三次欲死却又迟疑，她的优柔寡断，让她遇见了蒋玉菡。

所有的铺垫，只是为了让她遇见。

我想，他俩婚后的生活该是幸福的。这一点可以从"袭人又是另一番天地"看出。

他俩的缘分来得太早，又埋得太深，以至于不受人关注；却又发现得太迟，以至于被人忘记他俩曾有过的缘分。

不能不说，袭人是幸福的。她在一生中遇见了她爱的和爱她的两个男人。在对的时间遇上对的人，这难道不是缘分吗？

若这出戏不是红楼，我与你定将是另一段故事。

（指导教师：傅岩）

（本文最初发表于《钱江晚报》，后在《作文通讯》中刊出）

【指导教师点评】读巨著《红楼梦》，怎样有一点新发现？这篇书评让我们眼前一亮。首先是评点的角度新。开篇定下评袭人"与蒋玉菡间的若有还无、藕断丝连的缘"这一中心，可见作者的点评角度便与众不同。其次是赏析细致入微。文中对蒋玉菡语言的品味，对薛蟠、宝玉作用的分析，尤其是对袭人"三次欲死却又迟疑"的心态的述评，都是精彩之笔。再次是感悟真切，见解有新意。如文章的"再次翻阅"时"发现曹老先生早已将袭、蒋的红线牵起""袭、蒋这红线就此隐匿""所有的铺垫，只是为了让她遇见""埋得太深""发现得太迟"等话，都是真切的感悟和有新意的见解，这让我们同作者一起感受到了名著独具匠心的艺术魅力。

【附一】来自台州湾黄礁岛的老渔民方雨先生来信

宁娜同学：

你好！春节期间读报多，钱报"学生书评"有你的妙文《如果这不是红楼》。想不到中学生里竟有读古典长篇如此细致入微、感悟深切、新见迭出者，惊叹之余，写信致贺！

我是台州湾小岛上的老渔民，也称嗜书贪读的人啦。可粗汉子干活粗手粗脚，看书也狼吞虎咽，消化与否不关口舌，只问肚子喽。三四十年前翻过《红楼梦》，只记得丫头之中（如将）晴雯和袭人相较，还是晴雯可爱些……那句诗好像是"花气袭人知骤暖"，报上印的是"……昼暖"，[①]是我老而记错吧。

下面空白，乱涂几句顺口溜：

> 也有红颜不薄命，百年之后得妙评。
>
> 当时双玉皆迷魂，果然花气能袭人。
>
> 天生美色未待价，随遇而安惜缘分。
>
> 怎比今日风流女，宝马香车绝红尘。

见笑啦，望随意修改！

新春快乐！

台州读者　方　雨

2010 年 2 月 22 日

【附二】山东读者壹赵子来信

宁娜同学钧鉴：

本人是同学的读者，年初自杭州出版之《钱江晚报》上拜读到同学的文章，留下难忘印象，亦知同学认真读过吾中华文化圣经《石头记》，可敬也。今贸然致信，乃本人于石研小有心得，并祈望与同学交流学习，或能在班上

---

① 原著为"昼暖"，报上未印错。

同大家开个座谈会，则不胜荣光也。

随信附上本人石研拙作^①复印件一份，请同学赐教指正为盼。余不一一。

顺颂

时祺

壹赵子　谨启

2010 年 3 月 29 日杭州旅行次

---

① 论文题目为《以茶为钥：大苦人吴梅村是〈石头记〉的原创作者》。作者简介：壹赵
子（1965—），山东莱阳人，民间学者，健雄职业学院娄东文化研究所特聘研究员，主
要从事茶文化暨《石头记》研究。

阅读对象：

呐　喊

阅读提示：他们应该有新的生活

作　者：鲁　迅

呐喊什么与为何呐喊

——读《呐喊》

华　颖

 简介	现就读于浙江大学建筑系。阅读名著似乎从识字起便开始了，伴随我一路成长，常读常新。
阅读感悟	从高中时的理科生到大学时的传统工科生，阅读名著于我而言是一个循序渐进的过程，是理科思维中的出逃与放空。愿未来能从名著中不断汲取人文的力量，做一个更有人文关怀的建筑师。

今年寒假我阅读的是鲁迅的《呐喊》，当我第一眼看到这个书名的时候脑海里便蹦出了许多问题：为什么取名叫"呐喊"？呐喊什么？为何呐喊？好奇心驱使我买下了这本书，而在阅读的过程中，这些谜团也一一解开。

首先是呐喊什么的问题。

曾记得，那个好吃懒做、无所事事、社会层次低却又向往上流社会的孔乙己。他在封建腐朽思想和科举制度的毒害下，精神麻木不仁，生活穷困潦倒，在人们的嘲笑中浑浑噩噩度日，最终被黑暗现实吞噬。《孔乙己》是鲁迅继《狂人日记》后的第二篇白话小说，可以说两者有着异曲同工之妙，孔乙己又何尝不是被这科举制度给吃了的？鲁迅深刻地揭露了当时科举制度对知识分子的精神毒害。显然，他是在为旧中国教育的堕落而呐喊。

曾记得，那片深蓝色的天空中挂着一轮金黄的圆月，下面是海边的沙地，都种着一望无际的碧绿的西瓜，以及那个戴着银项圈的闰土。可你又是否记得，成年后的闰土再见到"我"时欢喜而又凄凉的神情、点头哈腰地叫着"老爷"？闰土和"我"不能再像儿时那样聊天了，而是以仆人和老爷的身份存在。这将当时人民受到封建礼教摧残和毒害的情形展露无遗。由此可见，他是在为深受封建社会礼教观念奴化的平民呐喊。

曾记得，《药》中的华老栓夫妇为儿子小栓买人血馒头治病的故事。但是，小栓最后还是没能逃过死神的魔掌。文末，小栓的坟旁就是夏瑜的坟，也暗示了馒头中的人血是夏瑜的。《药》这篇小说是以革命家秋瑾被害为背景的，而夏瑜便是以秋瑾为原型的。这篇小说揭露了现实社会中人们普遍的封建迷信和愚昧麻木，同时颂扬了秋瑾英勇不屈的革命精神。由此可见，鲁迅是在为唤醒民众的觉悟而呐喊。

曾记得，那个质朴而又愚蠢、受尽欺凌而又不敢面对现实的阿Q。他有一套自己的病态的精神胜利法：他盲目自大，认为城里人的说法都是错的，殊不知自己才是可笑之人；他自轻自贱，为了免受皮肉之苦自称是虫豸；他自欺欺人，挨打后用"儿子打老子"自我安慰，然后心满意足地离开；他欺软怕硬，受了他人欺负却又要欺负比他更弱小的小D……野蛮的压迫剥削使他贫穷，深重的愚弄毒害使他更加麻木愚昧。而阿Q只是辛亥革命前后广大农民的一个缩影，他的精神胜利法是整个封建文化的产物，最后即使性命到头仍做着浑浑噩噩的梦，的确引人深思。很明显，鲁迅是在为拯救过着屈辱的奴隶生活而心安理得的一个个麻木的灵魂而呐喊。

说到这里，另一个问题便也呼之欲出了：他为什么呐喊？

最主要的原因必然是这社会的黑暗与人民的麻木让鲁迅感到心寒，这从他的散文《藤野先生》中写到的中国人围观杀头的情景等可以略知一二，加上他关心人民疾苦，而这也是他弃医从文、从中国辗转到日本再回国的主要原因：他想用文字唤醒人们的精神。

但是，尽管他在呐喊，却没有人搭理：社会依旧黑暗，革命道路依旧渺茫。结合鲁迅当时的写作背景来看，五四运动已经拉开序幕，身边也有了革命的战友，但鲁迅锐利的眸子里仍然满是这吃人的世界。《呐喊》中《狂人日记》《阿Q正传》这些作品，揭露了社会的黑暗和悲惨，展示了国民愚昧麻木的精神状态，让我们认识到革命的道路还很长，胜利尚在远方。

鲁迅曾说：其实地上本没有路，走的人多了，也便成了路。现在想来倒也的确是意味深长：那时候的鲁迅不知从哪儿来的这些巨大的勇气，一路向前走，一路用这些文字呐喊，终于走出了一条充满希望的革命道路。

孤独者的呐喊

——评《呐喊》

吴子良

简介	毕业于北京航空航天大学。现从事检测行业的研究以及软件开发工作。
阅读感悟	遍历书籍中的千言万语纷繁世界，不管现实有多现实，还是理想太理想，迈步向前时总该会更加笃定的。

我在年青时候也曾做过许多梦，后来大半忘却了，但自己也并不以为可惜。所谓回忆者，虽说可以使人欢欣，有时也不免使人寂寞，使精神的丝缕还牵着已逝的寂寞的时光，又有什么意味呢，而我偏

苦于不能全忘却。……

　　　　　　　　——鲁迅《〈呐喊〉自序》

　　鲁迅所不能全忘却的一部分，便成了《呐喊》的来由。这是一位先驱的呐喊，是一位狂人的呐喊，也是一位孤独者的呐喊。呼喊声撕心裂肺却终究不免形单影只，早被一群自认源远流长的中国人的嘲笑声淹没了。纵然能"横眉冷对千夫指"，恐怕也免不了要心碎的。但既已下了弃医从文的决心，即使失望也绝不能绝望，埋藏在他内心的痛苦的回忆和梦中的希望逼着他振作，逼着他在混沌的天地里挣扎。他抛下一切，义无反顾，其实他所奢望的就是这块古大陆人民的觉醒呀——而他们却还在做着"之乎者也"的无边际的梦。

　　于是，他创造了鲁镇（有时是叫未庄或吉光屯等），我想他的怜悯大概已化为了痛心，不然为何会有许多麻木不仁的人生活在鲁镇，又为何会有许多善良的人在麻木不仁的鲁镇中毁灭。

　　鲁镇虽然是鲁迅痛苦回忆的缩影，纵然会有些希望，最后总归是要破灭的。狂人这个独异的个人应该就代表了鲁迅的思想。他充满了反叛精神，他道出了封建社会"吃人"的本质及对一切封建势力的深恶痛绝——而在他人眼中，他也不过是个疯子罢了。而阿Q、孔乙己之流大概就是鲁迅眼中庸众里的一员了，他们不知廉耻地展现着自己的愚昧和迂腐，似乎还自得其乐或是以此为荣。鲁迅所迫切希望也全力以赴的，是将这些阿Q、孔乙己转变成一个个狂人，而这些人又怎么能接受自己变成自己耻笑过的疯子？行走在荒原中，鲁迅注定要成为孤独者。呐喊？又有谁能听到呢？纵使听到了，又有谁愿意和他一起担负这份苦涩呢？

　　"其实地上本没有路，走的人多了，也便成了路。"在《故乡》中他这样写道，而他也始终固执地怀着那份希望。一个中国人，无畏地想要拯救一整个中国，绝非妄想，也绝非一时的热血沸腾，而这一切也绝非一个简简单单的爱国情结所能解释。

　　他敏锐地观察着身边的一切，再用他尖锐的笔描绘这一切，深化这一切，并不顾一切地批判他所憎恶的一切。也许对儒释道的完全否定让人难以接受，但这也正宣泄了他的满腔愤慨——鲁迅做不到理性地冷眼旁观，他也需要释放充斥在心中的汹涌的情感浪潮。他提起了笔，于我看来，应该是决绝的，容不得半点的犹豫。这一声声沉默中的呐喊，竟让整个中国大地都震颤起来。

就这样声嘶力竭，他郁郁而终，他终究是没看到中国的完全复苏。但也许他可以安心了，因为继他之后，已经觉醒的壮士青年们正尽全力去完成他所未完成的事业。

> 大胆地说话，勇敢地进行，忘掉了一切利害，推开了古人，将自己的真心的话发表出来。
>
> ——鲁迅《无声的中国》

鲁迅这样期待着，自己也这样身体力行着——一位孤独的呐喊者，一声竭力的呐喊，还有一个不灭的灵魂……

一面高悬的明镜
——浅析《呐喊》
陈　茜

简介	毕业于香港大学教育学专业，现就职于浙江外国语学院。
阅读感悟	我觉得傅老师的言谈举止不仅仅是在那三年，而是在之后的日子里一直影响着我，如阅读一般，你和某本书的接触只是一段时间，而它对你气质的提升却是终身的。

呐喊：大声喊叫。

这是"呐喊"在词典中的释义。而鲁迅这部尽人皆知的短篇小说集《呐喊》，正是在大声地喊叫。他喊出了当时封建社会以及陈腐的传统观念对人民造成的身心上的残害，他叫出了对于封建礼教压迫和"吃人"的不满。

鲁迅，他弃医从文，只为从心灵上救赎更多的人。他看穿当时社会的迁陈腐败，他想拯救整个社会。但，毕竟这个社会太大，毕竟它"腐"得太厉害，鲁迅鞭长莫及。但他仍尽了自己最大的一份力去做一份贡献。

翻开《呐喊》，第一篇便是《狂人日记》。第一次看《狂人日记》时，完全不知道它到底在写什么。文章无逻辑，还时不时穿插几句莫名其妙的话语，弄得本莫名其妙的我更莫名其妙。但当我重新阅读文章题目时，似乎理解了其中的意味。这日记原是出自狂人之手。何谓狂人？狂人乃具迫害狂精神特征之人。故狂人日记，自然语无伦次、颠倒逻辑。

《狂人日记》中，提及最多的便是"吃人"。"我横竖睡不着，仔细看了半夜，才从字缝里看出字来，满本都写着两个字是'吃人！'"以及"我也是人，他们想要吃我了！"等等，都写出了狂人内心对于"吃人"的恐慌。而"我诅咒吃人的人，先从他起头；要劝转吃人的人，也先从他下手"以及"你们要晓得将来是容不得吃人的人……"等，是狂人对"吃人"的反抗。这些虽都是精神不正常的狂人在幻想，但其中内涵却并非如此。狂人所讲的"吃人"，正是鲁迅所处的当时社会所宣扬的封建礼教"吃人"的事实。作为全书首篇的《狂人日记》，不仅揭露了这封建礼教在仁义道德覆盖下的"吃人"本质，还被誉为是反对封建制度的第一声春雷！

通过《呐喊》，我们还可见到其他故事，而在我看来，这些故事都以《狂人日记》的"吃人"为中心而批判了当时社会的腐朽。

《故乡》中的少年闰土是大家读小学时就接触过的。那时候课本里仅是节选了一个片段。但可以体现出少年闰土那机智、善良、天真的特点，不受任何影响的孩子的本性。尤其是他装弶捉小鸟雀的本领以及他告诉"我"的四角天空外的世界，是多么让人羡慕。而通篇看《故乡》，令人不得不叹息，闰土与鲁迅再也回不到过去那纯朴快乐的小日子了。闰土只称"那时是孩子，不懂事⋯⋯"为何？因为封建礼教！它彻彻底底地改变了一个个正在成长的人！它无情地摧残了那一颗颗幼小且无邪的心灵！它在吞食着一个又一个的人，每天啃一点，直到他们体无完肤，它甚至到此还依旧不肯罢手！

我们该庆幸，我们出生在今天这个年代。我们无须像鲁迅般声嘶力竭地呐喊。而他的呐喊，在当时，又有多少人是真正听见了？在我看来，《呐喊》的意义不仅在于对当时社会的不满与批判，它还是一盏引领后人行进的明灯，一面高悬的明镜，让我们了解历史，吸取教训，不再重蹈覆辙！

从人物表情读《狂人日记》

丁旸

简介	毕业于东南大学，现就职于杭州某通信技术公司。
阅读感悟	越来越喜欢读一些上学时候读过的书。很奇怪，以前读着平平无奇的话语，现在看起来又有了一层新的意思。更重要的是，可以找回当年看书时候无忧无虑的心情。

我们在小学时就学到过，《狂人日记》是鲁迅先生写的中国现代第一篇白话文小说。而其最著名的一段话就是：

> 我翻开历史一查，这历史没有年代，歪歪斜斜的每叶上都写着"仁义道德"几个字，我横竖睡不着，仔细看了半夜，才从字缝里看出字来，满本都写着两个字是"吃人"！

这看似"狂人"之言，却恰恰反映出旧社会的"吃人"本质。鲁迅是如此着急，怪不得这本书叫《呐喊》了。

我想来说一下《狂人日记》。

这篇中篇小说应该是《呐喊》中最具攻击性的一篇，矛头直指万恶的旧社会。其中有些痴人疯语，虽然读起来有些滑稽，有些令人哭笑不得，但仔细回味一下，语言之犀利，真乃平生所未见。其中作者对人物的表情描写，最令我感兴趣，很值得品味。

> 我大哥引了一个老头子，慢慢走来；他满眼凶光，怕我看出，只是低头向着地，从眼镜横边暗暗看我⋯⋯便张开他鬼眼睛说⋯⋯

在这里，本来是一位慈眉善目、救死扶伤的老中医被描写成了一个杀人的刽子手。医生成了刽子手，好心帮人看病却被写成是来揣肥瘠，好分肉吃，岂不是最大的讽刺？医生象征着封建社会里"相对"善良的一些人，但也是最为保守、守旧的一部分人。他们慈善的面庞下，暗藏的"吃人"的、邪恶的封建思想，是最"恐怖"的。即使他们有善良的外表，也还是"吃人"的。

此后，还有大哥的那一段表情描写，也十分精彩。

> 当初，他还只是冷笑，随后眼光便凶狠起来，一到说破他们的隐情，那就满脸都变成青色了⋯⋯这时候，大哥也忽然显出凶相，高声喝道："都出去！疯子有什么好看！"⋯⋯

这里连他哥哥也被他认为是吃人的人，他是吃人的人的弟弟。他哥哥听到弟弟发病，应该是十分关心他的。但弟弟却认为他哥哥"满脸都变成青色""显出凶相"，连亲人的关心也变成了凶相，这真是一个颠倒黑白的世界。哥哥叫他"疯子"时，他竟会认为是别人想要吃他而故意给他罩上这名目，这是多么严重的狂想症。世界在他眼中完全是混乱的。也许在平常很难理解，可在鲁迅的《呐喊》中，它想表达的意思就显而易见了。封建社会的一切都是凶恶的，只有完全地破除它们，中国才有救。

一副副人物嘴脸在《呐喊》中被一一地勾勒出来。有的阴险，有的善良，但更多的却是人们脸上的失望、无奈与茫然。也许脸部表情只是一个小小的细节，但我们可以从中感受到作者蕴含的复杂情感。

《狂人日记》的下一篇小说是《孔乙己》。我们可以从老板、"我"、顾客脸上读出更多我们从人物语言、行为中无法了解到的东西。因此，人物的表情描写也应该为我们重点关注，它可能会帮助我们的理解更上一个台阶。

希望的白光

——读《呐喊》

楼怡敏

简介	硕士毕业于荷兰瓦格宁根大学与研究中心，目前在上海从事液态食品包装及制造行业。
阅读感悟	"以书会友"更为深层的含义是，使现代人类拥有与历史上的伟大思想交流的能力，使思维能在漫长的人类历史中遨游，找到属于自己的良师益友。

作为一个大人们眼中不羁的"90后"，其实我本对八九十年前的历史不太在意。只在高中的历史课上，笼统而模糊地了解了一点它的影子，所留下的印象也只不过是诸如"黑暗的岁月"之类肤浅的表象。而如今，鲁迅先生用一本《呐喊》唤回了我对远方的思绪。

诚然，鲁迅先生的小说里所用最多的手法是白描。三言两语，人物的形象、故事的场景便鲜明地出现在眼前。他成功地以这一手法塑造了许多著名人物，阿Q、孔乙己等更是耳熟能详。但我要说的这一人物并不出名，甚至在这一本小说集的众多优秀作品中被埋没了，他就是《白光》中的陈士成。

陈士成，一个年过五十而仍未通过科举县考的老书生。可以说，他这个人物从小说开始到结尾都是一部彻底的悲剧。小说刚开始，便是他挤在人堆中看榜的情景。一遍一遍又一遍，就是找不到自己的名字。"斑白的短发"表明他年龄不小了，可想而知又是一个年复一年考试却年复一年失败的读书人。自然而然便想到了范进，那个年过半百才中举的"疯子"。两人在某些方面有着相似的命运。但细细一想，又觉陈士成可怜。范进最后虽疯，可他是乐疯的，至少他几十年的努力没有白费，而陈士成呢……

　　情节继续发展下去。我们得知，这位可怜的老书生已经落第十六回，而每回失败，总会间歇性地"精神失常"。在他眼里，孩子们的头变成了黑色的圆圈，莫名的低语总是不时出现，每一个都在讽刺他的失败。其实这时候，陈士成已经濒临崩溃的边缘。"这回又完了"，这何尝不是他的心声。脑中有幻想，"人们又都像看见神明似的敬畏……门口是旗竿和匾额……"，却只换回学童对自己小觑的神色。按那时封建礼教的思想，学生对先生应是恭敬有加的，而这里的学生对他如此态度，想来乡人对他也不会好到哪里去。他在那个社会环境中就是被人耻笑和蔑视的对象，社会的最下层。

　　这时候，"白光"出现了。它作为一条重要线索，起到了引领情节发展的作用。陈士成开始跟随"白光"挖掘，一心想挖到从小梦寐以求的宝藏。这回是在桌子底下。他不由分说地开始掘土，精神不正常地偏执着一下一下挥起锄头。可是那里没有宝藏，没有金银，没有他要的荣华，只有一张讥笑着的嘴脸。那副下巴骨的出现，打破了陈士成的最后一道防线。他疯了，同范进一样的下场。似乎书生为科举而疯的总是不在少数。科举，哪里是救国良方，分明就是摧残人民的凶器，正常的人为之疯狂，却仍然有通过不公平手段入选的人在逍遥法外。他疯疯癫癫地跟着那道白光走了，去追寻他的功名，最后跌入湖中，死无葬身之地。他悲剧般的一生也就此完结。

　　他错了吗？是的，他错了。错在不该一心只想到功名利禄，把自己弄得死也毫无价值。但是，转念一想，这又是多么地必然。陈士成追求名利，不过是在讨生活，是因为这个社会这种环境让他实在生活不下去了。那些幻觉似的白光，何尝不是他心中仅剩的那一点渺茫的希望。经历了人生第十六次的重大打击，白光是他可以抓住的唯一的救命稻草。小说的最后，人们推测他的死因时，轻描淡写地带过一笔，他曾在水底挣命，十指嵌着河底泥。哎，多么像他的人生，究其一生都挣扎在生与死、成与败之间，不得善终。

作者想要透过他悲剧的人生披露的，或许就是他所处时代的原貌。当时的人们沉溺于不切实际的幻想之中，希望以此来逃避现实生活中的层层重压，也从一个侧面反映出封建王朝末期社会的黑暗。

士成，士成，仕业有成，最终，还是归于沉寂……

阅读对象：

苏东坡传

阅读提示：心灵喜悦，思想快乐

作　者：林语堂

身处逆境的乐天派
——读《苏东坡传》

陈竹韵

简介	从浙江大学毕业后保研，目前为浙江大学丹阳青溪学园分团委副书记。曾任浙江大学农业与生物技术学院学生会主席、浙江大学启真人才学院成员。
阅读感悟	高中时读名著对我影响颇深，我十分感谢与怀念那段时光。阅读是珍贵的纯净之地，予我心静、安慰和力量，让我拥有生活的热情与勇气。我愿一生阅读。

《苏东坡传》，作者林语堂。书中叙述了古代文人苏东坡虽历尽艰辛，屡遭迫害，但终不改其乐观天性的故事。林语堂毫不掩饰自己对苏东坡的敬佩与景仰，把一位个性鲜明、可敬可爱的大文豪的一生展现在我们面前，让世人感叹、铭记。正如林语堂所说，"苏东坡已死，他的名字只是一个记忆，但是他留给我们的，是他那心灵的喜悦，是他那思想的快乐，这才是万古不变的"。

以我来看，要了解一个人的一生，哪怕是最亲近的人的一生，都有着不同程度的困难。林语堂却读遍关于苏东坡的书籍资料，把苏东坡的一生淋漓尽致地展现在了我们眼前。苏东坡出身小康之家，也是一个文学之家，一个崇尚人性的家庭，于是从小就受到了很好的教育，在学堂时很快就显露出他那绝顶聪明的头脑，在后来的一生中也随时随地体现出他从实事求是的父亲与淳朴善良的母亲那里继承来的正直、恻隐之心。除了苏东坡，书中，作者还大篇幅讲述了王安石的变法，这更加反衬出苏东坡的可敬可爱。如林语堂写道，苏东坡绕城而走，见孩童死于道边，埋葬尸首，热泪盈眶，并救起三四十个饥饿的孤儿，由自家抚养，而这些孩子正是因为王安石的变法才沦为孤儿，死于道边的，而王安石却向皇帝隐瞒这种民间真实的情况，谎报他变法的成功；还写苏东坡因最好朋友文与可去世，一连哭了三天，"男儿有泪不轻弹"，况且本身为乐天派，可见东坡对朋友的喜爱与重视，十分讲义气，而王安石却化友为敌，一心只关注变法，连两个弟弟都背叛了他，他做人也真是失败得可以啊。

然而苏东坡最让人感慨羡慕的，是他那始终如一的乐观积极的心态。记得《赤壁赋》中他虽被贬却仍在开导来拜访他的朋友，"惟江上之清风，与山间之明月，耳得之而为声，目遇之而成色，取之无禁，用之不竭，是造物者之无尽藏也，而吾与子之所共适"，生动形象地体现了他那种为人钦佩的恬适的心境。作者还写道，那个时代，若有人能细心观察人的身体及其内部的功能，并注意草药及茶叶的配制的研究，再无别人，只有苏东坡。林语堂总善于从细节方面来描写苏东坡那淡泊名利拒世俗于门外的心境。

苏东坡是一位文学家、政治家、书画家，但看完《苏东坡传》后，我更把他看作一位心理学家。感受过他那曲折的经历和与之形成鲜明对比的他那从容乐观的心境后，你会发现你所经历过的挫折什么都不是，你能以平淡的心态来面对一切，收获高于常人的乐观自信。

真纯之心

——读《苏东坡传》

王　玘

	**简介**　浙江大学物理系本科、法律系硕士研究生毕业后，在北京从事公司业务的交易律师工作。
	阅读感悟　阅读是一个很好的静下心来学习、思考的机会，虽然说不上一下子就会有思想上的升华，但是一定会对自身有潜移默化的影响。

　　他之写作，除去自得其乐外，别无理由，而今日吾人读其诗文，别无理由，只因为他写得那么美，那么遒健朴茂，那么字字自真纯的心肺间流出。

——林语堂《苏东坡传》

　　只因苏轼有一颗真纯之心，清澈澄明，我等后辈亦得此幸略窥苏先生之精神世界。

　　从他的笔端，我们能听到人类感情之弦的振动。作为一代文学天才，他有极其敏感的心，将生活中的点点滴滴积攒、酝酿、封藏，直至有一天，真情流露，"酒"香便肆意飘散，给心灵以冰冽的濯洗，清新澄澈。对于他的妻子王弗，其情真意切更是溢于言表。王弗十五岁便跟从苏东坡，同时对苏东坡的影响很大。苏东坡对这样一位妻子，既有爱意又有敬意。王弗死后，十年之久，他竟能写出如此千古绝唱般的诗句，离奇凄艳：

十年生死两茫茫，不思量，自难忘。千里孤坟，无处话凄凉。纵使相逢应不识，尘满面，鬓如霜。

夜来幽梦忽还乡，小轩窗，正梳妆。相顾无言，惟有泪千行。料得年年肠断处，明月夜，短松冈。

再加上他对朝云的情意，感叹一代文豪也是痴情之人。盖唯有真纯之心者，才能拥有此番痴情之意。但他的爱又是极大的，他爱美人、歌舞、美酒、山水、百姓、国家……

对朋友，他是多么地真挚，或者说是"掏心掏肺"。在他青年壮年时，无论是什么朋友，他都倾心吐胆，丝毫不考虑人世官场的复杂。他的畅写畅言，却是造成"乌台诗案"、几次沉沦的重要原因。但是终究，他还是拗不过自己的心，感怀抒情，笑笑道："我真是不可救药！"一位可爱的直率的诗人跃然纸上。

对百姓，他但求问心无愧，事事为苍生黎民着想，几度三番地与王安石等新政党人进行殊死"搏斗"，看着百姓因为青苗贷款等害人不浅的债务政策受苦，他虽是沉沉浮浮，却一有机会便想尽办法劝当权者废掉许多的公债，而前而后，他几度想到远地真真正正、实实在在地为百姓谋求福祉，兴修水利，调粮价，极尽他之所能。在他遭到贬谪期间，他虽心中有郁闷之情，但每到一处便下决心为百姓做实事，与百姓成了朋友。偶得闲暇，便寄情于山水。泉香酒洌，更使他下笔遒健有神，毫不过分的华丽辞藻便觉他如同在与人间天地中之山水知音倾心交谈了。其旷达、乐观的人生态度更无须什么衬托，便是他真纯之心的外露罢了。在黄州，也许是狭隘肮脏的小镇，但从苏轼的角度看，那儿却有无限的闲暇，美好的风景，值得对月夜倾心，对美酒迷恋，追觅一颗宁静之心，也难怪他会有《赤壁赋》《记承天寺夜游》《念奴娇》等大作了。想象要有如此胸襟气度才能领略出如此景象：明月一轮出现在东山之上，徘徊于斗牛之间；白雾笼罩江面，水光与雾气相接……

他为官期间多与僧道相处，也相信鬼神之说，多次请愿更是神话般地灵验。俗话说"心诚则灵"，可见神也"感动"于他真诚为民为情的行为了。他也炼什么丹练什么瑜伽术，不为别的，他也只是图能宁神静气，净化心灵。他担心自己为世俗经纶之事过重负于心灵，亦追求永远保持一颗真纯之心——最终，他做到了。

只有具备真纯之心的人才能真正领悟禅机，成为在绘画书法上有造诣的人，才能作为一位父母官同时成为百姓的朋友，在经历宦海浮沉之后，面对死亡平静淡然，竟有几分"赤条条来去无牵挂"之意而升天了。

没错，在读《苏东坡传》时，我们一直在追随观察一个具有伟大思想、心灵的伟人的生活，这种思想与心灵也不过昙花一现，他的名字只是个记忆，但他留给我们的是他真纯之心灵的喜悦，对人世的豁达。林语堂先生笔下的 Thy Gay Genius！

这是万古不朽的！

阅读对象：

生活的艺术

阅读提示：人生几乎像是一首诗

作　者：林语堂

我心温暖，世界温暖

——读《生活的艺术》

吴瑞瑞

读《生活的艺术》，着实让我收获颇多。在文笔与内容的协调一致上，作者林语堂先生似已臻化境，可谓"读其文如闻其声，听其语如见其人"，全书所强调的自由悠闲、空灵超脱的心境犹如汨汨清泉，流泻于笔端。然林先生的文字，看似信笔而至，实则浸透了林先生对人生、对生活的睿智思考，深入浅出，使人读着读着，脑海中会偶然火花一现，心灵因与作者之见发生了某种微妙的契合而神奇地微颤。

我对林先生的了解，起于他翻译的"幽默"一词。比起文坛知名前辈们曾译的"欧穆亚""语妙""谐稽"等等，"幽默"集音译意译于一体，妙不可言。先生自己曾解释道："凡善于幽默的人，其谐趣必愈幽隐；而善于鉴赏幽默的人，其欣赏尤在于内心静默的理会，大有不可与外人道之滋味。与粗鄙的笑话不同，幽默愈幽愈默而愈妙。"

而在《生活的艺术》中，作者也专门写了一篇《论幽默感》，其中有一句话画龙点睛："我以为这就是幽默的化学作用：改变我们思想的特质。"作者以为，幽默感滋养着思维的简朴性，有益于达到人性的健全与合理。粗览全书，我有这样一种体会：幽默，是作者所崇尚的"放浪者"心态的外在表现，是作者眼中智者所必备的特质。

透过"幽默"，我对作者的生活态度有了初步的认识。态度，源于对生活本质的认识。作者在书中有一席话，使我读了便直想和他激动地握握手："我以为人生不一定要有目的或意义……所以我也以为我现在活着——并且也许还可以再活几十年——人类的生命也存在着，那就已经够了。"东坡居士在《赤壁赋》中也流露出这样的思想："盖将自其变者而观之，则天地曾不能以一瞬；自其不变者而观之，则物与我皆无尽也，而又何羡乎！"这种"存在即永恒"的思维，让人顿时又有了把这一场大梦做下去，并且努力在这梦中生活得更美满的勇气。也正是这种简朴到原始，却又常常无法被理解的认识，引发出人对这尘世和人生的热爱。

作者在书中努力为所谓老庄和陶渊明的"避世"辩白。不得不说，老庄玩世的态度和陶居士的"世与我而相违"的确曾让我误会他们有厌世之嫌。但作者一针见血地指出，只有眷恋红尘的赤子之心，才能推使着老庄极力追求人性的自然与和谐；能够写出"审容膝之易安"的陶渊明，逃避的只是政治，不是人生。

因为有爱，所以努力地享受，努力地快乐，"日日是好日"。作者以热诚又自豪的口吻，不遗余力地向他笔下有着"三大恶习"的美国人甚至所有西方人，兜售中式的悠闲生活。这种生活，偏爱中庸而不求完美，趋于简朴而厌弃复杂。对此，作者有一句概括又使我不由得击节赞赏："你以为不要紧，便什么都不要紧了。"作者以为，发展到二十世纪，中国与西方文明反差最大的方面在于生活态度。态度决定生活方式，近代以来，当西方人马不停蹄地向着工业文明和科学技术的道路进发，受过教育的中国人却毅然决然地选择了文化第一，技术靠边。以本人的浅陋视角，若以一句话概括这种差异，那便是中国人眷恋眼前的幸福，而西方人却更爱奔跑在追寻幸福的路上。是人种基因的细微差异，还是历史机缘的阴差阳错带来了这种差异，却已不得而知了。

然而，近几年来，情况却发生了一些微妙的转变。生活在中国各大城市的人们，热衷于快节奏的生活，曾经火急火燎的西方人，却逐渐转向了山间别墅。过去不爱忙碌的"吾国与吾民"好像突然间意识到往日的懒散，奋起直追，机械化和军人式的生活方式炙手可热，曾让林先生为中华民族自豪的人文主义销声匿迹。身为一名学生，我最先想到的便是如今中国的考试制度。在周考、月考、中考、高考的牢笼里，我们被迫着"勤奋"学习，在书桌前挥洒汗水的初衷逐渐被淡忘，只记得铺天盖地的"成绩"二字。求知是人之天性，但强迫性、压制性的灌输却忽视了人心对自由的渴望和对悠闲的向往。如果林先生尚在，对眼下国人生活方式的明显转变，不知会做何感想。

　　但我转念一想，在二十世纪那个内忧外患、烽烟四起的年代，林先生都不曾喊出"救中国"这样的口号，眼下国人这一点异常，想必不会使先生失色。深爱人生的人，不会为了"拯救"或"苦难"而活着，他们也许都信奉着一句至理名言："我心温暖，世界温暖。"

阅读对象：

子 夜

阅读提示：秋风凄长夜

作　者：茅　盾

吴老太爷的不幸

——读《子夜》

李洪菀菀

简介	上海交通大学临床医学专业博士研究生在读。
阅读感悟	阅读名著有趣的地方，在于我们与书中素不相识、处境不同的人有对话的机会。合上书，这一切又诡异而自然地成了我们自己的一部分，并最终成为一种长久的陪伴。

《子夜》给我印象最深的不是商战中的钩心斗角，不是青年学生聚会时理想主义的救国良策，而是全文开篇一个属于旧中国的老爷子的死亡。

吴老太爷在封建时代算得上是个风云人物。在他还是吴少爷、吴公子的时候，他也曾以当时最前卫的思想主张"革命"，为此甚至与自己的父亲对立，但吴老太爷最终还是和大多数维新分子一样，在中国长期受侵略的局面毫无改观，在内心的爱国激情被时间的暴风雨渐渐熄灭，在自己与家人连连遭到不幸的时候，选择了多少代中国文人选择过的道路——避世。以一本《太上感应篇》作为自己内心的精神寄托，以为从此世上的芸芸众生、纷纷扰扰就与自己毫无关系了。当身处乡村时，他确实现了这一愿望，甚至以他的文化教养能够"为善一方"（如印赠《太上感应篇》），成为村里老一辈人中极有威望的人。但假若地点改为城市，更甚者如上海这样的大都会，情形就变了。文中对此的评价是：僵尸，古老的僵尸，免不了被风化的命运。

个人以为，吴老太爷最引人注目的是他的信仰、他的视角和他的去世。

谈到吴老太爷对道家学说特别是《太上感应篇》的信仰，引用李玉亭的评价：有信仰，有主义，终生不渝。虽然带着嘲讽的意味，但从中可看出吴老太爷的虔诚之心。说起来，信仰善与正直是正确之至的，但这种思想却阻碍了他接受新的事物。或许在吴老太爷初遇不幸时，他所信仰的书籍确实给了他宽慰与超脱，但在历史中拒绝前行，甚至成为历史，也是他的信仰带来的致命伤。

再者，全书第一章有大量篇幅对吴老太爷眼中的上海的描写。汽车、机械以及开放的新时代女性。城市的灯红酒绿在吴老太爷眼中如放了大火一般，进而对他产生了生理上的影响，使他走上了生命的末路。他的思想让他的眼前加了一副"万恶淫为首，百善孝为先"的道德眼镜，而长年的封闭带来了一道从思想到审美的鸿沟，让他的眼前出现了他的思想所不能接受的魔鬼。

最后，不幸的吴老太爷死在了自己的思想高压下。更不幸的是，他虽然拥有豪华的葬礼，但前来吊唁的多如牛毛的人中却找不出几个真心缅怀死者的人。连作为儿子的吴荪甫都将事业看得比他的葬礼重要。老太爷的葬礼俨然成了另一种名目的社交宴会。人们大肆谈论着曾经老太爷是何等厌倦都市生活。嬉笑，吵闹，全然不是葬礼应有的样子，或许以有些古老的思想看来，老太爷是没法安息的。他不会知道自己的死只是一个符号，一个旧中国、旧思想死亡的开始。

吴老太爷，死了，风化了。这具僵尸终于被现代人送进了坟墓。或许会让人多少感到可悲，但正是吴老太爷们的死引发了一场新时代的飓风。而在风雨飘摇中，中国人迎来了一个子夜。

阅读对象：

谈美书简

阅读提示：领略美的滋味

作　者：朱光潜

窥探灵魂

——读《谈美书简》

施周元晶

简介	浙江大学临床医学八年制专业博士研究生在读。
阅读感悟	阅读的意义在于塑造。经年之后，读过的书，就像这么多年我吃过的饭，令我成为一个独特的"我"，塑造了我的内在精神与外在气质。

十二点的钟声。

当贵重的马车变回了不起眼的南瓜，当华丽的晚礼服破败不堪，当剔透的水晶鞋也化为虚无的时候，仆人房里的美丽注定要被湮没吗？

年幼时读的《灰姑娘》给我留下深刻印象的，除了那神奇的仙女魔法外，竟是那三个可悲可笑的继母和姐妹。迪士尼故事中最不乏王子与公主，然而这更凸显出邪恶人物的鲜明生动。王子临门，两姐妹装模作样，搔首弄姿，为塞进那象征荣华富贵的水晶鞋不择手段，殊不知华丽的外表终究掩饰不了内心的腐朽。万幸根据童话故事铁的定律，王子和公主最终还是美满地生活在一起，没有在我幼小的心灵里留下伤害——若是心灵如此丑陋歹毒的女人也配和王子生活在一起，那我何必再相信童话？

这是我年幼时对"自然美"和"灵魂丑"的初步认识，也许不深刻，但是意义非凡。一个人的精神成长史，就是他的阅读史。在阅读的道路上，我渐渐成熟，开始从"以貌取人"到"窥探灵魂"。

寒假期间我读了朱光潜老先生的《谈美书简》。作为一位美学大师，他提出了美学方面独到深刻的见解。实话说，对于他"艺术是一种生产劳动"，"美是主观与客观、生理与心理的统一"，还有"颓废派抽象主义"等观点，我都仅仅是似懂非懂，完全到达不了剖析字句、侃侃而谈的境界，我能浅谈的也只是皮毛。

在《谈美书简》第二篇中，朱老先生提到了《巴黎圣母院》中既聋哑又奇丑的敲钟人卡西莫多和能歌善舞的吉卜赛女郎艾丝美拉达。将他们两个相提并论，从容貌上看似是诡异的不和谐，转念一想又恰在情理之中。当敲钟人遭受众人的殴打辱骂时，只有吉卜赛女郎毅然站了出来给他水喝，仿佛仙女降临般救他于水火，此刻的吉卜赛女郎是美的，由内而外；当敲钟人识破了副主教克洛德的阴谋，替吉卜赛女郎报仇雪恨时，他是美的，由内至外。伟大的法国作家雨果，用鲜明的对比揭示了"自然美""自然丑""艺术美"三者之间的相互统一。从卡西莫多身上，我看到的是一个社会底层的小人物迸发出的超人的大力大智大慈大悲，是佝偻的身躯下匍匐的伟岸的灵魂。我深深为之折服。

艺术美并不等于自然美，自然丑在一定条件下可以转化成艺术美，勾勒美丑的权利全在作者。且不去追究十五世纪的法国是否存在着像卡西莫多这样的英雄，即使这是作者虚构出来的人物、艺术创造出的奇迹，也不妨碍他成为自然丑的代表、灵魂美的化身。况且小说反映社会，艺术源于生活，该形象必然是各路英雄特点的集合。

"多少人爱你风韵妩媚的时光，爱你的青春美丽出自假意或真情，但唯有一人爱你灵魂的至诚，爱你渐衰的脸上愁苦的风霜。"光阴荏苒，只有至诚美丽的灵魂才值得被尊敬，值得被爱。

美与你同在

——评《谈美书简》

朱秋池

简介	华中科技大学毕业，目前在美国内布拉斯加大学林肯分校攻读博士学位。
阅读感悟	人活仅一世，却能通过读书，体验千万段人生。越是长大，越是感受到精神世界在以一个奇异的角度发展。真正让我和"我"对话的，还是只有书籍。

好书给人以力量，好书让人心情愉悦。《谈美书简》便是这样一本好书。

初读来，我便陶醉于作者直接而又准确的文字中。我觉得美学十分抽象，也过于枯燥。可朱光潜先生的文字有一种奇妙的亲和力，使美学从一种"高端大气上档次"的形态向朴实通俗的方向转变。大概书信就是一个助力者，朱光潜谈美的口吻与对话差不多——形式上稍有变动，是年长者对后辈的教诲。

为什么我说《谈美书简》好？这可由以下几点来体现。

一、内容充实，开阔眼界

许多介绍美学的书，讲的大多是一些空洞乏味的东西。其中最无聊的要数种种概念了。碰到那些饶舌作者，我只能干巴巴地看着他用更为抽象的文字去解释一种抽象的概念，这怎么行！而《谈美书简》便不是这样，比如第三篇《谈人》中的第二段话，有设问，有反问；有引用他人的说法，有作者自己的阐释，道理讲得亲切、透彻，让人信服。朱光潜先生引用他人著作特别是马克思与恩格斯的话时，毫不吝惜篇幅，如第五篇《艺术是一种生产劳动》。他虽然引用得多，但阐述的文字更多，这让我阅读之后，极大地开阔了眼界，提升了理解能力。

二、角度广阔，引人思考

朱光潜先生在讲马克思主义与美学总体局势之前，先"啰唆"了一段话，谈到了当时一些人打着研究美学要弄通马克思主义的旗子，实际上却并没有钻研。这部分是和美学无关的，却和做学问有关。想要融会贯通首先要真的去钻研，这就是态度。

接着是第七篇结尾时谈到美的本质。为了强调美离不开评价者和欣赏者，作者连用了几个问句，其语气之强烈可与大学生辩论时的选手们相媲美。不过主要的是他用了三个场景：洪荒大漠、黑夜与闹市大白天。在提出前两个场景下的美感的观点后，作者笔锋一转，讲出即使美人在闹市中被众人目击，也不是所有人都感到美人之美。这举的例子中的多个场景足可见其思考角度之广阔。

三、文学性强，令人沉醉

我认为书信的文学性一直是强于一般作品的，即使是看上去偏理论的《谈美书简》。

譬如这句："西方有句古谚'人有一半是魔鬼，一半是仙子'。魔鬼固诡诈多端，仙子也渺茫难测。"这竟不像是一篇讲美学的文字，竟像是一篇散文！

我特别喜欢的是第十二篇最后一段。当朱光潜先生谈到"社会主义时代还要不要悲剧与喜剧"时，他先说这等价于"社会主义社会里是否还有悲剧性的和喜剧性的人和事"，接着讲到林彪与"四人帮"已经答复了这个问题："当然还有！"这一个感叹号，把"文革"十年他所看到的一切都浓缩了进去。

然而还未达到高潮。朱光潜先生的话像一条长河将我卷入其中，从历史矛盾斗争的无穷，到对未来的展望……由历史的无限性将情绪压缩后释放，气势恢宏，直冲云霄。

如果没有寒假推荐书目，我很可能与《谈美书简》失之交臂。但既然相遇必是缘分。

这真是一本好书，希望还未沉醉其中的同学也来领略一下美的滋味。

阅读对象：

茶 馆

阅读提示：我爱咱们的国呀

作 者：老 舍

小人物的悲歌

王佳韵

简介	本科毕业于中国人民大学，硕士毕业于浙江大学。
阅读感悟	阅读是相伴一生的一个好习惯。

　　在《茶馆》短短的三幕剧中，老舍对出场的六十多个人物的刻画入木三分，反映出五十年间的社会变迁，上演的是现实中一曲小人物的悲歌。

　　这是一个普通的茶馆，是当时重要的地方，有事无事都可以来坐上半天。茶馆这一场景在老舍的许多小说中都出现过，这是一个唠家常谈山海经的地方。茶馆是三教九流会面之处，可以容纳各色人物，一个大茶馆就是一个小社会。他们有各自的经历，有各自的故事，汇成一个总的故事，那个时代的故事，那曲小人物的悲歌。

五十年来，茶馆的生意坏了，茶馆改了，前朝的事物像茶馆中的烂肉面一样，老去了，成为历史名词。人物由壮及老，"莫谈国事"的字条越写越大，还有"茶钱先付"等，这些莫不暗示着社会的动荡。

唐铁嘴是众多人物中给人印象极深的一个。从第一幕开始，他就靠相面骗茶喝。但掌柜随时打断他，说明当时的人们并不热衷算命。然而第二幕中唐铁嘴说自己生意变好了。战乱时期，唐铁嘴反而有了生意，由侧面写出战乱时期人们把希望寄托于迷信、算命，反映当时社会衰败，人们失去了生活的信心。而他那番对于香烟的评论，什么"大英帝国的烟，日本的'白面儿'，两个强国侍候着我一个人，这点福气还小吗"引人发笑，反映了当时国民盲目的自大。第三幕中，来的是小唐铁嘴，他继承了父亲的油嘴滑舌，也干上算命行业，为自立为王的庞四爷的老婆干活，自封天师，混得不错，他的境遇及小刘麻子的境遇与其他人的对比，写出那个小人当道、地痞流氓反而过上好日子的黑暗现实。

秦仲义这一人物的出场是极富梦想的。他想把房子等收在一起作为资本开大工厂，富强国家，他的满怀壮志与下文的悲惨遭遇形成了鲜明对比。

在第三幕中，他的工厂被强拆了，他只剩下一支刻着他名字的钢笔，他曾用它写下多少张支票，写下多少份计划书，他只有感叹，他同王利发说：

没事的时候，你可以跟喝茶的人们当个笑话谈谈，你说呀：当初有那么个不识好歹的秦某人，爱办实业。办了几十年，临完他只有从工厂的土堆里捡回来这么点小东西！你应当劝告大家，有钱哪，就该吃喝嫖赌，胡作非为，可千万别干好事！告诉他们哪，秦某人七十多岁了才明白这点大道理！他是天生的笨蛋！

作者用前后对比刻画了这一人物，说明在当时，实业救国是行不通的。刚上场的他满面春风，志得骄矜，对第一幕中常四爷的施舍不以为然，但随着帝国主义侵入的深入，民族资产阶级受到外国经济势力的强烈冲击，秦仲义四十年的心血毁于一旦。最后，他进来，老得不像样子，衣服也破旧不堪。

人老，不仅仅是年龄，也不仅仅是生活困顿，而是事业被毁、理想破灭、心灰意冷的写照。人物的命运是社会造成的，他在剧中的陈词，是对社会的控诉，表达了对黑暗社会的深深绝望。

茶馆中的个个小人物都有着悲惨的结局，小小的茶馆反映着整个社会，这，是一曲小人物的悲歌。

茶馆里的爱国志士
——评常四爷

厉佳玮

简介	毕业于浙江大学金融专硕，就业于杭州。
阅读感悟	阅读和思考过程中的点滴积累，有助于我们在认清生活的真相后依然热爱生活。

读完《茶馆》，我印象最深的莫过于第一幕中常四爷的那句话："我看哪，大清国要完！"说实在的，我很佩服他的勇气，在当时这样的环境下他居然能这么胆大、这么直白地讲出这样的话，这不可谓不关心国家的兴亡啊。

在《茶馆》中，常四爷的性格可以说是出了名的犟，他不像圆滑的王利发那样几边都不得罪，不像胆小的松二爷那样被欺负了就请安，不像"高人一等"的秦仲义那样鄙视穷人，他说话做事就一个词：直率。

正因为他的正派与直率，他这个形象极少受到挖苦和批判，这和他特定的身份、经历——由老北京旗人中间走出来的自食其力者——也有相当的关系。

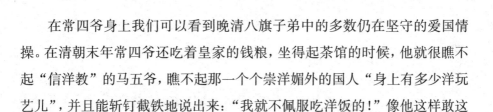

　　在常四爷身上我们可以看到晚清八旗子弟中的多数仍在坚守的爱国情操。在清朝末年常四爷还吃着皇家的钱粮，坐得起茶馆的时候，他就很瞧不起"信洋教"的马五爷，瞧不起那一个个崇洋媚外的国人"身上有多少洋玩艺儿"，并且能斩钉截铁地说出来："我就不佩服吃洋饭的！"像他这样敢这么说的人当时是屈指可数的。

　　结果，他为此坐了一年多的大牢，正因为他随口一句"大清国要完"才招致祸水。出狱后，常四爷赶上了义和团运动。他终于找到个机会和洋人真刀真枪地打了几仗。再后来大清国还是不出他所料地亡了，他也认出了这不过是历史的惩罚。

　　在面对吴祥子、宋恩子的铁链时，他理直气壮地说："告诉你们，我可是旗人！"在面对大清国的灭亡时，他也说："该亡！我是旗人，可是我得说公道话！"常四爷他一生都保持着满族人耿忠、倔强的脾气，从不向恶人低头，不向命运让步。

　　在民国初期的时候，社会到处排斥满族人，就像松二爷说的："谁愿意瞪着眼挨饿呢？可是，谁要咱们旗人呢？"虽然常四爷靠着担筐贩菜，挎篮子卖花生米，照样能腰板挺直，但他也逃不过人生的悲剧。都七十多岁的老年人了，常四爷还是一贫如洗，这才恍然大悟："我爱咱们的国呀，可是谁爱我呢？"他预感到，这么下去"不是饿死，就是叫人家杀了"，"就是有眼泪也流不出来喽！"。

　　常四爷，一个多么希望依靠奋斗来换取国家和个人前途的赤肝义胆的中国人，一个老舍笔下正派、淳朴、刚直、勤恳的满族人，这样的性格也反映出老舍的用意：一是要写出旗人下层中的确有一批忠肝义胆的爱国者，二是要写出满族文化精神中也存在着一些极有价值的东西，三是要反映出从清末过来的满族人，并不都是些坐吃等死的"窝囊废"。常四爷一直都想凭着一身正气和不服输的精神，在铺天盖地的社会黑暗中闯开一条生路。

　　但是，很可惜的是，他的观念落伍了。这只是属于旧时代，也属于满族传统的人生观，像他这样天真的愿望是无法实现的，邪恶的社会永远张开着血盆大口，毫不留情地吞噬着贫寒的个体和无助的小人物。最终，常四爷也只能和王利发、秦仲义一起，苦笑着为自己撒下纸钱，为将来做了绝望的祭奠。

评老舍《茶馆》中的人物动作

丁北辰

简 介	中国传媒大学毕业，在北京从事纪录片制作。作品《野球》曾获第二届新鲜提案银奖。
阅 读 感 悟	书还是要反复读才能有收获，不能泛泛地读。

　　［马五爷在不惹人注意的角落，独自坐着喝茶。

　　［王利发高高地坐在柜台里。

　　［唐铁嘴趿拉着鞋，身穿一件极长极脏的大布衫，耳上夹着几张小纸片，进来。

　　自此，第一幕，幕起。

　　从第一幕读到第三幕，我们可以简单地说，《茶馆》就是一个由语言和动作组合而成的三幕话剧，很明显，语言占了其中的绝大部分。然而，对动作的描写仍然是剧本中不可忽视的一部分，作者在每个动作上都加了括号，是一种分割，更是一种强调。

　　整部剧本中对于动作的描写大致分为三种。

一、揭示剧情，提醒演员表演的方法

　　剧本是话剧被表现出来的前提，而对于在舞台上表演来说，动作是必不可少的。这动作在剧本上可能只是简单的几个字，对于演员的表演来说，却可能有重要意义。比如剧本中反复出现的"对王利发""过去对乡妇""对松二爷"等指示性的动作，既让看剧本的人明白这句话是对谁说的，相当于承上启下的过渡作用，又指示了演员如何表演。另外的一些动作，又带动了剧情的发展。第一幕中，宋恩子"掏出腰中带着的铁链子"，就让人联想到后文会发生的事。通过"腰中"一词，可以有两种猜测：一是结合宋恩子和吴祥子两人没有从松、常两人入场时就一直在场，可想见宋恩子腰中一直这样带着铁链子，很多人也就因此偶然地被抓了，松二爷、常四爷就是这批人中普通的两个人；二是早有人告密，宋恩子是有备而来。不论哪种可能，都明显地表现出当时社会中百姓是没有言论自由的，政府依旧是独裁的，依旧是无能的。这便也让人明白了常四爷说那一句"我看哪，大清国要完！"的原因。

二、修饰故事，使剧本更加丰富

如果说前一些动作描写主要是为故事的主干服务，那么还有一些动作描写就是为故事提供了枝叶，起到修饰作用。如第二幕宋恩子"拍了拍身上的枪"。对于情节的发展来说，这个动作好像什么用都没有，作者不描写，演员不表演，后面的对话和情节也都能发展下去，但正是因为这么简单的"拍拍枪"的动作，宋恩子倚仗着枪的那种骄傲和欺软怕硬的性格便表露无遗，从这个动作里就可以看出他对枪的珍爱和依赖，而他的走狗形象也深深刻在每个读者和观众的脑海中。又如第三幕"提来开水""放下壶"两个对应的动作，小二德子"用手指算"等动作，在不经意间，一个个"羽翼丰满"的人物就这样生动地出现在我们面前。

三、表现人物思想和性格

思想和性格是人物的灵魂。在人物表中，作者就已经有对人物性格的描写——"精明、有些自私，而心眼不坏"，但这也只是一个概述而已。一个概述，既便于我们理解故事，又让读者能正确感受到作者想表达的内容。即便如此，"透过动作看本质"依旧是不可缺少的。第一幕中，唐铁嘴的一个"惨笑"，把他生活的不如意全部展现出来了，此刻，穿着"极大极脏的大布衫"的，似笑非笑、似哭非哭地惨笑着的唐铁嘴跃然纸上。第二幕中，刘麻子"把桌上的三个茶杯的茶先后喝净"这一动作，刘麻子似乎除了"心狠意毒"，还贪点儿小便宜。而这个很爽快的动作又让人深切感受到他所受的惊吓，最形象地把"我的妈呀，吓死我了"这一句台词展现在身体语言上。又如常四爷"不肯示弱"，松二爷"打量了二德子一番"等直接或间接的动作描写，便也让人了解到松二爷的"胆小而爱说话"和常四爷的"正直"的性格。

　　老舍通过简单的词句描画出了人物的动作，提示了情节的发展、演员的表演，丰满了人物形象，体现了人物性格，不愧为大家！

阅读对象：

沈从文精选集

阅读提示：令人向往的一方净土

作　者：沈从文

山湾里的那渡船
——读《边城》
王佶恺

简介	毕业于浙江大学，美国耶鲁大学环境管理硕士研究生在读。
阅读感悟	阅读上我很包容，可以是人生哲学也可以是家长里短，可以是晦涩的逻辑文也可以是烂漫到没边儿的淘气话。当然读名著也是要读的，希望大家能度过快乐的阅读时光。

"这个人也许永远不会回来了，也许明天回来。"作为读者，多么希望那年轻人忽然出现，大喊一声："翠翠，是哪个要过渡啊？"

的的确确，我幻想着这一幕的出现，而背景又是那边城特有的秀山与清水，再由那一抹浓烈又颇有乡俗气息的彩霞渲染出一幅最温馨、最柔和的画面……

不必说，这小小的渡船上发生了多少的事，记录的一丝一毫，明明白白。

看到它，也便想起了那视翠翠为心肝的祖父，即那位负责的老船夫。

只觉着老船夫与这弯渡船恰似一体共生共死，而老船夫的贴心与质朴则毫无保留地展现在这天地之间，在这他来回穿梭的河面上被人铭记。不过，最难能可贵的还得是那一腔柔情，对于孙女的关切确是无法用语言来形容的。然而，那雷声下一晚所发生的一切到底是遗憾的，但也许未曾看到这宛若凄婉的结局也算是一种福气。无论怎样，那老船夫忠厚的模样会永驻于每一个茶峒人的心中，也将永远与这醉人的夕阳一起映照并温暖这片净土，笑看这弯渡船。

其实，祖父盼望的不过是为渡船寻个新主人，而我也真是打心眼里向往着如此欢喜的景象。原是不必如此在意这所谓儿女情长的，毕竟说破天去也大不过缘分已尽。然而，也正因为她——那么的羞涩，无时无刻不透露出那情窦初开时最真的欢喜与气闷。可能那情并不那般显明，或许是仰慕，但总也逃不过那双纯净无痕的眸子，在清如镜般的水边思念那年轻人的脚步到来……真的不忍心啊！

只能说，若是有这番情意，那么所传递出的就是最朴实无华的爱意。它不如那些个神话传说般惊天地泣鬼神，也不若"你若安好，便是……"这般诗情画意。有的只是淡淡的，好似初夏温婉的荷香携风飘过；有的也只有皱皱的，透着一股乡间可人的土腥味。这番情意纯得让人不得不如宝玉般珍藏，作为俗世间一味良药慰藉着我空虚的心灵，带给我这茫茫人海中哪一个匆匆过客都无法给予一星半点的温情。人性的唯美在这一刻每每唤醒人内心最深处的情意，传递，播撒……

或许是"中毒"太深，情字实则无法用言语来表达，否则何不生来两张嘴，要着一颗心又有甚用？罢了！这渡船边的思念与青涩是要用心去体会的。

这里发生的一切恍若梦境，人的情谊寄托在古木下的渡船之间。山间的渡船着实与西湖游船不同，它于每天载着一个个日出而作、日落而息，抑或是外出而归的乡民，铭记的是人间最简单的一天天，也是最长的一天天；承载的是每一个满身土腥味的乡民最真挚的笑容，这些哪能是姹紫嫣红所能比拟的？

人世匆匆，有太多太多的遗憾，可能也已经想通了吧！那一声喊也许并没有如此重要，因为幸福的礼炮虽或未能真正炸响，而最弥足珍贵的就是——那在渡船边低头映水，抬头拂夕的时光，珍重吧！所有美好的梦想都在那里萌生，而也只有这般，淡淡情意或能如连绵长河，永不断，愈更浓……

真的好想，好想……坐在这山湾里的渡船边，凝望夕阳余晖，有那么点儿盼头，哪怕只是幻想——

足矣！

文学的良心
——读《沈从文精选集》

刘毓章

简介	获上海交通大学和美国密歇根大学双学士学位。获密歇根大学机械工程硕士学位，正在继续攻读博士学位。
阅读感悟	《边城》有着简单的故事内核与质朴的文笔，却产生了震撼人心的效果，一个重要原因是作者立足于自己的故乡与童年的回忆，将最真挚的体验灌注进了这部小说。

对于沈从文，其实我不必，也不该说什么，因为无论我如何评价他，都无法对他在中国现代乃至当代文学史上的地位造成些微影响。鉴于同样的原因，对于这本书，我不必，不该，也不能说什么。书，是与我相比学富五车的中国社科院文学研究所研究员陈骏涛先生编定的；序，是社科院文研所《文学评论》编辑部的贺兴安先生所写；更何况，所挑选的是沈老的作品呢？因此，对于书，我的评价很简单也很干脆：书很好，很经典，除了《长河》因为是长篇所以没收录外，其他该有的都有了，值得普通文学爱好者收藏。

我所想谈的，仅是关于书中的一篇作品。那便是《边城》。当然，所谈仅限于感想。

按照现代年轻人的观点，《边城》可以这样去概括：治愈，再治愈，最后治愈。从情节上看，《边城》是一出典型的爱情悲剧。故事发生在一处美丽的湘西城镇，故事中的人们——那些少男少女、父老乡亲，又都是那么淳朴善良、重情重义。然而，就是因为每个人性格上的缺陷以及偶然和误会，悲剧最后还是发生了。大老死了，老船夫也死了，二老抛下翠翠，只身前往外面的世界。这是个令人痛心的故事，然而这又是一个令我感觉很眼熟的故事。像这样的故事有可能发生在中世纪的欧洲，有可能发生在现代的日本、韩国，可是《边城》依然独一无二。《边城》精彩，并非出彩在情节本身；《边城》精彩，出彩在自然环境、社会环境、人物描写以及作者的观念。

碍于篇幅，自然环境、社会环境、人物描写我不能也没必要展开说。我只想说一件自身经历的事。我边做批注，边阅读《边城》，一开始觉得很麻烦，希望快点把批注做完。可读着读着，我的想法变了。我为自己先前的想法感到羞愧。《边城》的描写与小说的情节是浑然一体的。处处是宝藏，是金玉，然而要想发掘《边城》的价值，最佳方案仍莫过于整体阅读《边城》。这样，读者必折服于作者细腻而真实的笔触，精妙又恰到好处的伏笔、渲染，以及对老船夫、翠翠那代人感极强的心理描写。

读完《边城》，我感慨最深的还是作者超前的思维观念。任何一个时代，爱情都是文学家歌颂的主要对象之一。不同的时代铸就了不同的文学，不同的文学又影响了不同的时代。在那个左翼文学兴起的年代，就连爱情也成了"阶级"的附庸，成了表现阶级斗争的载体。沈老的笔下，我们并非看不见"阶级"；但我同时发现，在茶峒，"有钱船总儿子，爱上一个弄渡船的穷人家女儿，不能成为希罕的新闻"。金银诚然现实，不过爱情也未为金钱权力所束缚。没有人来指责翠翠与二老的爱，而这便使真正的爱情成为可能。这便是沈从文的思想。他反对让文学强为"阶级""革命"吹响号角，而坚持描写与阶级无关的东西，那便是真善美。真正的爱是人类永恒的追求，那便是为什么我们这些看爱情电视剧、恋爱主题漫画成长起来的一代，看沈老几十年前的作品依然津津有味，且能学到许多新东西。沈老是那个时代当之无愧的"文学的良心"。

时代的车轮转动到二十一世纪的当代，放眼望世界，我强烈地感受到文学面临着危机。这种危机之中，最为严重的便是文学良心的危机。这个时代，比以往任何一个时代都需要一批像沈老这样的作家。

然而，他们在哪儿？

文学的良心，你又何时再来？

阅读对象：

家

阅读提示：人心不可被囚禁

作 者：巴 金

难觉其新

姜子中天

简介	华东政法大学学士，美国乔治城大学硕士，现在律师事务所工作。
阅读感悟	读书可以追寻很多意义，而我的感受如苏珊·桑塔格一样："读书……是进入忘我状态的胜利。"工作后已难寻长时间非专业阅读机会，更让我需要和期待能多几场这样的胜利。

看罢《家》，心里觉得很闷。那么多美好年轻的生命，在那个黑暗的时代不甘地陨落了。然而最令我觉得可怜的，不是那悲惨地死去的人，而是那活着却生不如死的凄楚的人。那人便是觉新。

觉新觉新，却是难觉其新。他不是没有"新"的，当与觉民、觉慧在一起时，他也有属于他青年的时候。"每天晚上，他和两个兄弟轮流地读这些书报，连通讯栏也不肯轻易放过。"可他又作为一个旧社会大家庭的长子、长孙，顺应着旧的环境生活下去，"于是他变成了一个有两重人格的人：在旧社会里，在旧家庭里他是一个暮气十足的少爷；他跟他的两个兄弟在一起的时候，他又是一个新青年"。

当他被要求与别家的小姐结婚时，他隐忍着答应了。婚后生活也算幸福。可是他心中怎会没有与梅之间的伤痛呢？他隐忍，他遗忘，可与梅重逢时，他的感情无法遏制地倾泻出来。他几次对梅说着"饶恕"：

> "你还不肯饶恕我吗？"他的声音变成苦涩的了。
>
> …………
>
> "这样看来，你是不肯饶恕我了。"他差不多悲声说。

再次面对曾经的恋人，他开始感到，自己的做法伤害了所爱的人。后来梅悲惨地死去了。他明白是他的结亲使梅的人生急转直下。可又有什么办法？他有了妻有了子，有了更大的责任，他得当好那个大哥觉新。

淡化他与梅的心痛的，是瑞珏。觉新也真心地爱她。可不幸再次降临了。为了避"血光之灾"，人们要求他将瑞珏转到城外生产。他又一次和平地接受了。但他并不是不明白，他也有过痛苦的挣扎。他绝望地哭了。他明白这一切将会带来的痛苦，但他只能说："我太懦弱，连自己的妻子也不能够保护……"当瑞珏生产时，他的感情再一次无法抑制。封建之门也再一次将他与瑞珏阻隔。觉新的歇斯底里让人痛心：

> "珏，我在这儿，我在这儿！珏，我来了！开门！快放我进来！她要见我！你们放我进来！"他忘了自己地狂叫着，他用了他所能够叫出的最大的声音。他又用拳头去捶门。
>
> …………
>
> "珏，我在这儿！我就进来！我要守住你！我不会离开你！……放我进来！你们放我进来！你们看她痛成这个样子，你们不可怜她吗？"他嘶声叫着，一面死命地捶着门。

但这一切无法阻挡瑞珏去世的事实，绝望的他"突然明白了"，"真正夺去他妻子的还是另一种东西，是整个制度，整个礼教，整个迷信"。"这一切全压在他身上，把他压了这许多年，给他夺去了青春，夺去了幸福，夺去了前途，夺去了他所最爱的两个女人。他现在开始觉得这个担子太重了，他想把它甩掉，他在挣扎。"所以他并非没有觉新，旧制度的残害造成的痛苦已让他看得很明白。但更令人心痛的是："然而同时他又明白他是不能抵抗这一切的，他是一个无力的、懦弱的人。他绝望了。"

但他的懦弱又是多么无奈啊！他是长子长孙，承担着整个家的责任，担不起"不孝"的罪名。他只是为了这个家。"为了满足一切的人，他甚至牺牲了自己的幸福，但是结果依旧不曾给他带来和平与安宁。"他愿为家人牺牲一切，可最后两个爱人死去，弟弟逃走。

难觉其新，错不在他啊，错的是社会。然而，这却是历史的潮流。有无数惨死的梅、瑞珏，又有无数无奈挣扎的觉新，最后诞生了觉民、觉慧。觉新是可怜的，但他的痛，他们的痛，终化为觉民、觉慧革命的力量，这也许是觉新给觉醒的人们带来的唯一的安慰吧。

激流依旧

陈书婷

简介	悉尼大学经济学本科，芝加哥大学计算社会科学硕士。现就职于美国芝加哥，从事公共政策相关的数据分析工作。
阅读感悟	阅读的魅力在于那些看似虚构或不曾相识的故事，都在无形中串起了过去、现在和未来。在字里行间遇见和寻找真实的自己，纯粹又令人兴奋。

读完《家》，我的心总久久不能平静。同样身处青春年华，只因时代背景的不同，我与他们，竟有着这般的差别。那是一个新文化、新思潮涌动的年代，以觉慧、觉民、琴为代表的青年们为了自由平等，大胆争取着个性解放，他们勇于反抗封建统治，成为拥有自我的觉醒者；那也是封建统治垂死挣扎的年代，它的守旧、迷信与腐朽，无情地夺去了梅芬、瑞珏的生命之火，那首首青春的歌戛然而止；那更是一个封建礼教与五四新思潮强烈碰撞的年代，在层层的挣扎与束缚下，接受过新文化的觉新，不得不屈服于封建旧礼教，长房长孙的重担，更让他在不满中逆来顺受，在自我谴责与痛苦中，无奈地成为封建统治的维系者。

这一切的一切，看似那样地不寻常，但在如此复杂，充斥着矛盾、碰撞与挣扎的背景下，又是那样地令人振奋，令人震撼，令人惋惜，令人愤懑！同是这一般的年纪，我可以真切地感受到涌动在他们血液中的那股热流，那是渴望自由、抛下沉重枷锁的灵魂在咆哮，在怒吼，那更是一个个觉醒了的青年向旧社会与封建礼教发出的愤恨之音。他们明白，只有青春那纯洁而富有生命力的光辉，才可阻挡封建社会对代代中华儿女的毒害，也只有那如钢铁般坚强的意志品质才可瓦解保守、腐朽的封建思想。

于是，他们勇敢地抗争了，即使那必将为他们带来不可预知的变故。觉慧的离开，看似故事告一段落，却是这一群与命运做抗争的年轻人发展的转折点。他们第一次从真正意义上摆脱了封建礼教与旧社会的层层约束，展开了通往自由、民主、科学的胜利之路。在这僵持与抵抗的过程中，封建社会正逐渐土崩瓦解。这之中不仅有拥护者、维护者的败落与衰亡，更多的是由一种无奈的服从向愤怒的释放的巨大转变。觉新便是一个最好的例子。

他是高家这个封建大家庭中的长房长孙，是个日后要接管这个大家族的人。正是这样特殊的家庭地位，让他无法像觉民、觉慧那样义无反顾地去反抗。于是在一次次的逆来顺受中，他逐步成为封建社会的维护者。而他之所以奉行"无抵抗主义"，仅仅是为了瑞珏与孩子可以过上几天安静的生活。觉新就如那深深夹在石缝中的小草，欲生不得，欲死不能。他何尝不想反抗，他的心中曾经也存在着与觉民兄弟一样的青春之火。他反抗过，愤怒过，奋斗过，只是那日复一日的挣扎，永不停息的岁月一点点无情地磨平了他的棱角。他渐渐明白，无力的抗争只会为自己招来更多的烦恼与敌人。他是长子，他是长孙！他无法轻易抛弃身后那个腐朽、封建的家庭。而面对来自手足的讽刺与鄙视，他只有无奈地接受。家族继承人的压力，旧社会的胁迫，逼得他几近窒息，唯独在"作揖主义"的庇护下，他才获得暂且的喘息。

其实，在他本就软弱的心中，仍存着一丝侥幸，相信会有人理解他。但是这一切的幻影随着梅芬与瑞珏——两个在他生命中最重要的女人相继悲惨离世而彻底破灭。他看透了人性中的麻木、封建礼教的毒害，他更从挣扎中觉醒，明白唯有通过抗争才能获得真正属于自己的幸福与自由。于是，当觉慧决定离开之时，虽然他依旧心存着不赞同，但最终发出了石破天惊的怒吼："我们这个家需要一个叛徒。我一定要帮助三弟成功。他也可以替我出一口气。"他将自己对未来的希望、对愤恨的排解，寄托于觉慧、觉民们的身上，这对于封建社会无疑是一个沉重而又致命的打击。

觉新前后态度的转变，是一种暗示。它暗示着封建守旧必将被自由平等的光芒一步步吞噬，而自由平等的时代必将在人们的期待、挣扎与斗争中到来。

觉慧的出走，是青年们奋力反抗的高潮。因为没有像哥哥觉新那样的家族羁绊，没有复杂的社会地位，更重要的是，对新思潮的坚定追随和对现实有清醒的认识，觉慧自然地成了反抗的先锋。他见证了封建礼教的"吃人"行径，目睹了一个个鲜活的生命在绝望中走向死亡，只是那时的他，完全无力反抗那令人发指的惨象。于是，当他能够反抗之时，他义无反顾地冲破了家庭氛围的阻挠，并得到了兄长与朋友的支持。固然，首次离家让他的心中充满忐忑，但新生活、新思想的呼唤，使他自信而勇往直前。那是一种可以把握自我的真实，为着理想而努力争取的充实。这正是年轻人应该拥有的，也是这个年龄所特有的。

同样的年华，我为他们的勇气、他们的远大志向所动容。他们所顾忌与关心的，不仅仅是个人的得失，而是民族的存亡与发展。他们在思考，他们在斗争。他们敢于批判存在了几千年的封建势力，他们敢于向着封建礼教发出声声呵斥。纵使周围充斥着艰难险阻，也阻挡不了他们革新的脚步。那个年代，有千千万万和他们一样的热血青年，为了中华之崛起而不断拼搏。他们不畏惧冲突与碰撞，即使那需要泪与血的代价；他们不屈服于恶势力与无能政府的打压，纵使将会永远离开自己所眷恋着的世界，在他们的心中只有为了平等自由而付出的不懈努力，只有对民族的觉醒与振奋的不懈追求。他们就如同那藏在山川之中的激流，越到狭窄惊险之处，越显示出令人折服的力量与活力。

他们身上的那种精神与人格魅力被赋予了时代的印迹。那是迸发着的灵魂在书写着不屈不挠的生命誓言。为了更好地了解、讨论与深入体会新文化、新思想，他们组成阅报处，社员间定期交流自己的理解，帮助彼此更高效、准确地接受新理念。他们敢为人先，在同学之间做出崇尚新运动的积极举动，广泛传播着这一思想。他们大胆追求着个性的解放，用实际行动告知着身边的人们：我们有能力掌握自己的命运，我们更有权利去追求自我，以智慧与理性征服生活甚至创造出属于每一个人的生活世界。在这一过程中，不可避免地会遇到困难：父母亲戚们的不满与怒斥，内心挣扎而产生的怀疑情绪，还有情感上的孤独与渴望。诚然，这些都不是可以轻易解决的问题，但他们彼此之间会互相鼓励，会互相扶持与互相开导，使他们坚持在一个不屈从、不退缩的大集体中，为了控诉吃人的封建礼教，揭开封建社会虚伪的真相，为了争取自由解放的平等社会而共同前进。

这种精神令人奋进，它源源不断地激励着一代代的中华儿女，让他们有信念去战胜、去扫除一切的腐朽势力与黑暗制度。

虽然，我从未身处在那种动荡的年代，也未曾有机会感受到几种矛盾思想相互碰撞的激烈，但那群青年的昂扬的斗争精神，有自己的思想，能够坚持自己的信仰，深深地触动了我。

不错，我不可能寻求到一个相同的时代背景，像他们一样轰轰烈烈地干一番大事。但是，我有足够的能力学习他们的不屈不挠、他们的坚韧，使自己做一个有主见、有思想，可以把握命运的人。

而如今的我们，新时代的青年，也应从中获得一些启迪。没有了战争，没有了动荡，我们身处在这样的和平年代，是一种莫大的幸福。我们在努力学习的同时，也应该像他们一样更有担当，主动承担起社会责任。不应该拘泥于个人的得失，而应更多地为他人、为社会想一想。我们生活在一起，组成一个共同的集体，互相激励，互相帮助，用一份真诚去筑造属于我们的世界。这就如觉慧、觉民一样，执着于自己对自由平等的追求，跨过所有的羁绊，迈开历史性的步伐。我们需要这样的勇气，需要这一股力量支持着我们，为了梦，为了未来，不断地追逐；我们的社会更需要这样一份敢于创新的精神，推动民族不断进步。

青年，是世界上最平凡又光芒四射的一个群体。他们拥有着青春，拥有着活力，更拥有一颗颗生生不息、朝气蓬勃的心。最可贵的是，他们拥有别人所不具备的活跃而丰富的思想，让他们在世界大舞台上，尽情演绎出属于他们的绚烂。

正如巴金所说的：青春是美丽的东西。让我们珍藏那曾经的青春激流，扬起帆，开辟我们自己的青春激流！

阅读对象：

围 城

阅读提示：冲进去与逃出来

作 者：钱锺书

旁观者对当局者的怜悯

范旭露

 简介	浙江工商大学管理学学士。现任中美产业投资集团骑士道同投资管理有限公司产业投资专员。
阅读感悟	读书期间，我的人生观、价值观更多地来自父母老师的言传身教；但当步入社会后，书籍成了我继续塑造人生观、价值观的良师益友，让我坚定前行的路。

　　俗话说："旁观者清，当局者迷。"如今，用它来总结此刻合上《围城》的感受，是再妥帖不过的了。

　　钱锺书设的这个局实在是妙得很。方鸿渐怕是很难走出如此曲折动人的爱情迷宫了。作为某种意义上的旁观者，我不得不对多情的主人公表示深切的怜悯。

　　方鸿渐掉入的第一个爱情旋涡，不知道可不可以称为爱情。那些甜蜜的苦头，他倒是尝尽了，可很显然，鲍小姐于他来说没有想象中那么重要。在这样的爱情游戏里，鸿渐不是鲍小姐的对手。而芳心暗许的苏文纨早已是一个明白的旁观者。当两人浓情似蜜的时候，她只是冷言提醒，虽带有那么一丝嫉妒，但说出的话和做出的事还不失她孤傲清高的大小姐身份；当鲍小姐的狐狸尾巴逐渐显露，直到最后方小伙子被无情地抛弃，作为旁观者给予的怜悯现在施舍给方某，倒是恰到好处。于是，德才兼备的苏小姐展现了女人最温柔的一面，多少缓解了鸿渐愁闷憋屈的情绪，但是这一发不可收的关心，将如洪水猛兽般摄人心魄。女人不好惹。

经初步剖析，方鸿渐是一个仪表堂堂、举止大方的文艺青年，他敢爱敢恨，最难得的是被苏文纨这样因为自身优异而居高临下的女性看中，鸿渐的个人魅力可见一斑。

棋局二，以复杂的多角恋爱为网络背景，欢喜冤家们的爱恨情仇表现得十分激进却不失风趣，执着又不见迂腐。男主方鸿渐心仪唐小姐，却总被苏文纨羁绊着，难以展开示爱大作战，每每抓到难能可贵的独处时间，也显得很拘谨，反而给人一种小偷小摸的感觉。苏小姐的城府着实令人胆战心惊，对于责任感很强又很要面子的鸿渐来说是欲罢不能。可见，方鸿渐并不是那类喜欢玩弄女人感情的纨绔子弟。他要面子但是也痴情，最后为了追求自己的真爱，毅然跟苏小姐翻脸，以为这样就是在不伤害一个女人的前提下保护了另一个女人。可是倔强如斯的苏文纨怎肯轻易放手，她恨方鸿渐的"玩世不恭"，便要将同样的痛以其人之道还治其人之身。不禁感叹一声，盲目而狭隘的爱呀，若没有走上正道，终将酿成悲剧。

而初给人一种莽夫形象的赵辛楣对苏文纨的爱，可谓是过于盲目，好几次没来由的妒火中烧和笨拙的讨欢心攻势都被苏小姐柔柔地化解了，鸿渐此时也算得上是半个局外人。他理解苏小姐的心思，更看得出赵辛楣鲁莽的执着，也就对男方不讨女方欢心表示同情了。自己又怎样呢，彼此彼此吧！同是天涯沦落人，相逢何必曾相识……

唐晓芙，鸿渐难以割舍的一块心病。弄不懂她的为人到底是怎样的，只是苏文纨有提起过她在学校的风流往事，但是难免掺杂着一些不为人知的嫉恨。然而从她对鸿渐的感情来看，并非情场上的高手，否则不能如此轻易地被小苏挑拨离间。况且她对鸿渐的爱有别于鲍小姐的滥情、苏小姐的盲目，反而令人咀嚼出一些青涩的苦味。我也是深表同情，若两人最终走到一起，也可以圆"有情人终成眷属"一说。

赵辛楣痛失爱人时的情景还历历在目，多情的人总被无情的人抛弃。鸿渐不计前嫌跑去慰问这颗受伤的心，总能让其在这场爱中安息的。此时，怜悯升华到了一种境界，那就是男人与男人之间真挚的友谊。写到这儿，不禁莞尔，你是自始至终的局外人，他们是半途的局外人，是半途的当局者。我所自以为了不起的怜悯或许一文不值，因为人各有志，有些尊重给不起。但是，人与人之间的感情又何尝不是那么模糊的呢？你给对方的一种感情，产生的效应并非显而易见，但你还是要付出，因为你知道尝试了哪怕换来的是恨，也是对方做出的反应，而无动于衷的话，人家的眼里不会有你。

旁观者对当局者，有必要表示一下可敬的态度，不是吗？

《围城》与"围城"

洪含绛

《围城》是钱锺书先生一生中唯一的长篇小说，堪称中国现代小说中的经典之作。在妙喻迭出的幽默外表下，它深藏着令人低回轻叹、怅然若失的情感，它以看似超然的调侃语调述说这人生无奈。

"围城"二字由书中的才女苏文纨说出："法国也有这么一句话。不过，不说是鸟笼，说是被围困的城堡 fortresse assiégée，城外的人想冲进去，城里的人想逃出来。鸿渐，是不是？"婚姻也好，事业也罢，整个生活都似在一个围城之中，人永远也逃不出这围城所给予的束缚和磨砺。

从方鸿渐身上，我们可以看出，他自己与社会给他增添的重重围城。方鸿渐是个典型的知识分子，而且是那种带着玩世的态度又有点良心的知识分子，他希望自己出人头地，做个大人物。这样的性格，筑就了他的第一重围城。接着是他的"学位"。在买学位之前，方鸿渐也犹豫过，拷问过自己的良心，但无奈迫于父亲与丈人的压力，他最终还是选择了麻痹自己的内心。结果这个假学位在今后的日子里带来了无穷后患，让他满足了自己的虚荣心，又害怕被人揭发，只能忍气吞声当个副教授。这不可不说是方鸿渐给自己的第二重围城。最后一重，也是最显而易见的，便是他在处理感情问题时的优柔寡断与玩世态度。正是他这种态度，与苏小姐暧昧不清，使他失去了真心喜爱的头脑乖巧的唐晓芙，使他与孙柔嘉结婚又不停争吵，矛盾一次次升级。

方鸿渐不断渴望冲出这重重"围城"，却又不得不进入另一座"围城"。生活似故意跟他作对，老是与他自己的想法背道而驰。

现实中，我们的人生又何尝不是如此呢？

事实上，这座无形的围城始终是存在的，我们每日醒来都会有不得不做的各种琐事，学习、成绩、工作这些无形的枷锁将我们锁在自己的围城之中，我们逃脱不了，外人亦靠近不得。只是钱锺书先生把20世纪30年代的这座围城具体形象化了，我们看清了书里城中之人的喜怒哀乐、悲欢离合，同时也认清了我们身边的围城。

这些围城逃脱不得，因为城门外等待的或许不是自由，而是浓雾重重的迷宫，一不小心，便是迷失。

既然无法逃离生活的围城，那为何不驻足欣赏生活的元素？当一切人和事都因为努力和乐观而变得美好，或许围城也可以不再是压力与束缚，而是幸福的彼岸。

当老钟的钟声响起，方鸿渐走在回家路上时，他是否也明白了这一道理，不再千方百计逃离？

阅读对象：

汪曾祺散文

阅读提示：清新质朴的世界

作　者：汪曾祺

讲给后生们听的故事

——读《汪曾祺散文》

王嘉宁

简介	从美国马里兰大学取得硕士学位后，现就职于杭州的一家资产管理公司。
阅读感悟	阅读名著，体验不一样的人生，从文字中汲取力量。

读汪曾祺先生的散文是件令人欲罢不能的乐事。他的文章贴近生活、口吻亲切、风格清新，就像是位年轻时走南闯北、知识丰富的长辈给自家的后生们讲述自己的所见所闻。这些事儿新奇有趣，令人长见识、懂道理。

其中，我最喜欢三个主题散文：美食、西南联大的教授和校园逸事。这些事儿经过汪老的描述，保准就像发生在我们身边的一样。

汪曾祺先生爱美食，好奇心极强且童心未泯。到了不同的地方，这位美食家便尽自己所能，努力吃遍当地美食。因此，散文集中才会有清新明快的《葡萄月令》，有令人垂涎三尺的《昆明菜》，有文化内涵丰富的《吃食和文学》，有充满各地风情的《四方食事》……它们准能引出你腹中的馋虫！

在这些美文中，最令我印象深刻的当数《端午的鸭蛋》和《手把肉》。《端午的鸭蛋》是我最爱的课文之一，无论读多少遍，都不觉得厌烦。作者将家乡高邮的鸭蛋绘声绘色地描绘了一番，也将当地的端午习俗、儿时的乐趣一并写出，就像是家中的老人向孩子讲述自己的童年故事一样，亲切和蔼、妙趣横生。《手把肉》一文，不单单介绍了美味的白煮羊肉，还从文化、生活环境和习俗的角度分析了为什么内蒙古的手把肉无与伦比。文章中也穿插了汪老的所见所闻，让我们从日常生活的片段中，体会到了蒙古人的豪爽、热情好客。读完此文，仿佛从内蒙古旅游归来，大长见识。

汪曾祺先生曾是西南联大的学生，他的文章中也有不少写了那里的人和事。这些文章都有一个共同点：作者总能抓住最有代表性的瞬间，凸显出人物或事物的特点。其中我最喜欢的是《金岳霖先生》和《跑警报》这两篇。

金岳霖先生是联大的一位教逻辑学的教授。先前我对他并没有什么了解，但读完这篇文章后，我觉得他就像是一位即将光临寒舍的长辈。汪老的文章虽写得不长，但金岳霖教授"性格可爱、博学多识"的特点被表现得淋漓尽致。金先生是谦虚的："每一学年开始，给新的一班学生上课，他的第一句话总是：'我的眼睛有毛病，不能摘帽子，并不是对你们不尊重，请原谅。'"金先生是懂得苦中作乐的："他讲着讲着，忽然停下来：'对不起，我这里有个小动物。'他把右手伸进后脖颈，提出一个跳蚤，捏在手指时看看，甚为得意。"金先生是童心未泯的："他养了一只很大的斗鸡……他到处搜罗大梨、大石榴，拿去跟别的教授的孩子比赛。比输了，就把梨或石榴送给他的小朋友，他再去买。"……这些生活画面表现力极强，如同一个个小故事，令人难忘。

《跑警报》一文最大的特点就在于"跑"这一个字儿。正如同汪曾祺先生解释的那样："也有叫'逃警报'或'躲警报'的，都不如'跑警报'准确。'躲'，太消极；'逃'又太狼狈。唯有这个'跑'字于紧张中透出从容，最有风度，也最能表达丰富生动的内容。"

事实的确如此。综观全文，我没有发现一丝紧张、害怕，更多的则是从容、诙谐。有人将它视为亲近自然的机会，带点吃的，夹上本书；有人将它视为谈恋爱的机会，带上心情，相约而行；有人将它视为郊游的机会，赏赏美景，尝尝小吃……最令我想不到的是那两位不跑警报的同学——一位敞开了洗头，一位煮冰糖莲子。跑警报的人们的这种"不在乎"的精神在这些画面感极强的瞬间得到了体现，很自然也很有趣。阅读这篇散文时，我是边读边期待后文的惊喜，读完后咂着嘴还嫌不过瘾，恨不能再从讲故事的人那儿挖出一星半点的趣闻。

　　汪曾祺先生的散文语言平实，没有距离感，令人百读不厌。就像是一些传统故事或传说，尽管它们已经被长辈讲过很多遍，但我们还是会缠着老者，嚷嚷："再讲一遍吧。"因为它们有意思，常读常新。我想，汪老讲给我们这些后生听的故事，我还会读上许多遍。

阅读对象：

周国平经典散文

阅读提示：孤独是自我的天堂

作　者：周国平

孤独与喧嚣

——读《周国平经典散文》

蔡之璇

简介	现就读于上海交通大学。有文章在校图书馆馆刊发表。曾在"书香传递，植书入心——安泰书道 TED"演讲比赛中获奖。
阅读感悟	总觉得一个人的生命很单薄，最多百年光阴，足下方寸土地，还有一张疏浅的人际网和其中的冷暖……但凝实的阅读让人穿越时空，感悟高贵生命的力量，增加生命的厚度。

庸人无聊。天才孤独。人人都有寂寞的时光。

——周国平

　　有时，华灯初上的夜晚，浓稠的夜色将天际拉得极高，苍茫间忽地传来虫豸的一声悲鸣，我内心也会不由轻叹。曾以为，这就是孤独；后知晓，这不过是喧嚣逝去的寂寞罢了。

哲贤往往孤独。孤独是一种圆融，是一种归属。离开繁华的人，冷眼旁观着热闹中的清冷，以独醒的姿态思考，他们的灵魂就有了高度。周国平认为，文学是安静的；福克纳称，文学是世界上最孤寂的职业。当一个人沉静下来，摒弃外界的一切嘈杂，包括内心的杂欲和虚荣，他就可以倾听到自己灵魂深处的声音。那些真切感受的片段，那些稍纵即逝的灵感，都会被捕捉下来，被他咀嚼消化，滋养丰富着他的生命。孤独是自我的天堂，在这里，一切都变得坦诚。世俗的社会关系不复存在，这是一个人的精神密室，只容许他和上帝表白。任何厌恶了生活的虚伪的人，都会来这里享受这生命的本色、最后的真实。周国平认为，那些频频在公众之前露面并侃侃而谈的人，往往是"文学上的低能儿和失败者"；对于他们来说，文学不是"生命的事业"，而是"一种表演和姿态"。我想，这些人的内心大多是被世俗杂事占据了，他们太热衷于在社会中所扮演的角色，从而忘记了给真实纯粹的自己留一席之位。他们是可悲的，或许他们拥有地位、名誉，但聚光灯下的他们，却从未享受过那份清远旷达的孤独，从未体味过灵魂的厚实与充盈。

无法忍受这种孤独，便是寂寞了。孤独是精神上的愉悦，寂寞却让人急于想要跳脱。因为不懂得品味独自一人时灵魂的细语，人们时常主动融入热闹，让喧嚣掩饰这种贫瘠。这种人越来越多，就出现了媒体。

媒体时代，无疑是喧哗热闹的。然而，这正是它的悲哀。每天早上，随意打开一个新闻 App，各色信息便如潮水般涌来。我们自以为掌握了诸多信息，却有多少是真正对我们有用的？洒几滴同情的泪水，发表一下愤怒的感慨，或只是仅仅点一个赞，看似热闹鼎沸的背后，潜伏着空虚。现代媒体是靠制造话题、吸引大众眼球为生，功利的商业元素是它们最大的倚仗。但媒体却引领着时尚的走向，主宰着无数人的生活。人们急于融入这个高速运转的社会，却没有意识到自己已随社会堕入平庸。后来的人们忘却了曾开启新时代的哲贤伟人，任由他们湮没在历史长河里；他们所视为偶像的，是那些光鲜的明星，他们穿着异类的服装，唱着异类的歌。欢愉，贪嗔，痴迷，畸恋，这是青春文学的标签，也是如今年轻文学的主流。周国平只给此类文学两个字的评价：矫情。很可惜，决定大众阅读趣味走向的，是媒体；媒体却"通过制造热闹获利",将一些低劣平庸的作品,推上畅销的神坛。

不仅如此,一些自称文学家、艺术家的人,也借媒体博人眼球。他们热衷演讲与采访,丝毫不知神圣的作品需要酝酿、孕育,而不是"变成言谈白白流失"。周国平认为这个时代是"浮躁"的,他无奈地自嘲"文学的安静已是过时的陋习",感慨当今作家中鲜有人能保持这"严肃的迂腐"。过去名垂千古的伟人似乎更多,而今人仿佛往往昙花一现。杜甫曾慨叹:"千秋万岁名,寂寞身后事。"于是无数人对现世的名利双收趋之若鹜,企图享受活着的繁华。媒体给了这些人可乘之机,而卡夫卡、凡·高或是舒伯特却不幸在生前一直寂寂无名。媒体时代太热闹,驱走属于个人的一切空白,用爆炸式的信息将其填满。我并不想抨击那些勤恳工作的媒体人,我只是感怀,现世太浮华,人们急于投身一片喧嚣中,而已彻底忘记了孤独这生命中不可或缺的一部分。

过度的繁华会将天才变为庸才,因为他们无暇品读自我和生命;纯粹的孤独会将凡人变为圣贤,因为思考赋予了他们灵魂圣洁的力量。真正的诗人就是如此,他们不读万卷书,不行万里路。他们在浓稠的夜色里,在某个小土坡上茕茕孑立,在某条乡间小道上踽踽独行。正如周国平所说,"灵感是神的降临,忌讳俗世搅扰和圣人在场",为此,诗人们常"洗涤心庭,虚席以待"。朔风里,你仿佛看到诗人们的背影如此高大,似乎只再升高一寸,就能触及天与云。你再一眨眼,天还是那么遥不可及。然后他们写了一首诗,表意晦涩语言混乱,犹如天般遥不可及。因为那是他们倾诉给上帝的呓语,而我们不是上帝。一切伟大的作品都诞生于此,多数早已湮灭,少数得以流传。可惜大多数人都不是上帝,听不懂圣人的呓语。我们都能读懂语言,一些人霸道而自以为是地强赋其意义,少数人以理性的思维分析其情感。而更少的人,则用孤独的灵魂触碰,虔诚迎接神明的降临。

我望着远山绵亘,夜色浓稠,天地苍茫而寂寥。破碎的月光下,某个小土坡上的一棵草仿佛将触及天与云。心里刹那间似乎有了那么一丝孤独,欣喜万分。再一琢磨,孤独消失了,欣喜破碎,唯留无边寂寥。

（指导教师：傅岩）

（本文获杭州市中小学生"品味书香　诵读经典"读书征文活动一等奖）

阅读对象：

文化苦旅

阅读提示：苍老后的年轻

作　者：余秋雨

苦中情最浓

——读《文化苦旅》

方可育

简介	中国人民大学硕士在读，杭城青年联盟thePi 联合创始人和文字主编。曾获上海市第二届阅读经典演讲特别奖。曾为"《作文通讯》之星"，发表文章《一条河流》等。
阅读感悟	情节和文字会遗忘，但那些阅读时的震动却化作记忆写入我们自身。阅读不一定让我们成为更好的人，但它会提示我们生活之更高和更低的可能。

走过道士塔的漫漫黄沙，途经李冰所修的都江堰，乘过吴江船，也踏了江南风雪，最后回到天一阁静读百年的经典……这一场旅行穿越中国文化之躯，却不似轻松、闲适。

它只如它的文题，苦字当头，是皱眉，是喟叹，是无尽厚重的苦涩。

所以，一开始读它并不轻松。因为书中的余秋雨不像其他大家一样将自己置于普通人的定位，描述最平常卑微的生活，而是将自己置于历史代言人的高度发出呼吁，发出感叹。这样的言语不免就让人不耐烦起来，觉得空洞不实，觉得他太张狂。

或许是出于这样的印象，我是匆忙地翻完全书的，唯留下一个疑问：余秋雨先生何必面对这江山遗迹如此悲凉苦涩？带着这一个疑问，我再次阅读这本苦书，面对先生的悲苦之辞，想象那些在时光里被侵蚀的建筑，想象那大江大漠，忽然有点明白：这苦来自先生对人文的惋惜、遗憾、感动和感慨。

如茨威格对列夫·托尔斯泰的评价："作为一个始终拥有善于观察并能看透事物本质的眼光的人，他肯定缺少一样东西，那就是属于自己的那一份幸福。"

那样的苦里，是余秋雨先生作为一代文人的内心坚守，对历史的坚守，亦是对文化的坚守，是他在大漠里面对道士塔的"我好恨"；是他在敦煌由衷的一句"飞天的后人"；是他登上天一阁时的缓缓脚步和轻轻自问；也是他面对这西湖碧波对两堤仅是两堤的惋惜；更是上海人，是夜航船，是贵州傩……其中最令我感动的是余秋雨先生登楼时的这样一句话："登天一阁时我的脚步非常缓慢，我不断地问自己'你来了吗？你是哪一代的中国书生？'"这样的自问，轻缓却掷地有声，不禁让我在深夜感动得泪水盈眶。这点点文字是对文学的尊敬虔诚，亦是对人文精神孜孜不倦的追求。世间竟有这样的东西能让人哑口无言却只能用触动心弦的眼泪与千里之外的另一个人心灵共鸣。这样的感动植根于每一个人的内心深处，是那种美到让人想落泪的美景，是那种甘愿让人臣服的文明。它具有的每时每刻的凝聚力将千万个心聚在一起轻声啜泣，那样的震撼才拼凑起"人"，拼凑起情感与灵魂。

它正真切地说："你来了吗？你是哪一代的中国书生？"

正因为余秋雨先生是这样一代饱含情感的中国书生，才会跳出来，才敢跳出来，站在历史代言人的高度抒发感情之辞，正如鲁迅先生在小说《故乡》的最后跳出小说，点明自己眼中祖国该从什么方向怎样继续前行一样。此时此刻，我们需要一个人站出来承担社会的重量、历史的重量，来揭开更多的文化、文明的深刻内涵，召唤更多的中国书生。是这一份对文化的敬、对文化的爱和对文化的深知，让余秋雨先生毫无顾忌地站出来，挥舞着手，大声疾呼。

他的疾呼是略带苦涩的，却是怀有希望的，他希望这个时代不会有人因为几个银圆就把千百年来的历史宝物毁于一旦，他更希望有更多的中国书生来创造新的中华文明传奇！

所以，这样的呼喊不是重在他的语气，也不是重在他的有无资格，背景怎样。一切的一切都重在其情，那苦涩、饱满而又真切的感情。尽管人们向来对余秋雨先生存在争议，说他太过自负，说他文学素养不高，说他的基本文史知识也出现漏洞。但是，我以为这些并不是评判《文化苦旅》价值高下的主要因素。一切能感动读者，能引起读者共鸣的文字，必来自其字里行间的感情，那种感情能让人掩卷而泣，让人只想抱着书痛哭一场。文化的本源是情，即那一触便会淌出汁来的情，沐浴全身。

文化便是这样一种力量，超越了一切政治因素与生死界限。正因为有它，儒家子弟才会以生命为代价将圣贤经典藏在厚厚的墙中，誓死也要保留下这些文字、这些思想。历史的滚滚洪流里文化绵延至今，赋予那些山川大海无尽的魅力。而所有的文明，即来自文化。

于我们，这一场浩大的文化苦旅虽苦，但比苦更浓的，则是那样一份文化情。而有着这样一份感情———一切都足够了。

苦文化之苦

——《文化苦旅》读后

辛佳颖

《文化苦旅》，苦旅，重点也许在于一"苦"字。

苦一：感觉难受

读某些片段的时候，的确会觉得用"难受"这一词可以表达感受。只谈《道士塔》里对王道士的描写，他"就像一个老农，看看他的宅院"，他"在整理他的宅院"，毁坏了那些"唐代的笑容，宋代的衣冠"。

应该说，这是文化鉴赏能力不足造成的严重后果。虽然简单地说，就算王道士文化不高，但是那些官员呢？他们并没有因为那些竹简而重视这个洞窟，这个占据空间极小、存在时间极长的洞窟，是否就在折射当时的一种现象？

那么，为什么充满时代气息的文化艺术品会被放弃，而遭到人们的任意破坏和出卖呢？

既然那些地方官员没有关注这些古老的事物，他们究竟在关注些什么？我不得不提出这样的疑问。只有明白原因，才能够找出应对的方法。

只重现在而无视过去，也许是因为当时的昌盛，他们可以放弃博大精深的历史，可以忘却曾经的辉煌。他们垂首向地，只是赶着自己的路——那些什么文艺的东西与他们何干呢，还不如换点实利。

于是，很多文明也被轻易地略过了。

苦二：恨，怨嫌

此时，正有细微的清冷月色偷落进窗帘。游子思乡，于是感慨皓月为何阴晴圆缺，殊不知这只能将感情放大细化，令人备感忧伤而已。

也许作者的情绪亦因此而来。他是恨的，所以他苦。他说那些文化完美的残缺，又隐藏了些什么笔墨呢。

书外的我们，也难免会恨的。且不说这些文明的价值，也不谈创造文明所付出的代价，只说文明的意义，就足以恨。

可是恨什么呢？是亲手毁坏它的人们，还是即使没有怂恿，却也放任这种行为的当时社会，或者都没有意义。

去恨吧，还是苦吧，假设那些行为会言语，它们定将注视这些人，细细地笑出声，指指点点。看，毁坏的就是毁坏了，你们恨吧，你们苦吧，再怎样也都无法挽回了。

我只能胡乱猜测，那些官员，除了自身的仕途发展外，也许是因为注重地方经济发展而舍弃了历史。过去的死物并不能给他们的政绩添上光彩的一笔，因此古老文明被遗弃，地方主义不支持古代文化，于是一切就难免令人遗憾。经济发展固然重要，但是顾此失彼会得不偿失，所以我们应注重基础，也就是我们深远的历史所带来的文化。只有深沉的过去才有精彩的未来。

他究竟是苦于过去还是苦于现在，我无法妄加猜测。但从作者的态度看来，即使是对过往的描述，恐怕也有警示今日的成分。

苦三：困扰，困辱

再次翻开书页，心中跳出的还是"贬官文化"四字。

儒家思想中有一点影响了中国无数文人，那便是出仕辅佐君王。大多数文人更是将任官作为一生的理想，执意追求。他们寒窗苦读，悬梁刺股，只是为了实现自己的梦想，为了中榜而努力，因为高中而欣喜，他们，是没有错的。

如果被贬谪，他们的心情会悲伤，会忧郁，这便也是没有错的。但也会因此而产生不同的想法，明白不同的事理，做出不同的决定，于是产生了这有趣的"贬官文化"。

有些人会因为失败而气馁并放弃，他们对月长叹望川轻吟，对朝廷的不满便自然而然地流泻成他们的篇章，感叹世道不公、社会不正，这是他们的选择。

有些人会因为失败而冷静并重振，他们为民着想、为人造福，对民生的关注便无可非议地传达了他们的意念，为国消除灾害、保民平安，这是他们的选择。

这里便出现一个困扰，既然有可以为百姓带来福利之人，朝廷为何不重用，只能放在这小位子上可有可无呢？

苦四：病，病痛

这，便结下病症；作者在旅行的过程中也染了病，可知在其中，却也挑明了结在文化膏肓之间的病症。

那些不幸被贬谪了的人，他们的选择，有正误之分吗？

大概是没有的。

这需要放在当时的大环境下观察，才可以勉强看出轮廓。正因为大部分的文人渴望出仕，所以被贬者的行为也可以理解。部分人可称为"隐"，他们大多身居官职，思想却早已寄情山水，不理政事，因此在身后留下大片大片华美的篇章，想象奇特，绮丽缤纷，这是梦想破碎后的纵情，他们的悲，是悲哀。

另一部分人可称为"仕"，在他人摔下的位置上继续工作下去，直到退去，他们也有忧国忧民的名篇佳作，激励后人，与人启迪，这是梦想破碎后的固执，他们的悲，是悲壮。

于是形成了贬官文化。现在人们读着古文，噫，这是某大家被贬谪在何方所作，大致内容是某地风景和他的酒壶共醉其间。或者注目古迹，看，这是某名人被左迁至该处所留，原先的目的是解决某灾害云云……

贬官文化也不仅仅限于被贬者所作的诗词歌赋，友人赠予他们的诗词，也可以作为贬官文化中的旁支了。

遭遇贬官的人自然不会有极好的心情，于是被贬者的朋友有"杨花落尽子规啼，闻道龙标过五溪"一诗。当然也有为其安慰和鼓励的诗篇，如"远谪谁知望雷雨，明年春水共还乡"一句，早已耳熟能详。

人患了疾症可以用药石解；倘若文化患了疾症，该以何方解之？

苦五：有耐心地

············

作者引出了这个问题，就应该想方设法将其解决。而这个，才是我们应该做的工作，而不仅仅是在这里，将问题重复和剖析。此篇应由时间填补，用行为、有耐心地以苦解开这个问题，而非单纯的文字，因此暂时空缺不谈。

前面对于沿途所看到的旅行景致的描写和感叹，或许是历史之旅，是对古老的叹息和摩挲。

而后面数篇应该是作者对自己人生之旅的回味了。在此不做多谈。

关于以苦字诠释的全文之意义，难免显得片面而武断，只字片语，难成方圆。

（指导教师：傅岩）

（本文获杭州市中小学生"品味书香　诵读经典"读书征文活动一等奖）

生命的旅行

——读《文化苦旅》

孙思怡

简介	应用统计在读研究生。告别高中生活的第4.5年，妥妥地成了理工科学生。
阅读感悟	高中时无拘无束地阅读《文化苦旅》，跟着余秋雨游历山水感怀往事，能找到良药治愈生活中的苦处。虽然目前看来不能与文学共舞一生啦，但阅读的习惯将会陪伴我一生。

从荒凉的大漠，到神秘如寓言、抽象如梦境的那片坟地，余秋雨将双脚踏过的这些地方，用笔描绘了出来，我一篇又一篇地读，便生出了"苦涩后的回味，焦灼后的会心，冥思后的放松"这般滋味。

苦涩后的回味

《道士塔》一文写了一个历史中的悲凉故事，描写一个无知的"错步上前的小丑"。本文用极具特色的语言，将苦涩这感觉蕴藏在了文字之中。文章多用对比的手法，表达了作者激昂的情感。从词语的对比到情景的对比，皆流露出作者的想法。

例如，文段中，王道士将画满壁画的墙壁刷成净白，而在作者看来，那墙壁却是惨白的。这"净白"一词与"惨白"一词前后对比，表达了作者对王道士"无知者无畏"的无奈与悲哀，更是对宝贵的中华文明流失的痛心。这种感觉通过这种词语的对比，不仅让人感同身受，还能做到余味无穷。只要一想到这些词语，文中的情景及情感立刻跃然脑中，挥之不去。

再如文中，外国探险家为求几幅敦煌藏品不远万里赶来中国，在沙漠中燃起股股炊烟，而此时腐败的中国官员的客厅里，也正茶香缕缕，这"沙漠的股股炊烟"与"客厅的茶香缕缕"，通过地点对比与两者相似之处皆为烟气缭绕的描绘，讽刺了中国官员对"风雅"的追求，却不知对真正的文化加以保护，说明了中国官员的愚昧与迂腐。每当我读到这句对比的话，总是思绪联翩。

我想余秋雨式的语言最大的特色就是用简单的词语对比或是反复，将情感变得回味无穷、韵味十足。

焦灼后的会心

焦灼后的会心，这是一份多难得的心境。《西湖梦》一文就让我有了这种感觉。

第一节，作者觉得西湖虽盛大，虽收罗备至，却给人以疏离、虚幻之感。

第二节，作者又指出在西湖这个地方，山水与宗教相合成了"非常实际又非常含糊的感觉"，各地信徒都陶冶成了游客，心中失去了教义。

第三节，余老先生又对西湖边的文人们提出疑问。白居易和苏东坡，你们的情怀物化成了长堤会不会太狭小了？林和靖，你所谓"梅妻鹤子"难道不是你消极面对严峻现实的伪装？

读到这儿，我仿佛觉得西湖的所有，都被作者贬得一文不值了。直到我读到第四节，作者写了苏小小与白娘子，一个恬然适然，一个为念执着，方才知这是一种先抑后扬的写法，作者通过它写出了西湖畔重情重义、充满灵性的两位女子。于是乎，我便会心一笑：这便是西湖那种野泼泼的美。

冥思后的放松

《都江堰》一文值得人静静思考：什么才是真正伟大的建筑？该文不仅写了一个只知贡献的都江堰，还写了一个李冰。文章写出了李冰的治水韬略，从而显出了李冰这个人物的形象。他相信政治的含义"是浚理，是消灾，是滋润，是濡养"，这不同于中国千年官场中的许多官僚，他的政治纲领是冰清玉洁、具体质朴的。正如他的所信所念，他的大愚而又大智，他的大拙而又大朽，他的智慧、仁慈、透明影响了中国千千万万知识分子。他的所作所为当令现在的所有为官之人深思：我的政治理念是真正为民的吗？思考之后，只有那些言行一致的人才能真正放松。

　　读余秋雨的文章，真正让我有了一种行走于文化之中的感觉——苍老后的年轻。

阅读对象：

中国文脉

阅读提示：*血脉汩汩，故事细腻*

作　者：余秋雨

中　医
——读《中国文脉》

徐杨恺

简介	北京大学基础医学专业博士在读。也许是机缘巧合，高中时期写的书评也恰提及了"医"字，只是那时不曾想到最后会走上医学的道路。
阅读感悟	我认为书是我们窥探世界的捷径，人生道理、自然规律与思维逻辑都是读出来的，个中奥妙自是不言而喻。鲁迅先生说过："读书无嗜好，就能尽其多。不先泛览群书，则会无所适从或失之偏好，广然后深，博然后专。"以此共勉。

　　一口气读完了余秋雨的这本书，就好似从上千年前的三皇五帝走到了现在，没停下过脚步，或慢或快地走过一座座城市或是村庄，窥得其中几景便又匆匆赶过，好不有趣！

　　这本书读起来也颇有史书的味道，历朝历代，每个人每件事，记录其间，偶有几位尤为出彩的，笔墨就理所当然地多了，细细看来，人物也自是塑造得精彩，亦有一番作者所爱《史记》的味道。

所谓文脉，莫不是文化在这些岁月留下的历程罢了，但其实远不止这样，作者笔下中华文化的痕迹亦为积累积淀，几千年来文化的脉象变幻莫测，演变成长再到没落衰退，几千年来中华文化的凝聚已是一种精神。而这一切，从书中的字里行间看得也甚为清楚。

如此说来，余秋雨就如同一位医生，一位资深的、一丝不苟的老中医。他将这几千年杂乱不清的文理、文脉耐心地梳理记录。

他用自己的笔，时而低头写着，时而抬头思考，又时而翻看其他书籍。或许并不是一气呵成，我仿佛还能看见他写写停停又站起来四处游荡的情景。我也相信这本书不仅凝聚了中华文化，也是余秋雨心血的结晶。

我觉得他的分析是透彻独到的，且看摘自书中的下面几段文字：

> 在巨大的政治乱局中，最痛苦的是百姓，最狼狈的是诗人。
>
> 诗人为什么最狼狈？
>
> 第一，因为他们敏感，满目疮痍使他们五内俱焚；第二，是因为他们自信，一见危难就按照自己的逻辑采取行动；第三，是因为他们幼稚，不知道乱世逻辑和他们的心理逻辑全然不同，他们的行动不仅处处碰壁，而且显得可笑、可怜。

如上的段子还有很多，余秋雨用朴素的叙述夹杂着议论的语言对文化的现象进行分析，观点新奇而具说服力，甚至我会惊奇于余秋雨的观点并默默赞叹，叹服于作者的想法。

不仅仅对于历史，对于现代，余秋雨也会写下自己的想法。或是一小段的议论，或是一句话点到为止。由古到今，以史为鉴，作者也批判过当今文坛的浮夸，揭露过残酷的现实。还记得他写道，他曾建议不用成语不用排比，拒绝只修饰文藻的文章，却引得一片骂声。对此我也有些自己的见解，当今文坛也确实有不少语言华丽、内容空洞的"作品"，而作者有些全盘否定整个文学界的观点，我却不敢苟同。当然，这种沉浸于文字上的华丽现象，我也甚为厌恶。这种推行记叙的想法，不就类似于古时候的古文运动吗？我想余秋雨如果生在那个年代，也会站出来支持的吧。

　　几千年的文脉产生了一种道不明说不清的精神力量，而我想作者也写了出来。魏晋风流、建安风骨，在作者笔下的阮籍和嵇康两个人物间就流露出来了。一个时代的气息似乎一直萦绕在笔尖，读来也感受尤深。

　　余秋雨就是一位老中医，默默地为中华文化诊脉，又默默地写下一本病历，为过去看病，给现在开药，向未来展望。而那本写得密密麻麻的病历，就是这本《中国文脉》。

阅读对象：

中国智慧

阅读提示：古为今用，与时俱进

作　者：易中天

古为今用

——读《中国智慧》

黄海舟

简介	毕业于浙江大学，获金融硕士学位，目前在券商投行部门工作。
阅读感悟	我认为阅读名著能增长见识、陶冶情操，而对我影响最深远的是培养了分析理解等能力，这些能力在学习、社交、工作中都至关重要。

　　这是一次对中国智慧的大致浏览，是对个中精要的深刻剖析，更是古为今用的大胆尝试。

　　这次经历让我感受到了中国文化的博大精深，《周易》、中庸、老子、魏晋、禅宗虽然只是五千多年文化的一部分，却足以给人带来极大的震撼。

　　这次经历让我开始关注中国文化的各个领域。以前我从来没有想到过，一个"易"字竟有这么多玄机，是简易，是变易，还是不易，而这些道理却是从汉字演变的过程中得来的。说到易又是变又是不变，这就联系了变化的现象与不变的规律。又有阴、阳这对名词，竟蕴含了万物之中尽有的矛盾，而矛盾之间是相生、相克、共存、转化的，是对立统一的道理。现代哲学在我国古老文明面前算得了什么呢？我想不过是更改系统，换了种说法罢了。

可以说，这本书对中国古代文明的精髓做了详细的诠释，对广大读者进行了启迪。作为读者，我们首先要传承，接受了启迪，就要发扬。读罢这本书，我有一种极强的冲动，便是古为今用，把古老的智慧，变成今天的利剑。

《周易》告诉我们，要抓住根本，掌握规律，建立系统。这在现实生活中很有借鉴意义。现在的社会多样复杂，我们从出生开始，就要经历各种各样的环境，所谓一个人的竞争力，说白了就是在各种环境中的适应能力。因为环境不会适应你，所以要抓住根本，掌握环境变化的规律；因为环境多变，所以就要有忧患意识，有变革精神。有矛盾就会有冲突，有冲突就会有变化，有变化就有发展，有发展就有前途。一个人的人格和能力要不断完善和提升，这才是生存之道。

人活着要有信仰，一个好的信仰会给人一个好的约束。我的信仰，便是中庸。要我说，中庸可以用两个字形容，那就是"睿智"。因为中庸不走极端，不唱高调。现代社会，走极端的人很多，受了很大打击就要寻死，这该怎么评论呢？就是不动脑子，他不去想怎么摆脱困境，改变这一切。想必他平时也是如此，把小小的困境慢慢地积累起来，就摧毁了自己的精神底线。中庸则是无过无不及，要不偏不倚，恰如其分，这便要我们用睿智的眼光审时度势，凡事取权宜之计，时刻考虑他人，便能兼顾四方，使自己摆脱困境——或是根本不会陷入困境。同时还得到了道德境界、思想方法、处世哲学、做人艺术。

老子的方法，令人如沐春风。《周易》善变，老子以不变为善，孔子以中庸为道，老子却崇尚否定。老子的思想言论不随大流，何况现在崇尚改革创新，老子看来就是个唱反调的人。在我看来，老子独特的看问题的方法，与《周易》和《中庸》不但不矛盾，反而表达了一种积极的人生态度。老子思想中的辩证法，是现代辩证法的鼻祖，他认为矛盾对立的双方，都是相辅相成的。而我最欣赏的，还是这种方法的应用。老子说"祸兮福之所倚，福兮祸之所伏"，

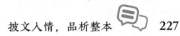

如果这么想，人就不会患得患失，因为好事和坏事是可以互相转化的，谁都不知道好事会不会最终带来恶果，坏事会不会只是一时瓶颈。这种豁达的心态还教会我们谦恭卑下、兼收并蓄、虚怀若谷，成为道德高尚的人。

文化经典，就是这么富有魅力，古典文化，确实精神广博。作为读者，若能深入其中，就能更好地受到熏陶；作为继承者，不拘泥于一字一词，把握住其中的内涵，古为今用，才能让文化与时俱进，更加繁荣。

阅读对象：

病隙碎笔

阅读提示：向死而生，向爱而死

作　者：史铁生

在生命线上沉思
——读《病隙碎笔》
施　畅

简介	毕业于中国人民大学计算机系，现于美国卡耐基梅隆大学攻读硕士学位。
阅读感悟	阅读是建立自我与前人、当下乃至未来的沟通节点。阅读可以帮助我们积累知识，了解自己的兴趣，规划人生的方向，让我们在看似平凡的每一天里都充满了理性的思维和感性的浪漫。

一句"职业是生病，业余是写作"，让我庄严地记下了这个不屈而黯然的灵魂，至此再不能忘。他的面容似乎滤去了忧伤，但我们明了，在生命线上沉思过后，那微笑意味着什么。

我不会忘记，初次闯入他构筑的世界，心底浮起的一丝惶恐。那是一迷途的孩子在四处张望，前途渺茫，回首却发现，亦不知自己来自何方。忙忙碌碌碌的日子很容易让你的灵魂变得沟壑纵横。你说那是成长，那是沧桑？那不是，那是又一个圣洁的灵魂甘于平庸，沉寂在岁月的蹉跎中了，史铁生平静地道来。读着他的文字，有一种错觉，与自己对话的似淡出世事的隐士，或是遁入空门的禅者，终于顿悟，沉思在生命线上的他，在经历过无尽苦难后，唯有平静、释然……

从心而论，对他那精神、灵魂、艺术乃至爱的哲思并不能全然领悟，可那普遍却绝不普通的白纸黑字似有魔力，吸引着我将其囫囵吞下。一瞬间，透过那字迹，你会发现，这是他以自己认定的方式，点醒昏沉的人们，颂扬爱的永恒。

夜，依旧静卧，并不奢望在白昼过后得到一次正眼对待。而今夜，沉浸在《病隙碎笔》中的我猛然抬头，不再漠然。夜，这漆黑的夜啊，那寂静里，全是深隐、细弱、易于破碎的万千心流，在喧嚣，在聚会，在呼喊，在诉说吧！追寻着光明的我们，竟长久地忘记你的存在，或是愤恨、忧愁地指责，殊不知这寻找光明的眼眸是你最慷慨的馈赠。此生又何尝不是行于暗道，若天堂唾手可得，又谈何皈依？

这自我救赎是不会消亡的，正如肉体的消亡无法代表灵魂的无效。我深深地震撼了，不是打击，而是警醒，我们这一生终究是在路上的，绵绵无绝，可也是最有意义的，因为爱。

什么是爱？我不能说，也不知如何说，但史铁生给出了最完美的诠释。"爱，原就是自卑弃暗投明的时刻。"每个人，在内心最隐秘的角落定是有那么一丝自卑的，因为人从未具备神的完美，可那"残疾"不正强调着人的迷途和危境，强调着爱的必需与神圣？如此想来，竟又是一种妙不可言的存在，爱为卑而生，卑为爱而存，在这无限轮回的过程中，人踏上了皈依的征程……

我就任着那思绪在头脑里四处冲撞，却在无意间发现我已陷入了史铁生构筑的世界，那个曾经艰深而让人惶恐的世界。自嘲地一笑，我已了然，"我在故我思"抑或"我思故我在"决定不了什么，我们存在着，救赎着，即使前路渺茫，即使不明自己来自何方，一样可以传递爱的讯息以证明自己绝非毫无意义。

史铁生，我们应庆幸他在这世间走了一遭，终于得以理解，"病隙"亦是人性之隙，他分明透过这纷繁的世事，窥探了生命的奥义。他的微笑，是将那无尽的黑暗化作了黑色的眼眸，在深刻的困境中，对神性和人生的终极意义做了一次艰苦卓绝而又辉煌壮丽的追问与眺望后，所露出的欣喜。

不错的，史铁生，生命线上一个孤独的沉思者。

向死而生，向爱而死

——简评《病隙碎笔》

姜佳明

简介	毕业于上海财经大学，获经济学学士学位。现就读于美国哥伦比亚大学商学院，攻读金融经济硕士学位。
阅读感悟	阅读带给我最大的快乐和慰藉，是让我领略了无数无法踏足的土地和无从想象的生活。阅读充实了我无趣的童年生活，也很庆幸它一直陪我长大。

曾经，有一位青年，来到地坛坍圮的高墙之下，在萋萋的荒草之中，哀叹命运的不公，怀疑生死的原因；曾经，有一位智者，还在地坛灿烂的落日中，坐在轮椅上思考人生。时光如白驹过隙，弹指间，那个名叫史铁生的青年用他的文字照亮了多少人日益幽暗的内心。

一、生

命运是公平的，至少史铁生这样认为。因为有生就有死。既然每个人都有着相同的起点与终点，所谓命运只是你在人间随机分到的一个角色罢了。所以不用质疑上帝的公平，所有人都会受到苦难，唯一有区别的是他们是否都紧握前方的一丝希望。"神明不许诺光荣与富乐，但保佑你的希望。"上帝不会因为某个人的困境而改变世界这个整体的平衡，也不会因谁的虔诚就给谁特别的优惠，他只是给了你信念。史铁生说，神的仁慈在于，只要你往前走，他总是给你路。是啊，人生的状态永远都是在路上，只有你一直在向前，才能一直保持着那追求完美的心，才能更接近至善至美，若是这个目标唾手可得，那么世间的善美怕是要减少许多。

二、死

地坛让史铁生明白了一个道理：死是一件不必急于求成的事，死是一个必然会降临的节日。可是人们却惶恐死后的去处。为善者害怕天堂只是假语村言，作恶者担心地狱存在于世。所以，智慧的上帝宣称有一个天堂，然而却不可以一劳永逸地到达。贪婪是人类的本性，若是天堂可以随意到达，那么路上想必是拥挤不堪，充斥着欲望的味道。天堂是一条爱的道路，它以它永恒的不可到达感化着人类，拯救了无数灵魂。正如作者所云："皈依是一种心情，一种行走的姿态……人可以走向天堂，却不可以走到天堂。"

三、爱

爱是怎样产生的？作者说是因为彼此隔离的人们渴望沟通，而爱永恒的能量正在于人与人之间永恒的隔膜。人们越孤独，便越期盼爱，而结果不是因为爱而重见光明，就是在孤独的泥潭中越陷越深。爱是伟大的，却也是可怕的。它为宇宙创造了热情，让一些人弃暗投明，却也让一些人万劫不复。"爱，即孤立的音符或段落向着那美丽与和谐的皈依。可上帝的音乐岂容破坏？被破坏的只有破坏者自己。"爱是如音乐一般美好的心愿，却艰难而危险，而人们也还是前赴后继地挤进爱的队伍，为世界贡献热情。

史铁生于苦难之中迸发出思想的火花，他将对人生的体验化为了对生死的思考，用灵性的文字向生命致敬，叩问着每一位读者的心。

向死而生，向爱而死。

"我轻轻地走，正如我轻轻地来。"

正如我轻轻地来

——读《病隙碎笔》

金　昊

简介	 浙江大学本科毕业，哥伦比亚大学电子工程硕士在读。
阅读感悟	我希望阅读依然是信息茧房的最后一根稻草，不仅是给我的精神生活进行局部抛光，更是要在平滑美学的写作里，找到打破橱窗的铁榔头来。

　　我未曾思考过生命，我未曾想到过死亡，我未曾品味过爱，我也未曾懂过生命的意义。只有卧病在床时，才会在迷迷糊糊中窥见些许的人生，用失落的心情为自己的过去做一次回溯，为自己的将来做一次祈祷。大概铁生先生也正是怀着这样一种心境对生死慢慢地摸索，塑造出一个人应有且原有的形象。

　　最近在杂志上看到一个熟悉又陌生的句子：Too fast to live ,too young to die.（活得太快，死得太年轻。）我将它理解为：慢慢活，别急着死。铁生先生将人生比作一场戏剧，每个人都是一个既定的角色。你饰演这个角色，是天说了算，你怎么演这个角色，是你说了算。演好角色是目标，从中获得快乐才是其意义所在。

　　诚然，死是一种解脱，但更是一种懦弱——死是无能的告白，是软弱的诉说——当然，这建立在自我控制的基础之上。而正常的死，正如北岛所言，既是结局，又是开始。我想，死亡是对尘世中一切的放手，是最后的释然，于一颗逐渐安静的心脏，不应留有遗憾与不甘。

之于生，则是与自己的一场搏斗，无论胜败，自己都是赢家。从某种意义上说，生是为死而存在的，因为终有一死，所以要活得更精彩。这大抵也要算老生常谈，于我，于铁生先生，却也恰似清泉活水。

"生命唯一的要求是活着"，这是书中所引出的句子。细想，似乎又缺失了什么。

是爱。是参与爱和体验爱。

我也看到过这么一句话："我爱你，与你无关，与爱有关。"我来到这世上已有十五年的光阴，不曾有过爱情，却也体验过各种大大小小的爱。家人间的亲情自不必说，同学间的友情无时无刻不围绕在我身边。

一部法国电影中有这样一段叙述：梦里梦到的人，第二天醒来，一定要去见她。这是一部关于爱的电影，具体名字已说不大清，却也勾起我对玛格丽特作品的记忆。总觉得《琴声如诉》于我颇有感触——爱，即不可能。铁生先生说爱是理想；而理想在追求之中必有灿烂的火花。

青春少不了道是无情却有情的猜疑，更不应该忘记长辈的深深关切。在我心绪繁杂、做不了作业时，脑海里总会出现外婆在沙发上默默抽烟的情状：她为我们这个家承担了那么多，我还在抱怨什么？那些耳边的嘱咐与从热血中迸发出的壮志，是搭建于心灵的桥梁，是爱！

铁生先生对死生与爱的思考，在他逝世后，才能算完美；而我的思索，大概只能窝在心中，浅浅品尝。

不过，我会轻轻地活着，轻轻地爱，正如我轻轻地来。

阅读对象：

扶轮问路

阅读提示：改善自己，创造明天

作　者：史铁生

永远盛开的花朵

——读《扶轮问路》

童　遥

简介	浙江大学控制科学与工程学院硕士研究生在读。
阅读感悟	阅读最让我享受的是体味字句间的美感与篇章的意境，读到深处时就仿佛与作者同在：或游历于山水之间，穿梭于市井巷尾；或叙说人生沉思，抒发家国情怀……

　　之所以选择《扶轮问路》这本带着厚重的文化气息的书，完全是冲着史铁生而慕名前去的。小学毕业之前，我便已然接触过这位命运蹉跎的前辈——那是一篇史铁生记叙自己残疾后焦躁的生活与母亲耐心的安抚的文章。

　　再读《扶轮问路》，我再一次体味到了那股专属于史铁生的带有"岁月年轮芳香"的文学气息。可能是命运使然，字里行间无不透露出一份老成、稳重的释然。

史铁生是完全有资格对命运评头论足的人，整本书都围绕着生命展开，围绕着生命结束。关于生命的言论，从呱呱坠地起我们便已听得太多太多。生命的价值、意义无以衡量，早已成为一个老生常谈的话题。人们总是自负地以为自己对生命的理解已经足够，然而事实却是，在生命不尽的汪洋之中，我们充其量不过是徜徉其中的一叶孤舟。我们以为自己已望到了天际，可实际我们看到的那份蔚蓝，不过是无边无际的海水罢了。

　　史铁生在历经磨难之后，真正地懂得了放下与爱。他那有如冬日暖阳般温情的笑容，总有着一份令人憧憬而又捉摸不透的感觉。他在《永在》中提到，"死与你我毫不相干"。在生命尽头的面前，依旧可以从容，可以乐观，这一份觉悟令忙碌于追求、忙碌于得到的我们望尘莫及。怎样的经历，才能磨砺出这般过人的意志？命定的局限永远存在，但人那不屈的挑战也可以永远存在。史铁生那接受挑战的勇气，那面对挫折的从容，那越挫越勇的决心，早已超出命运所赋予他的人生了。《菜根谭》中提到：欲做精金美玉的人品，定从烈火中锻来；思立掀天揭地的事功，须向薄冰上履过。史铁生的精神，那崇高的信仰，无疑是无情的残疾所致。飞来横祸折断了他的双腿，却折不断他坚贞的意志，在母亲百般的爱下，那艘失去航向的孤舟，终于寻觅到家的方向。

　　生命本身便是无比脆弱的东西，很多很多的生命在岁月的年轮下渐渐褪色。不能用双脚走路，无疑是一个残酷无情的现实，如果这般不幸降之于因为考试不顺便忧心忡忡的我的身上，我实在无法想象生命的遗余会在怎样的无奈与遗憾下度过。但史铁生笑了，一如往昔的孩子一般。史铁生要"一直活到能够历数前生"的时节，回忆起过往的种种辛酸，浮现于自己脑海的不是悔恨，不是恐惧，而是从容，因为那些旁人视之痛苦万分的过往，在史铁生心中早已幻化成一份生命的赐予。当你能用笑容去面对眼前的一切时，似乎再没什么能将笑容从你脸上剥去。

　　生命中毫无疑问有着无尽的苦恼。无论你有着怎样的庇护，总会有不幸降临在你身上。你的世界总在不断地变化，若想从容地一笑而过，能改变的仅仅是你自己对待生活的态度。我从史铁生身上学到的最重要的东西，莫过于"与其抱怨生活的不尽如人意，还不如好好地改善自己的现状；与其羡慕别人悠闲自在的生活，不如为自己创造一个更有价值的明天而努力奋斗"。人们总是专注于自己失去了什么，却很少感恩自己得到了什么。无论你在时光的迁移下丢失了什么，你都还有自己最为珍贵的东西——生命。失去了生命，才是真的失无所失。

幸福与快乐是件再简单不过的东西，人们总是忙碌于追逐它们，但实际上它们唾手可得。精神上的幸福是用物质上的享受所永远换不来的。豁达、释然、安于满足，才是收获幸福的宗旨。不幸的事情在所难免，但换一个心情，一切都会有所改变——这是一个很浅显的道理。

在世界的花园之中，总有花苞诞生，伴着花瓣枯黄。花开花谢，那是四季的昭示，再多的姹紫嫣红也换不回一段已经走远的流年。在那万紫千红之中，却有一瓣永驻生机的花儿，它没有厚实的根基，没有健壮的筋叶。但无论风吹雨打，还是时过境迁，它都不将自己向天的头颅散落成遍地的粉末。终有一天，它最后的乐观与骄傲也将飘零成一段旧事、一张泛黄的老照片。但谁说它走远了呢？它可是那永远盛开的花朵啊！它不过是去了一个很远很远的地方，还留下了那个名作"扶轮问路"的故事。

幸福的七种颜色

阅读提示：从改变心灵做起

作　者：毕淑敏

如果感到幸福你就拍拍手

——读《幸福的七种颜色》

亓乃薇

我小时候体弱多病，没去上过几天幼儿园的小小班。下一个九月，也就直接顺了年龄去上小班。下午的活动课，老师总是一天一首儿歌地来平静不安分的孩子，这第一首歌就是《幸福拍手歌》。凡事的第一次总令人记忆犹新，所以通本读下来，印象最深刻的也是第一篇《提醒幸福》，它的神奇在我的生活中得到了印证。

我房间的建筑外形有些可怜，朝南，满含委屈地夹在两堵厚墙间，视野狭小。夏日的午后下了一场轰轰烈烈的雷阵雨，凉爽的风和清凉的雨丝从凹口飘向屋内，仿佛是徜徉在天目山森森的浓荫下。爸爸妈妈进来乘凉。"好舒服！看不出来你房间还是块宝地。"妈妈边说边惬意地闭上眼。爸爸却冷不丁说："冬天喝西北风。"我怔愣在那儿，心头浮上几句话：

> 我们已经习惯于提醒，提醒的后缀词总是灾祸。灾祸似乎成了提醒的专利，把提醒也染得充满了淡淡的贬义。
>
> 我们已经习惯于在提醒中过日子，看得见的恐惧和看不见的恐

惧始终像乌鸦盘旋在头顶。

——毕淑敏《提醒幸福》

所以我们需要提醒幸福，需要培养感受幸福的能力。

我想起小学四年级时，班主任心血来潮地叫家长在寄语卡上写下对孩子们的祝福。第二天的班会课上，老师一张张地分发寄语卡。我忐忑地期待着，也看到了不少其他家长的寄语。有祝"学业有成"的，也有写"勿以恶小而为之，勿以善小而不为"的，有勉励"报效祖国"的，也有希望"做一个对社会有用的人"的。老师终于报到了我的名字，我急忙打开卡片，上书：愿你做一个有幸福感知力的女孩！"什么嘛！"我回到家抱怨："你们对我就这么点期望？"妈妈笑笑说："你以后会明白的。"

我以后会明白吗？

现在的我好像有点明白了。

在典雅庄重的古刹间，把虔诚系成一柄钟杵，在一片靡靡梵音中，敲响那口刻满时光印记的铜钟。悠悠钟声飘荡青山，在钟声中放慢一点脚步，忘却一点尘事。你，感受到幸福了吗？

在恬静秀气的一汪湖水前，把内心的淡泊凝成一杆鱼竿，"空山新雨后，天气晚来秋"，静心瞑目地钓鱼。收获了尾尾红鱼，在归途中积累一点满足，看淡一些失败。你，感受到幸福了吗？

在融融春日里，茵茵绿草上，与朋友谈笑风生、嬉戏打闹，体验青春的活力；在丹桂飘香的金黄日子中，探访老人送去祝福，一家人赏月探菊吃月饼，亲情的温暖常驻心间；窗外电闪雷鸣之时，携一卷好书添灯细品，执笔流露下自己的情感，理性与感性的结合碰撞出思想的深度……你，感受到幸福了吗？

幸福是拥抱自然，有朋友、亲人和自己可以去爱。我们一直渴望它、追求它，但我们要坚决地拒绝"分裂"的幸福。承认自己的不幸真的不是什么可耻的事，"如果你哀伤，却佯作欢颜，那不但是分裂，而且是对自己的污损"。只有爽快干脆地承认自己生活的缺失，才有机会去感受真正的幸福。

幸福也不是靠比较得来的，比较得来的幸福是虚荣的幸福。小时候常有人指着电视上表现那些贫困山区孩子生活困窘的画面说："瞧瞧你们有吃有穿有书读，多幸福！"可是不能这么比，因为人们感受幸福的标准是随境遇的变化而变化的。比如我们牙牙学语、活泼好动时，带我们看一场《泰坦尼克号》是无趣的，而得到一个玩具是幸福的。若是比较出结果，那么当我们风烛残年之时，就没有幸福的权利了？

如果感到幸福你就拍拍手，跺跺脚，扭扭腰。虽然这首歌年纪比我还大，但每次做这些简单的动作时，心中都洋溢着幸福的感觉。希望大家都不再是幸福盲，拥有自己更美好的明天！

阅读对象：

朦胧诗经典

阅读提示：用黑色的眼睛寻找光明

作　者：北　岛　舒　婷　顾　城　等

寻找光明

——读《朦胧诗经典》

鲍天立

简介	本科毕业于上海交通大学。
阅读感悟	阅读名著，我们能观他人之得失，并从中警醒自己，同时学得一些做人的道理。同时，阅读名著的过程也是一个学习独立思考的过程。

　　对于朦胧诗，大家应该都不陌生。这些诗之所以被称作朦胧诗，是因为它们在艺术形式上多用总体象征的手法，给人一种模糊的感觉，让人比较难懂。朦胧诗派的诗人们在诗歌作品中以现实意识思考人的本质，肯定人的自我价值和尊严，注重情感的抒发。在写法上，他们大量运用隐喻、暗示、通感等手法，既丰富了诗的内涵，也给读者很大的想象空间。在众多朦胧诗作中，我觉得顾城、北岛、食指和江河的诗都挺具代表性，从他们的诗中我们可以

对朦胧诗有个还算全面的了解。这里暂拿顾城和北岛的诗为例。

顾城的《一代人》，非常简短，却非常好地概括了他们那一代人的共同特点：生在一个黑暗的时代里，却固执地寻找光明，寻找真理。诗中的两个"黑"并不指颜色的黑，而指的是黑暗，与下句中的"光明"相对立。而且诗中的"黑夜"也是一个意象，暗指黑暗的时代。从这首诗中我们感受到，是黑暗促使了那一代人的觉醒，使他们产生了更强烈的寻找光明的愿望，也让他们更有毅力，更有不屈不挠的精神。也正因为有他们在寻找光明，我们现在才能读到这首诗。另外，把这首诗放大了看，你就会发现，其实这首诗不仅适用于像作者这样在"文革"中成长起来的一代，也适用于古往今来所有生长在黑暗时代中的人，比如屈原。所以，我觉得顾城很好地把这首诗和哲学统一了起来。虽然只有寥寥几个字，却有着很丰富的内涵。

而北岛的《回答》则又不一样。这首诗中通篇贯穿着作者强烈的否定精神，他批评、否定黑暗的社会。而在"我不相信"那一节中，作者塑造了一个无所畏惧的挑战者的形象，也表达了作者绝不屈服于黑暗的决心。同时在第三节中，我们能感受到作者浓厚的英雄主义情怀，而这，在《一代人》中是没有的。当然，除了对黑暗的批评和痛恨，作者在诗的最后也表达了对未来的企望。这首诗中也用了隐喻、暗示等手法，比如说"镀金"暗指粉饰和虚伪，"冰凌"暗指人们心中的阴影。

所以总结一下，朦胧诗精神内涵主要是揭露和批判黑暗的社会，在黑暗中寻找光明，有强烈的反思与探求意识和浓厚的英雄主义色彩。它，是当时诗界的思想解放之声。

关于这本集子的内容就先说到这里，对于集子的本身我也有些想法。首先，这本集子里选的诗都很好，朦胧诗派的代表人物的诗，它里面都有一些，相对来说比较全。而且，每个诗人的诗都单独成卷，在一卷的开头有对作者生平及其作品的介绍，这点也很好。不过，有一点我觉得不够好，就是这本书里对每首诗的写作背景都没有说明，如果有的话就更好了。

阅读对象：

朦胧诗·新生代诗百首点评

阅读提示：主体意识的觉醒

作　者：北岛　舒婷　顾城　等

心灵的触动，思想的共鸣
——读舒婷的《致橡树》

胡相宜

简介	现就读于浙江大学，获法学学士后本校直博。
阅读感悟	阅读，就像走时落在肩上的一片叶。停下脚步，细细观察，方看清它的颜色、纹理；想感受它的温度，聆听它的故事，则要合上掌，闭上眼；若行色匆匆，便只是擦身而过了。

　　"文革"十年动乱后，中国出现了一个新的诗派——朦胧诗。一经创立，它就如惊涛拍岸，卷起千层雪，一批以北岛、舒婷、顾城为代表的优秀朦胧诗人涌现出来。朦胧诗，顾名思义是一种用表面的意象迷惑大众，只有真正明白的人才能透析诗人想表达的真正含义的诗种。它的创造出于当时特殊的时代背景，它的发展只因热爱，只因心灵的触动、思想的共鸣。

　　说说其中一位倡导个性独立的女诗人——舒婷。

不同于别的女诗人，舒婷的诗笔触细腻柔美，构思巧妙，情感热烈，独立自主，个性张扬。舒婷的诗中，我最爱《致橡树》。第一次知道这首诗是在初三，虽然老师十分细致地讲解了每一个意象与全篇的含义，但是我没有认真研读，它也不曾激起我心中的浪花。再次阅读，细细品味，结合特殊的时代背景，了解了作者内心的感受，不禁产生共鸣。我佩服舒婷，在特殊的时代提出了自己独特的爱情观，用橡树象征高大伟岸的男性，用木棉象征温柔美丽的女性，毫不掩饰地宣告了自己的主张。她不会像凌霄花攀附橡树的高枝，不会像鸟儿学调地重复它对橡树的爱，"不止像泉源"，"也不止像险峰"，在一旁衬托。

> 我必须是你近旁的一株木棉，
> 作为树的形象和你站在一起。
> 根，紧握在地下。
> 叶，相触在云里。

　　舒婷的爱情观中男人与女人是平等的，地位是一样的，而根叶紧握则写出了男女之间的相濡以沫以及彼此深深的爱，女人不再是男人的附属品，不再依靠男人生活，除了独立自主以外更重要的是同舟共济、不离不弃。

> 我们分担寒潮、风雪、霹雳；
> 我们共享雾霭、流岚、霓虹。

　　爱情是在面对困难时彼此握紧双手，爱情是在获得荣誉时相互分享。女人不再依靠男人保护，遮挡风雨，女人不再是柔柔弱弱，只能在家中相夫教子，女人也可以坚强，也可以和男人一起撑起一片天，女人也可以把握爱情的主动权，而不是一味接受。经历过风雨的爱情才会更加牢固，共同分担过的彼此才能更加靠近。

> 仿佛永远分离，

却又终生相依。

这才是伟大的爱情，

坚贞就在这里：

爱——

不仅爱你伟岸的身躯，

也爱你坚持的位置，足下的土地。

爱一个人，是不当他的附属品，与他一起面对悲伤欢乐。爱一个人，不是因为他能为你遮风挡雨，而是爱他的人。舒婷用这首诗表达了一个新时代女性独立自主的爱情观，让我们看到了一位个性十足、敢爱敢恨的真实的优秀诗人，也让我深深地爱上了朦胧诗。

如果你对朦胧诗仍然不了解却又充满兴趣，这本书绝对是首选。舒婷只是朦胧诗派的代表人物之一。当你读完这本书时，你便会深爱上这一奇妙的诗种，拨开它的面纱，你便会感到心灵的触动、思想的共鸣。顾城说："黑夜给了我一双黑色的眼睛，/我却用它寻找光明。"希望黑色的瞳孔可以让你发现朦胧诗的美与奇妙。

阅读对象：

坚守生命

阅读提示：接纳苦难，拒绝平庸

作　者：赵泽华

笑着活下去
——读《坚守生命》

胡诗钰

	简介	广州医科大学临床医学系毕业，自主创业于大健康行业。
	阅读感悟	毕业后，越发自觉读书潜在的重要性，尤其是读名著，满足了一个人的精神需求，提高了审美情趣，开阔了胸襟，体现在气质里和谈吐上。

　　合上书本，闭上双眼，做了一次深呼吸。短短的几秒，脑中浮现的不是作者所经受的惨痛遭遇，而是她在接受命运的历练时脸上洋溢着的微笑。从那张稚气却又饱经沧桑的脸上我读出了她对人生的态度——笑着活下去。

　　当她被火车轧到，在死亡战线上挣扎了七天七夜，死而复生，但得知自己从此将失去一条腿时，她没有哭而是微笑着面对无情的命运，面对残疾的身体，面对整夜的疼痛难眠，面对亲人的痛彻心扉。

当亲人一个个离开她的身边时，虽然一开始茫然失措，但是不久她便带着坚韧的微笑一步步从人生又一次的打击中走出来，遍体鳞伤的她开始自救。她如饥似渴地读书以获得生命的价值。

当她有了属于自己的完整的家时，却没有料想中的那么甜蜜和平安。她的右手在一次意外中受了严重的伤，再加上旧伤复发，她整夜都在疼痛的折磨中不敢合眼。但是她并没有放弃自己、自甘堕落，而是用充满爱的微笑挣脱残酷的病魔。她忍着钻心的疼痛默默承担起一个妻子、一个母亲、一个职员的全部责任。

....

作者的人生经历深深地震撼了我。她的每一个遭遇足以让人的生命失去光彩，甚至使人窒息，但这所有的不幸统统堆加在了她——一个年轻的弱女子身上。然而，她却奇迹般地战胜了不堪回首的命运，勇敢地活了下来。是什么拯救了她？无疑是她那单纯明净的微笑和不屈的意志，还有人性的温暖与美丽。其实，这些都是每个人的内心世界所潜含的，在苦难激发下，它们便化作一道耀眼的光芒，使向我们张牙舞爪走来的命运之魔不得不卑微地低下头。我们的生命之花依旧芬芳。所以一个人虽然不能拒绝最残酷的命运，却依然可以依仗充满力量的微笑拒绝最平庸的生活。

此刻，我只想用心倾听周围生灵的呼吸，感受它们正在经历的命运。轻轻地，我闻到了一阵淡淡的幽香。想象着眼前，一片葵花园中一朵朵金灿灿的太阳花，仰头微笑。它们无视刺眼的太阳光，毫不畏惧酷热的拷打，总是保持着孩子般天真的微笑，勇敢面对命运赋予它们的一切。无论是好的还是坏的，它们都不曾抱怨，甚至还感谢命运，感谢命运对它们的良苦用心和刻意雕琢。为了感恩，它们将自己体内的葵花籽撒播到大地的每一个角落以孕育更多的像它们这样的生灵；它们将自己独有的芳香传送到世界的每一个空间以展示自己勃勃的生机，鼓励所有生命好好活着，笑着活着。顿时，它们的笑脸让我不由得想到了她，她们拥有同样的追求，同样使人灵魂产生巨大的力量，同样的痛苦和欢乐，同样让人叹服。

一朵小小的花都有如此大的勇气和力量去挑战充满荆棘的命运，人又有什么理由寻死觅活呢？眼看着报纸上刊登的一个个让人抱憾的死讯，不是为情所困，就是迫于生活的种种压力。他们的胆小让我不禁感慨万千。如果一个人一直沉湎于过去的悲剧中，它会如乌云一般遮蔽你前行的视野，让你看不见晴朗的天空，而你终将在平庸和抱怨中了结一生。真实的生活必有变幻不定的色彩，与其在黑色中沉沦，不如以一个积极的态度，微笑着展开双臂，拥抱属于你的红艳艳的生命。

　　十分感谢《坚守生命》中作者以自身的经历让我明白了怎么做一个快乐的人，但愿世上所有的人都能够敞开胸襟，接纳人生中的酸甜苦辣，最重要的是笑着活下去！

阅读对象：

大清相国

阅读提示：以史为鉴，以人为鉴

作　者：王跃文

何以为官？何以为人？

——读《大清相国》

朱一帆

简介	现就读于浙江大学，主修临床医学。
阅读感悟	学习越忙碌，我越喜欢偷闲看杂书，因而高二、高三时的大部分午休时间，都被我拿来看从校图书馆某个阴暗角落翻出来的无人问津的亚非拉小国冷门题材小说。我不清楚自己的思想深度是否因此得到了提升，但冷知识的确是知道了不少。

　　陈廷敬，康熙王朝五十年政坛不倒翁，他的一生本就是一部传奇。而作者王跃文更以想象为笔，使这位"大清相国"的一生越发生动。

　　我本无意一窥人与人之间的钩心斗角，但这故事引人入胜的能力实在高超，我仿佛被困于三百年前的太和殿，低头便是大臣们冒汗的额角，抬头便是康熙帝皱起的眉头。直到陈廷敬装聋告老还乡，一声大笑惊动飞鸟，我才恍然明白自己是读者身份，然后陷入深深的思考：何以为官？何以为人？

书上有这样一段话：

> 当年卫大人告诉他一个"等"字，岳父告诉他一个"忍"字，自己悟出一个"稳"字，最后被逼出一个"狠"字，亏得月媛又点醒他一个"隐"字。

这五个字，便是陈廷敬心中为官真言。

等，做官是需要熬出资本的。陈廷敬作为青年才俊，才华横溢，学业科举上一路高歌，最后只差状元之名锦上添花。但是，陈廷敬人生中遇到的第一位贵人——卫向书大人，却劝说皇上不要给他状元之名。陈廷敬在不解与不甘后很快体会到卫向书的苦心。在那个时候，陈廷敬早已因为科举贿赂案名声大噪，若得了状元，必是枪打出头鸟，哪怕自己不会得意忘形，也会遭人惦记，迟早受到迫害。而金榜题名后的人也只是翰林院里的无名小卒，只有乖乖地"等"，老老实实继续学习，厚积薄发伺机而动，才会有后期发展。等，便是摒弃急功近利，只为宝剑出鞘、梅花暗香那一刻。

忍，是告诉我们"小不忍则乱大谋"。这是陈廷敬一生中第二位贵人——他的岳父李祖望先生送给他的。如陈廷敬这般正气之人，对鸡鸣狗盗之事必是咬牙切齿，对徇私枉法之徒必是深恶痛绝，但是他不可以贸然上奏皇上。富伦是皇上发小，哪怕他犯下大错也万万不可随意弹劾，因为皇上不愿意，作为人臣便不能肆意妄为。"水至清则无鱼，人至察则无徒"，事事计较，时时抱怨，只会惹祸上身，四面树敌。此外，臣子定要以大局为重，忍住流言蜚语嘲讽怒斥，不与奸臣小人斤斤计较。忍，合适的时机总会到来。

稳，心不为杂事起波澜，不为利益起贪念；凡事三思而后行，做事严谨认真，坚定原则坚定信念。陈廷敬为了"民众自愿"之事远赴千里调查事实，知道高士奇进贡假画却不轻举妄动，洁身自好不结党营私。稳，不放过任何害国之举，不惹上任何麻烦之事。因为稳，所以不倒。

狠，行事果断，干净利落。这"狠"，陈廷敬只用在了一件事上，即官员之间的连环参奏。在这件事上，陈廷敬在官场上几十年不倒的"狡猾"劲儿彻底显露无遗。他在皇上面前不动声色，背后为那些官员布下大网。大臣你参我我参你，结果闹得皇上火冒三丈，一个都讨不了好。而老谋深算的陈廷敬，终于了却心愿，铲除了这些贪污受贿以权谋私的朝廷蛀虫。这的确不"厚道"，但我们不得不为陈廷敬干脆果敢一往无前的行动力折服。

隐，功成身退，善始善终。这是一件很难做到的事，无人能在最辉煌之时转身离去不带一丝留恋。明珠本智谋过人，但他心安理得地接受本不存在的"相国"之称，随着权力越来越大，他再也走不出权力与金钱的旋涡，晚年终因受贿结党之罪失势，不再被重用。而陈廷敬在兢兢业业几十年后，也走上巅峰，被皇上赐"相国"之称，好在他及时审时度势，急流勇退，装聋告老，终于衣锦还乡，安度晚年。若不懂"隐"，陈廷敬哪怕再忠君爱国，也难逃被人参奏独揽大权最后身陷囹圄的命运。

书本的腰封已有语句很好地概括了陈廷敬的品格：作为清官，他宅心仁厚；作为好官，他精明能干；作为能官，他从善如流；作为德官，他不乏铁腕。几十年官场生涯，陈廷敬始终保持本心，以一颗赤子之心为国为君奉献力量，为民生皱眉，为国事白头。从他为官之道便可一窥他为人之道。做官的忠君，是他为人孝顺父母的升华；做官的清廉，是他为人正直坦然的表现；做官的强干，是他为人一丝不苟的体现；做官的铁腕，是他为人坚定果敢的延伸。何以为官？何以为人？我想，陈廷敬的一生便是一个非常好的答案。

但是，《大清相国》终究只是一本小说，只能算是追寻答案的第一步，"何以为官""何以为人"的问题还需从历史与自己的经验中提炼出独属于自己的最佳答案。以史为鉴，以人为鉴，才是明了这些问题的好途径。何以为官？何以为人？还是通过"读万卷书，行万里路"寻找更好的答案吧。

阅读对象：

你永远都无法叫醒一个装睡的人

阅读提示：我想要相信

作　者：周　濂

一丝不苟的道德：古格斯的戒指与费尔德曼的甜饼

——读《你永远都无法叫醒一个装睡的人》

陈宇卿

	简介	中国海洋大学理学学士，现北京大学生物医学前沿创新中心（BIOPIC）生物信息学博士研究生在读。
	阅读感悟	心性挨了捶打，会早点变得坚硬也变得圆融。精神吸了乙烯，会早点热血澎湃也早点云淡风轻。

古格斯讲述一枚可以隐身的戒指，而费尔德曼卖自助式甜饼。

在《你永远都无法叫醒一个装睡的人》里，作者周濂将一个荒诞的故事与一个怪异的商人以一种奇特的视角糅合起来，并由衷地发问：我为什么要成为一个道德的人？

这里兀地将我们从小被灌输的道德品格孤立起来，不再与自身价值的认定以及事物时态损益相捆绑，多少有些令人无所适从，但正如前例，当人行为不正而不招致任何后果的时候，那么其劣根性便于隐没中蠢蠢欲动了。"勿以善小而不为，勿以恶小而为之"的圣贤之训落进现实的洪流中，尚需挣扎沉浮而并非小时候以为的稳稳落下，岿然不动。

对于为什么要道德，书里始终没有给出结论。那么道德究竟是什么呢？我想起武侠小说中的劫富济贫，想起日本人从小教育孩子"不为别人添麻烦"，想起美式大片里的超级英雄。不同的文化有不同的评判标准，但归根结底它总以一种正面的形态出现，作为"良心"的追求，作为一种标杆、一种准则。它是衡量人的价值的一种虚化的根基，并不能在实际中找到，却从中构建出一个规整的社会。

其实我想，这个问题本该有两层解释。唯心地说，我们根本无须回答这样的问题，既然已是标杆，既然是善的标准，那么有良知和正义的我们自然应该遵从，何来刨根问底，追问缘由之说？这可以讲得很高尚耀眼，也可能沦为托词。就如同在现实中，终归是没有绝对理想化的东西存在，那么道德就必有现实的意义，即约束恶劣行为的幌金绳。它将在你犯错时带来惩罚与谴责。

于是拿小甜饼和利用戒指隐身为恶就可以解释了，他们在现实中选取后者对待道德，而当惩罚不再束缚时也就随之灰飞烟灭了。

此类事情在身边倒也屡见不鲜。时年夏季在威尼斯旅游时，见一中国老妇逛得大汗淋漓，旋即不顾侍者的客气劝阻，一屁股坐在已摆齐餐盘的卡座上扇风歇息，任那侍者再三解释，雷打不动。他人频频皱眉，脸色也变得古怪。在感叹国民形象如此被毁，叹息人心不古的同时，我们也不难发现那老妇的心态与弊症。反正只是一次旅游，这里也没人会认识我，即使印象再不济将来也不会遇到了，何妨？

原子化社会有一个特征，就是人人皆分解跳动，偶有相撞形成小圈子，而一旦跳远了就可能再也遇不到。这样日益冰冷麻木的人际关系，是社会进步的表征也是弊端。当法制日益完善，乃至道德日益受关注，活在其间的人们似乎是被绑定得一丝不苟、井井有条、中规中矩，然而其下一颗红热活跃的心却可能日益消沉与冷漠。正如那个老妇，个人的利益被最大化了，而国家、集体、同胞的尊严却遭视若不见。道德最终流于表面化的一种手段。只要惩罚不再，后果不再，就可肆意妄为。

是谓"伪善"。

如此道德，流于浅表，唯有在极其完备的条约及监督下才会是温顺的，才隐匿起自己锋利的爪牙以及蠢蠢欲动的心。它代表了需时刻警惕的危险，略有疏忽便使之突破那层障壁与界限，叫机敏成了诡辩，足智多谋成了老谋深算，巧舌如簧、精明能干成了牙尖嘴利、投机取巧。

我们总是期待着如此"伪善"能够由衷地改换为"善"本身。诚然，顺应社会进步、时代潮流才是当下的求存之道，历史上夜不闭户、路不拾遗的小圈子固然有极大的监督及束缚能力，但也无法复制其形式乃至满足现代人们的需求。正如书中序言所提到的，纵然现实有时给予你迎头痛击，你已然对所经历的与将要经历的深恶痛绝不愿直视，我仍旧想要相信，相信大众一丝不苟的道德力量，相信我们可以经由本身的能力一点点建立与周围人们的深厚关系，相信浅表的也可以成为好习惯，最终由表及里。因为毕竟费尔德曼的小甜饼给了我们百分之八十七的希望，毕竟有那一部分人一直为此践行着、努力着，毕竟作为其中一芥子，谁也无法阻止我们热爱这破败不堪的世界。

阅读对象：

皮 囊

阅读提示：肉体是拿来用的

作 者：蔡崇达

敞开皮囊，认心认人认自己
——读《皮囊》

吕铭悦

简介	现就读于上海交通大学。高中时曾获 2016 年度校级"阅读经典"书评一等奖。
阅读感悟	阅读经典就是一个跳出自己的人生，审视、品味他人的思想，再回归、反思自我的过程。它提醒我们，过往的时光里有着被忽略的人生感悟，又在无形中为未来点亮了灯、铺开了路。

　　尚未被卷入社会大洪流的我们这一代"00后"，正值恣意挥洒青春的大好年华，似乎每一个人生转角都能在我们无知而好奇的眼神里擦亮火花。"未来是属于我们的！"这类号召性的演讲式呐喊常常使我憧憬未铺好的漫漫长路，五味杂陈的回忆便不知被我随意搁置到了哪儿，却也懒得寻觅。

　　蔡崇达先生叙述的是一个福建渔业小镇的风土人情和时代变迁，对父母、家乡的缅怀，对朋友命运的关切，饱含着闽南文化气息。这位把对生命的洞见倾注于非虚构式的冷静笔触的作家，用讲故事的方式残酷地解剖着自我，毫不掩饰地"拓"出了刻在自己骨头里的善与恶的记忆。它们的影子似乎也在我的脑海里隐隐约约、或多或少地封存着，我刹那间惶恐了，不禁质疑我是否真的看见并理解了那些我深爱着或曾经爱过的人。

拥有着那副看似强悍的皮囊的九十九岁神婆阿太，淡然地送离了先自己而去的女儿，豁达地蹬腿离世，教给了作者具有启示力量的生活态度："肉体是拿来用的，不是拿来伺候的。"急于证明父亲发起的家庭的健全和完整、急于完成具有闽南特色的使命的母亲，毫无顾忌地要建一座四层楼的房子，哪怕明知这座房子不久后会被拆毁，只是为了捍卫家庭的脸面，为了"这一辈子，都有家可归"，她不近人情的坚持，解读了我们祖辈人那种含蓄的永远说不出口的爱情。父亲一生努力挣扎而无奈失败，退生为孩童一般地耍赖、发脾气，或突然号啕大哭，或因为绝望而整天嘀咕……他这副终究朽败的皮囊，艰难地复苏在作者的回忆里。家乡的祭祖中，长辈们一年年衰老，新生的生命一个个涌现，而家族因此生生不息，无论离去的，还是活在当下的，都知道这里是家，这里是归宿……

也许正是阿太独特的生活哲学和她命运里被坚实皮囊遮蔽的巨大忧伤给予了蔡崇达一种从那个大海边的小镇走到北京，再走向更辽阔的世界的开拓人生的勇气；也许正是母亲对"家"的观念根深蒂固，才促使蔡崇达从最初的不理解到最后读懂了母亲固执背后的诉求，从而和母亲结成统一战线；也许正是母亲拥有着信仰这一强大坚定的依靠，才能带领他们一家哪怕坠入人生最低谷，也依然心存希望；也许正是父亲的缺失、母亲对儿子寄予的无限信赖，成就了蔡崇达这个原本应处于青春期无比迷茫状态的少年的快速蜕变，在满是北漂的京城落定职业生涯的第一步；也许正是祭祖的传统风俗坚定着所有游子回家的信念，让蔡崇达无论走到何方都坚信自己是有家的人……

这引发了我的懊悔和思考。原来有那么多与我擦肩而过、在我的心湖点下圈圈波痕的人如匆匆过客，都被我错过了。是他们参与了我们的生命历程，最终构成了我们本身。翻翻我以前写的赞颂亲情的文章，是完全寻不到我的阿太的影子的，她似乎如烟云完全消散在我的童年记忆里了。我试图竭力看清那个朦朦胧胧的老人，怀着错过的懊悔撕开苦涩的过去。

　　我每每走进阿太房内，她总爱拉着我坐到床沿上，巴巴儿地塞给我一些她私藏了许久的不是发了霉便是生了虫的美味。她只当是久藏的宝贝献给我，而对这些"美味"，我早已司空见惯，但也只能无奈地捏在手心里，再调动着脸上的肌肉僵硬一笑，匆匆离开赶忙扔掉。我甚至因为阿太拖着缠过的小脚蹒跚而行挡了我的道而狠狠地瞪过她一眼，她向爷爷告状后，爷爷执意认定是她看错了不再追究我，我便心安理得地继续不屑于她的存在。因着这不在乎甚至厌恶，阿太最后的几年光阴我没有一次陪伴在侧，我一直视她为我们家的累赘。追悼会上我注视着棺材里阿太慈祥的面容，一句迟迟的"对不起"在我心里默念着，朦胧的泪光里我发觉阿太与我是如此遥远、陌生。我想再好好看看、陪陪这个曾经疼爱过我而被我厌弃的可怜老人，可她终究是与我错过了。我原本是不敢再直面这份酸楚的，自笔端倾泻而下的每一个字眼都如一把利刃剜着我，但敞开皮囊的同时我似乎觉得阿太的轮廓渐渐清晰起来了，我似乎挽留住了她与我的一个剪影。

　　"认识你自己就必须认识你的他人。在生活中、行动中遭遇的人，认识他们，照亮他们，由此你就知道自己是谁。……人必须在人的世界里求取意义。"（李敬泽《序：认心、认人的〈皮囊〉》）这些话启示我们，应该放缓生命匆匆行走的脚步，让灵魂超越忙碌的皮囊，去真正看见并理解相识相知的如我阿太一样的人们，使心和心、人和人相互辨认，在照亮有缘相逢的他人的同时，也照亮我们自己，让我们的心灵清醒、生命从容。

阅读对象：

都柏林人

阅读提示：一股孤独的凄风

作　者：[爱尔兰]乔伊斯

孤独的灵魂

——读乔伊斯《都柏林人》

王之琪

简介	兰州大学文学院学士，浙江大学人文学院硕士研究生在读。
阅读感悟	作为文学与哲学的初学者，我感激它们鞭策我理解自身的处境，也指引我走向了他人，以及原本不向我敞开的存在。

在苏童一篇谈短篇小说的文章中偶遇乔伊斯的《阿拉比》。

少年手里抓着一枚硬币，夜里独自一人坐火车去远处的阿拉伯
风格集市……

这清新朴拙而颇富神秘感的远行情节是如此莫名地令人激动。读完这篇

似乎没说什么却令人难忘的短篇，心中是静静流淌的感动与隐约的忧伤。在读完《都柏林人》后，我却发觉自己没能如愿再寻到那份有关流浪的美丽，或者说寻到了，只是其中突如其来的深刻令人猝不及防。

《阿拉比》中的忧伤情感出乎我意料地浸透了整部《都柏林人》，它如同一股孤独的凄风，从这个民族的历史深处幽幽吹来，裹挟沿途的尘埃与失落的枯叶不断改变形态，呜咽着穿行于都柏林每一条棕褐色的街道。而解读这些小说时，我发觉比"冷漠僵化、麻木无知"的评断更本质的，似乎是一种心灵的孤独。

童年的孤独

《阿拉比》的开篇描述了一个细节，小男孩在废纸堆中找到了几本书，他最喜欢最后一本，仅仅因为它的书页是黄色的。简单的细节让我们了解到这是一个有着怀旧情结的小男孩，从而传达出他细腻敏感的性格。这样的一个孩子在成年人的世界里，特别是在当时都柏林特殊的历史语境中，是最容易感到孤独的。

文中有一处耐人寻味的场景。男孩陪姑妈去市场，灯光闪耀的大街上熙熙攘攘，充斥着劳工的咒骂和店伙计的尖声吆喝，醉汉和讨价还价的妇女推挤着他，街头卖唱者唱着关于祖国动乱的民谣……这些声音在男孩心中汇成一种独特的生活感受：他想象自己捧着圣杯，在一群敌人中安然通过……

这是一种静寂与喧嚣的对比，仿佛将男孩的内心世界从俗世中抽离了出来。当整个世界都在为生计变得粗俗、冷漠、麻木不仁时，男孩的全部内心世界却是一份美好的爱情。孩童与成人的世界在喧嚣的市场中被鲜明地隔离开来。

若要细致解读这一场景，对于劳工的咒骂和祖国动乱的民谣，我们完全可以做出更深刻的历史政治层面上的解读。但在一个不谙世事，此刻正醉心于朦胧初恋的小男孩看来，这不过是生活中最寻常的背景音罢了。"圣杯"在全书中多次出现，无疑暗喻天主教会对人心的操控，这也是乔伊斯所强烈突出的主题。而此刻圣杯出现在小男孩手中，或许正暗示了宗教的精神专制对天真的孩子所产生的潜在威胁。但当男孩捧着圣杯，进行自己并不理解的祈祷和赞美时，心中只有迷惘的爱慕之情产生的热流与真诚的期盼，他从未意识到宗教阴霾的存在。这是一个孩子同超越其理解力的社会现象之间的天然隔离，或许也正是这种隔离，使《阿拉比》成为《都柏林人》中少有的充满浪漫色彩的作品，孩子的天真与朦胧的爱恋是如此清纯地闪亮着，在我看来甚至超越了作者与研究者们试图揭示的令人失望的社会现实。

认知程度产生的天然隔离可以说是童年孤独在情感意义之外的一层，而"敌人"一词则体现了童年情感层面的孤独。"敌人"这个意象，首先直指成人与孩子心灵世界的对立。这种对立，除却思维逻辑上的差异，指向成人对孩子心灵声音的漠视甚至蔑视。《阿拉比》中姑父的态度显然是一种漠视，而姑妈表面上虽关心孩子的需求，却也未提供真诚的心灵呵护与交流。

从更广泛的层面而言，"敌人"所代表的更是人的心灵渴盼同社会既成现实的对立，是令孩子本能地抗拒，甚至也令十九世纪末二十世纪初爱尔兰的许多成年人本身也厌恶却无法挣脱的苍白的生存状态。用《画像》中斯蒂芬的话来说："它就是一张大网，在一个灵魂刚刚诞生时就会铺散下来把他扣住，不许他飞翔。"

小说中，乔伊斯也着力刻画了这张大网对小男孩的阻滞，造成了他心灵上的煎熬。而这种阻滞似乎也正制造着某种结局：童年的天然隔离正渐渐磨损，当他从童年隐约的孤独感中解放出来后，便将必然走向更大的孤独和一个令人失望的世界。

青年的孤独

不知是直觉使然还是刻意为之，乔伊斯将表现青年人生活的时间点全部安排在夏日。他笔下"灰色温暖"的夏日混合着浓重的酒精味，催化着腐烂的进程。这样的环境氛围使读者从视觉、触觉和嗅觉上奇妙地体会到都柏林青年面对生活时混乱而迷惘的状态。《两个浪汉》中有一段莱尼汉的内心独白，在昏暗的小巷里，对于科利尔令人不齿的风流韵事的谄媚态度使他在某一瞬间产生了对自身的厌恶，他突然深切感到自己"在物质和精神上的贫乏"，他厌倦了自己沉闷甚至堕落的生活。或许是暂时的孤独给了他思考的间隙，他是如此孤独地审判过去，甚至开始期许未来。是的，他还没有失去所有的希望，他又将手伸向了行将抛弃的信念与尊严。研究者将乔伊斯的这种创作手法称作"顿悟"，它几乎应用于他创作的所有小说，通常是人物在某一瞬间对自身现状产生相对正确的认识和悲凉感叹（在《一小片阴云》中的小钱德勒身上尤为显著）。"顿悟"的手法突然跳出使读者产生疏离感的对象化描述，通过心灵特写赋予了人物更为复杂的性格。这种精神生活的存在，使人不禁将他们从麻木僵化的定性评判中暂时地抽离出来。这大概同乔伊斯本身的性格相关，"乔伊斯的性格似乎是一个比较奇怪的组合，部分粗野，部分软弱和冲动"，他身上也有爱尔兰游吟诗人的某些共性，"他们往往是盲目的、流浪的和饮酒的男子"。（安德鲁·吉布森《詹姆斯·乔伊斯》）这种"顿悟"极有可能是都柏林青年生活的常态，也是乔伊斯在展现出懦弱的性格侧面或产生个人困惑时抒发自身情感的一个出口。

思索与孤独总是相伴相生，那些经典的"顿悟"时刻，实质上是人物孤独感显现的时刻。

孤独对于不同生命状态的人会产生不同的作用。对于热情洋溢的青年人而言，孤独感在沉淀后往往会促成一种信念，变成一股革命的力量，但都柏林青年人的这种孤独却被环境所压抑而失去了蜕变的空间，致使他们陷入了信念与屈从循环的怪圈，制造了一个个"心灵注定失败"的故事。《两个浪汉》中有一个细节，"他说话显得粗野，为的是掩饰他的斯文样子"，写的是乔尼汉独自一人在酒吧点餐时不自然的状态，此刻，孤独感带给他的是被外界所排斥的不安。小小的细节，展现的是一个孤独者屈从于环境的过程，或者说是环境如何控制人的过程。

我想，无论这种环境是天主教会的统治还是英国殖民者的压迫所造就，都必须通过集体作用于个体，而每一个个体都是集体中的孤独者。他们或许都有"顿悟"的时刻，可个人的怯懦和彼此的封闭却掠夺了星星之火燎原的可能，因此，他们可怜的信念便永远只能蜷缩在心灵幽暗的角落，除此之外再不可能激起任何勇敢的共鸣或改变的波澜。在乔伊斯称之为《葬礼》的《守夜人》中，有这样一个句子："响亮堆积的苦难，还缠绕着低矮的笑声，这就是我们的艺术。"这也是他们的孤独。

成年的孤独

《都柏林人》中的成年人，大都接受过所谓良好的教育，有着较高的文化素养。讽刺的是，他们孤高自许，却又在某种程度上深受文化的困扰而不自知。《痛苦的事件》中那位杜菲先生是自我封闭的典型。

> 他没有伴侣也没有朋友，没有宗教也没有信条。他过着自己的精神生活，不与任何人交流，只在圣诞节去看看亲戚，他们死了时到墓地为他们送葬。他尽这两项社交责任实是出于昔日的尊严，除此之外决不承认任何支配公民生活的习惯常规。……

这段描述使他看上去很洒脱、很自由。可事实上，他却任由一种偏执的文化支配着自己枯乏的生活。如果说"文化是一种心理习惯"（余秋雨语），那么杜菲的心理习惯就是不停地为自己设立伦理教条和服从于教条，自我限制已然成了他的生活方式。他认为那些教条充实壮大了自己，使自己变得高尚。事实上，教条本身并不高尚，而一颗被教条填满的心不但远离了高尚，而且是僵化且脆弱不堪的，杜菲不愿与外界发生任何联系正是源于内心的恐惧，他害怕外界的诱惑会使他触犯那些教条而"被生命盛筵所抛弃"。

终于，得知悉尼考太太的死讯后，杜菲感到自己正直的生活正全线崩溃。那似乎是一种被掏空的感觉，教条带来的固执的虚荣像浑浊的液体般从杜菲僵硬的躯体中流掉了，他变成了空空如也的躯壳，第一次感受到了孤独的荒凉。

杜菲的孤独之所以在小说的最后一刻才显现出来，是因为在一切颠覆之前，他都被一种伦理规范同化，失去了自我，失去了思索和反抗，自然感受不到孤独。

孤独是一种独立的精神，孤独感产生的前提至少是一部分"自我的完成"

（蒋勋），而文化的作用正是帮助人们逐步完成自我。因此，正常情况下，文化应当会造就一批体制下的孤独者，通常也是革命者。但在当时的都柏林，文化似乎远没有完成它的使命。不论是误读文化和道德的杜菲还是《死者》中陷入矛盾与痛苦的加布里埃尔，文化都没有给予他们力量，而只是一个"可供他们蜷缩的外壳"（安德鲁·吉布森《詹姆斯·乔伊斯》）。

尾　声

读《都柏林人》，既有一种坐在湖底的轻飘飘的感觉，又总觉得还有一种幽深的东西荡漾在周围。我试图弄清楚这种幽深的东西究竟是什么，现在，算是把它暂定为孤独的感觉。

孤独是一种充满无限潜力的状态，它可能蜕变为革命的勇气抑或沉淀为平和与清明。但无论终点是什么，都不可避免地经历一段静默的路程。对于没有达到"自我完成"的都柏林人而言，孤独不是一种持续的情绪，而外在环境也决定了他们的孤独没有蜕变的空间。他们注定只能充满美学意蕴地流浪在那条静默的路上。或许，正是这没有尽头的静默带给我幽深的错觉。

阅读对象:

普希金诗选

阅读提示：俄罗斯诗歌的太阳

作　者：[俄国] 普希金

生命的厚度
——读《普希金诗选》

石　畅

简介	现就读于浙江大学临床医学专业，正向着成为一名合格医生的目标而努力。
阅读感悟	一直相信名著经过内化会产生巨大的能量，这些能量会给我勇气去踏上未知的路、推开陌生的门。在困境中，名著带来的力量如强心剂，告诉我"你还能再往前撑一会儿"。

在生命的火焰本该旺盛燃烧的时候，他离开了这个世界，人们都在说，"俄罗斯诗歌的太阳陨落了"。

在他短暂的一生中，他遭遇了无数的坎坷、磨难与苦痛，然而也正是这些使他不得不在逆境中拓宽生命的厚度。他是诗人，是思想家，是语言音乐家，也是时代代言人、时代歌手。

他歌颂自由。他把矛头直接指向沙皇和恶官，对他们抛出讽刺的话语。

他宣告：

> 趁胸中燃烧着自由之火，
> 趁心灵向往着荣誉之歌，
> 我的朋友，让我们用满腔
> 壮丽的激情报效祖国！

他自豪地讲出了自己作为诗人的神圣使命：

> 上帝的声音向着我召唤：
> …………
> 把海洋和大地统统走遍，
> 用我的语言把人心点燃。

他讴歌丰富多彩的生活。他描绘过高加索雄伟的山脉，描绘过北方飘雪的夜晚，描绘过清新迷人的乡村，描绘过波澜壮阔的大海。他述说了自己烦闷的心绪，讲述了一次壮观的雪崩，他给自己心爱的姑娘写信，也寄出了控诉当权者的话语。他向往卡兹别克山上那自由的寺院，也会思考自己名字的意义。他的很多诗歌组合起来，就是一部讴歌生活的长诗。

他把爱情看成一种神圣的感情。他宣称：

> 当你陶醉于热烈的爱情，
> 切不可将爱情的缪斯遗忘；
> 世上没有比爱情更幸福的了：
> 一边爱，一边把爱情歌唱。

他甚至说：

爱情对我的折磨我很珍重，

纵然死，也要让我爱着死去！

他写过一见倾心的爱慕、长相思的痛苦、嫉妒的折磨、欲言又止的羞怯、绝望中的倾吐、回忆中的甜蜜。他从爱情中寻找着创作的灵感、生活的勇气，他将爱写得缠绵细腻，爱情也使他的诗作更加饱满、更加瑰丽。

他被誉为"俄罗斯诗歌的太阳"，俄罗斯现实主义文学的奠基人和近代文学语言的创造者。他把俄罗斯诗歌中已有的书信体、浪漫曲、哀诗体、对话体等体裁形式，在新的时代背景上，发展到了淋漓尽致的地步。他还写了不少富有西欧和东方色彩的仿希腊诗、仿歌德诗、仿哈菲兹诗、仿古兰经诗等，从横的方向向世界延伸开去。他的诗简洁、准确、质朴、流畅、优美、和谐、丰满、完整。他的诗也富有音乐性，有人说他的诗歌的描写力和音乐性获得了人间艺术很少达到的统一。

他的死充满戏剧性。他选择了决斗以捍卫他作为一个男人的尊严，我们便应尊重他奔赴死亡的方式。决斗纵然过激，纵然不理智，但这也许是他释放精神压力的唯一途径，是他捍卫尊严的无奈之举。时代给了他太多的压力。

他——或许我们应称他"俄罗斯诗歌的太阳"，用他短暂的一生，以苦难为基，结出了丰硕的果实。生命虽短暂，但他却使自己的生命丰富得无法让人超越。

普希金用生命的厚度给后人一个仰望的太阳。

阅读对象：

复 活

阅读提示：我是我灵魂的船长

作　者：[俄国]列夫·托尔斯泰

我是我灵魂的船长

——《复活》意识内涵之我见

吕　远

简介	复旦大学哲学学士、德国弗莱堡大学现代中国学硕士并在该校读博。弗莱堡中国文化协会创始会长。有文章发表和被引用并入选弗莱堡大学硕士研讨课的推荐阅读材料。
阅读感悟	读书如交友，而一本经由历史检验的佳作便如同一位经过时间考验的良友。

　　倘若你同为《复活》的读者，我想你或许会为结尾的自省唏嘘不已，也许许会对全书主线迷惑不解。而对于我而言，在上百个书页翻过的刹那，我经历了上百个云里雾里的瞬间。

　　迷惑是随着情节的展开而萌生的。故事伊始便以沉重的姿态展现在我的面前——横亘于女主角的堕落与男主角的救赎之间，我看到了灰暗的社会现状下善良和纯真的泯灭。伴随着聂赫留朵夫的四方奔走，更多的时代细节掠过我的眼前。这一切在不知不觉间改造着他的心灵，也影响着我的内心世界。作为一个读者，我随着男主角的沉思而沉思，随着他的迷茫而迷茫，甚至渐渐地开始捉摸不透这本书的内涵。天晓得，那些对现实清晰深刻的描述背后隐藏了怎样的深层含义。

而本书既然以"复活"为名，必然有其用意。如果聂赫留朵夫为"复活"，那么与其相对的便是"行尸走肉"了，书中的各种所谓"老爷""太太"也当得此名。

他们对于下层的生死刑罚态度草率，关注的只是自身的享乐。而且，对他们而言，获取欢乐的途径也不过是声色犬马。同时他们以各种"社会礼仪""科学知识"来伪装自己，使自己显得貌似善良温和。他们为自己的所作所为感到欣喜与满足，沉迷于其中不能自拔。他们已经迷失了自我，他们确实是行尸走肉……

而我们的男主角聂赫留朵夫，开始发觉他作为"人"已经失去的品质。他开始意识到他与遍布周遭的行尸走肉格格不入，他开始走向他的"复活"：

> 他一到姨妈家，就落到同他格格不入的贵族社会的核心里。这使他很反感，但又无可奈何。
>
> …………
>
> 他灰心丧气，觉得要办成任何一件事都是没有希望的。

记得曾经看到过一句话："我是我命运的主人，我是我灵魂的船长。"我想用它来概括本书的意识内涵。聂赫留朵夫的良心发现缘起于他内心残存的愧疚与爱意，完成于他与玛丝洛娃的分别。她最终为保全他的名誉地位而与"革命者"西蒙松结合。当我为此神伤不已的时候，我也看到，男主角在经历这一切变故之后彻底地完成了他精神上的"复活"。

一切似乎回到了最初的时候，从重逢到奔走直至最后的分离，这仿佛一场梦。到最后，梦终于醒了。全书结尾时他的精神独白，是梦醒时分的讷讷自语吗？而我从这精神独白中窥见，这一切的一切不仅仅是一场梦而已。

"一具行尸走肉的灵魂觉醒了，那么他就算是做回了一个'人'。莫在现实的迷幻中失去自我，我是我灵魂的船长。"我想这便是作者想要说的吧。

阅读对象：

巴黎圣母院

阅读提示：震撼心灵的美丑人性

作　者：［法国］雨　果

石头的史诗
——谈《巴黎圣母院》中的教堂
许梦琪

1831 年前的某一天，雨果的双手在巴黎圣母院钟楼的角落里摸索到了"ANAΓKH（命运）"这个神秘的希腊字符，于是他在脑海中便开始了《巴黎圣母院》的构建。

翻开这本名著，你可以看到书中对司法宫大厅、圣母院以及在其钟楼顶上鸟瞰巴黎景观中的建筑的描写，在全书中占了很多篇幅。虽然很多人在阅读它时发现，即使直接跳过这些章节，也不会对阅读形成任何障碍，但在我看来，这些对建筑（尤其是教堂）的描写，是小说极其重要的一部分，是全书除人物塑造外最精华的存在。

从情节上看，教堂是全书的起点与终点：弃婴卡西莫多在巴黎圣母院被副主教克洛德领养，开始了他在圣母院与人世纠缠的一生；克洛德盯上了卖艺的吉普赛姑娘艾丝美拉达，欲占有而不得，最后将艾丝美拉达送上绞刑架；卡西莫多认清了正在观看刑场的养父克洛德的嘴脸，将其推下圣母院，全书情节至此推向悲剧的高潮与结束。

这些故事的唯一背景都是那座神秘庄严却又不失活力的教堂。

　　教堂还为全书起了背景烘托的作用。书中的最核心教堂——巴黎圣母院是一个过渡式的建筑，虽然其主要风格还是象征神权至高无上的哥特风格，但还有其他风格的混杂，体现了法国巴黎城市的包容性（这一点让人不禁联想到书中乞丐王的"联合国"）。可能也只有这样的巴黎才能完美地切合雨果设定的情节。而同时巴黎圣母院那个在几百年里，在时间打磨下、风雨的侵蚀下不变的身影，又为小说增添了几分沧桑感，使其有了历史的厚度。

　　从寓意上看，教堂还是作者雨果表达自己政治见解的载体。

　　从文中地位最高的两大教堂——兰斯大教堂与巴黎圣母院看，作者用包容多种风格的过渡式圣母院，去攻击有完整哥特风格的兰斯大教堂；用更平民化的圣母院去攻击象征皇权至上的皇家御用加冕教堂：阿涅斯（即艾丝美拉达）在路易十一的加冕地点（即兰斯大教堂）被人调包成卡西莫多后偷走却又与母亲居迪尔在圣母院重逢，卡西莫多在兰斯被亲生父母丢弃却又是在千里之外的圣母院被领养，路易十一在兰斯被神圣地加冕但又不得不偷偷匿名到圣母院的阁楼上求药……

　　从这里不难看出，作者对兰斯大教堂所象征的封建王朝的讽刺和对没落的君主专制的不满。

　　而更加明显的政治批判是在他描写当时（19世纪）的圣母院与故事中的15世纪的圣母院之差别的时候："是谁在中央拱门的正当中新凿了一个不伦不类的尖形穹窿，并在大门上镶了一圈路易十五式的雕刻的木框？是谁将那些数不胜数的世俗的群雕扫地出门的？……难道不是路易十四为实现路易十三的凤愿？"雨果在叙述对肆意破坏名胜古迹的现象的愤怒与惋惜中，夹杂着他对王朝复辟辛辣的否定与批判——如果封建君主昏庸低俗到凭自己的兴趣，自以为是地破坏极其神圣的教堂的话，那么还有什么不可以为之呢？

　　最后回到最初的那个词"ANAΓKH（命运）"。"命运"一词在教堂上最显著的体现便是卡西莫多。

　　他因在卡西莫多日被领养而得名，但其实他的名字本身就注定了他与教堂的从属关系。法国文学专家、雨果学权威雅克·塞巴谢在《巴黎圣母院》的引言中说：

圣母院的守护神叫卡西莫多，因为他是在复活节后第一个星期日，也就是卡西莫多日捡到的，而这个星期日的名字及其在再生瞻礼仪式中的位置，来源于圣彼得的第一封书信："作为新生儿，要热烈地希望得到精神的和纯洁的奶汁，依靠上帝长大成人。既然你已体味到上帝是多么温和，当你走近他时，就像走近被人类抛弃，但被上帝选定和珍视的有生命的石头，你也会像有生命的石头一样，进入建筑物的结构。"因此，被"善心人"抛弃的卡西莫多，是"有生命的石头"，几乎还没有脱离教堂的钟楼。

值得一提的是"圣彼得"的来历。圣彼得是耶稣的十二使徒之一，原名"西门"，耶稣为他取名"彼得"，意为建立教堂的"磐石"。

　　对照两者，我们会惊奇地发现卡西莫多一生的轨迹，仿佛便是在冥冥之中被铺定的：他将是教堂的磐石，融入教堂的结构——它与圣母院是一体的。

　　总之，《巴黎圣母院》不仅是一部人性的巨著，更是一部石头的史诗，它通过教堂与人物和情节的环环紧扣，第一次将现实主义的建筑与浪漫主义的故事完美融合，做到了石头与人性的和谐统一，让我们从冰冷的石块中触摸到了世间的冷暖人情。

阅读对象：

莫泊桑经典小说

阅读提示：一本"人性画册"

作　者：[法国]莫泊桑

一本"人性画册"

——浅评《莫泊桑经典小说》

曾乐融

简介	毕业于中国人民大学，现从事财务管理工作。
阅读感悟	名著是汁水丰润的果实，最先品到的是情节带来的直观阅读快感；而其中包含的深层思想，就像果核一样，悄然落入读者心中的土壤，默默抽芽开花。

　　翻开莫泊桑的短篇小说选集，我仿佛翻开了一本绘着栩栩如生图像的画册，每一页上都用自由奔放的笔触，使一个个人物形象跃然纸上，而每一个人的个性，就是这用文字描绘的画面中最精彩的一部分。

　　短篇小说往往是最精彩而又最难把握的一个文体。寥寥数千字就能生动刻画出人物形象，这是对作家才能的一个极高要求。而莫泊桑驾驭着他的文字，将读者带入一个接一个的故事。在他的故事中，农民与小资产阶级往往是上演各种悲欢故事的主角；而他也不惜笔墨去勾勒他们的吝啬、狡诈、善良、热心……

给我留下较深印象的是《小酒桶》这篇小说。两个主角——希科老板和马格卢瓦尔老婆婆，在金钱和寿命上进行了悄无声息的残酷斗争。小说开篇交代了老婆婆硬朗的身体状况。莫泊桑用了许多夸张的词汇，如"僵硬""伛偻""骨节突出""弯成钩形""紧硬得像螃蟹爪子的手指头"等，这使得语言富有张力。之后一句"起皱的眼皮下露出一堆亮闪闪的眼睛死盯着客店老板"，就勾勒出她贪婪的本质。之后对于客店老板的提议，她"思来想去，拿不定主意，简直就像生病似的难受""惊喜得直哆嗦起来"，这些描写她辗转反侧思考的语句，正为我们呈现出一个精明、贪婪的乡下老妇人形象。而对于她的对手——希科老板，小说中更是用了"诡计多端"这个词来形容他，一句"喜气洋洋地走了，高兴得如同一个国王征服了一个帝国似的"，也描绘了一个精于算计的人物。

以上这些精彩的描写给了我们很鲜明的第一印象。一些无意的动作等细节表现的心理活动，都巧妙地映衬出人物的性格。而后面的情节发展，更是这两个人骨子里人性展露的结果。希科老板用每个月六十埃居的价格买下了老人的农庄以及寿命。自然，他开始"关心"起老婆婆的身体——"就像人们在七月里到田间去看望小麦是否成熟得可以收割一样"。多么恰当的比喻啊！而他见到老婆婆"用狡黠的眼光看着他"时，恨得咒骂，这也足以证明他的恶毒。老婆婆也不是省油的灯，她用自己强健的身体无声地嘲笑着、剥削着这个商人。这一段铺垫仅仅用了半页的篇幅，却生动淋漓地营造出两人之间剑拔弩张的险恶气氛。

然后故事进入了高潮部分。客店老板绞尽脑汁，想出了一个狠毒的方法——让她染上酒瘾。"希科显得很慷慨""您记住，喝完了我那儿还有"，这些慷慨的背后隐藏着巨大的阴谋，就好像甘美的酒中混着致命的剧毒。老婆婆中了计，沉醉于酒香之中，"独自一人酗酒，有时倒在厨房里，有时倒在院子里"。最终，她"喝醉了，倒在雪地里死了"。希科在人前却用悲悯的眼光看着她，为她叹惋；继承了这个农庄之后，还感慨道："这个乡下女人，要是她不贪杯，至少还能活十年啊。"这一句话披露了他的阴谋与虚伪的本性。情节走向既令人目瞪口呆，又在情理之中——这场不见血的谋杀是贪婪的产物，而"贪婪"在前面的篇章中已经体现出来了。而结尾的简短精练也给人以回味，就像品尝一盘精致的点心，在人意犹未尽时戛然而止。

　　管中窥豹，可见一斑。莫泊桑的小说还为我们塑造了一个个生动的人物形象：吝啬的乡下妇人勒福尔、潦倒的德·巴雷伯爵、善良的妓女羊脂球……读他的书实在是畅快淋漓；在回味时，不知不觉品味到其中的人物个性之美。

阅读对象：

约翰·克利斯朵夫

阅读提示：我已经奋斗过了

作　者：［法国］罗曼·罗兰

逆风行云

——读《约翰·克利斯朵夫》

李梦泽

简介	现就读于美国卡耐基梅隆大学计算机学院。硕士毕业后成为一名机器学习工程师。
阅读感悟	小时候，阅读就是从书中找到我无从经历的故事。到了中学，总想从阅读中学习遣词造句和思维方式。再后来，阅读是引发我思考的途径，是撼动固有观念的重要支点。

　　他就像浩瀚蓝天上的一朵白云，却始终朝着风吹来的方向奔跑。他不顾这风的大小，把他吹得怎样枯槁憔悴，他尽力地奔跑，因为他相信风吹来的方向藏着的是一个美好的梦，也正是他的理想。

　　约翰·克利斯朵夫就是这样，他善良、爱憎分明，从不惧怕挑战以及一时的黑暗，他炙热、激情洋溢，永远都奔跑在通往光明理想的道路上。本书讲述了约翰·克利斯朵夫如何克服内心的纠结与困扰，从一个幼稚懦弱的少年走向高贵成熟的心灵的故事。

正如同每一个人的成长,他的成长道路上遇到了各种各样的困难,亲人的去世,朋友的离别,他人的嘲讽,这无不使他幼小的心灵受到震颤,他原先喜欢沉浸在大自然的怀抱中,聆听大自然的天籁之声,却也因种种变故而迷茫、堕落。不过最后他还是发出了疑问,就像用尽全力地呐喊:

> 我有理想和抱负,我想奋斗,也认认真真地奋斗过,可生活却把我打得头破血流,让我什么也做不了。我毫无进步,虚度光阴,身心空虚,不能自拔,我该怎么办,怎么办啊?

那一声呐喊划过了孩子的心,他拥有理想,他不甘与市井之徒一同堕落,他不想重蹈他爸爸浪荡一生的覆辙,正如同我们,每一个人都拥有或曾经拥有着不同但都很宏伟的梦想,只不过有的人在面对生活的艰辛、梦想之路的坎坷时胆怯了,原本澎湃阳光的心退缩了,任由梦想越飘越远;有的人却把梦想深深藏在心中,宛如开出了一朵灿烂的鲜花,当他们感到迷惘时,梦想闪出的金光照亮了眼前黑暗浑浊的道路,指引他们,永不彷徨。当他们感到疲惫的时候,闭上眼睛,轻轻地感受,那沁人的清香驱散了他们任何的劳累,自然精神百倍,继续向前。

舅舅的话唤醒了他心中那朵出现了倦态的花:

> 在任何时候,人都不可以因为磨难而放纵自己,随波逐流。理想和现实本来就是两回事。但要紧的是不能灰心,应该抱定自己的理想,坚持干下去,只要这样做了,我们就会无怨无悔。你应该对明天抱着虔诚的心,好好珍惜你的今天,好好在今天做自己该做的事,绝不要玷污你手中的时光。你正在成长。如果你注定会成功,那么一切都会顺利的。如果你注定无法成就一番事业,那么也不必强求自己,你至少应该是快乐的,你应该充满对生活的热爱,竭尽所能地去干你能够干的事情。

当我读到这时，感到有一种情感在内心不自觉地涌动。的确，任何苦难都不能使一颗执着美好的金子般的心失去光泽，当我还在浑浑噩噩毫无目的地虚度光阴、当我几乎就要忘却儿时的梦想，当我还在对未来忐忑不安时，这番话拯救了约翰·克利斯朵夫，也唤醒了我。

一个人如果抵挡不住挫折的磨砺，忍受不了黎明前黑暗的冷清，那么这个人终将一无所成、挥霍终身。又或者，一个人如果对未来种种不确定性感到恐惧，受到那些"出师未捷身先死"的故事的影响而感到绝望，那么这个人必将在内心的雄心大志与自身的怯懦中徘徊，自觉怀才不遇，暗自神伤。我们，虽然把握不了现实，但必当尽我们最大的能力，做我们可以做的，改变可以改变的，尽人事，听天命。这样，至少当我们弥留之际，也可以心安理得地对自己说，我已经奋斗过了！

尽管他知道自己或许不能到达风吹来的方向，但他不管，他一直一直在奔跑，疲惫但没有倦态，失望却总迎来希望，我想到了这么一首诗：

燃烧着的木块，熊熊地生出火光，叫道："这是我的花朵，我的死亡。"

——泰戈尔《飞鸟集》

阅读对象：

百年孤独

阅读提示：史诗般的孤独

作　者：[哥伦比亚] 马尔克斯

孤独之血

——读《百年孤独》

周岐原

简介	温州医科大学临床医学系在读。
阅读感悟	文学来源于生活，再超越现实的文字也脱离不了生活。对我而言，文字即是作家对时代的反映，而阅读，则是了解那个时代的途径。

　　多年以后，再次翻开这本书，我将会回想起我读完最后一页的那个午后。那时的阳光有着春日暖阳特有的芬芳，每一片绿叶将它们剪裁成金色的丝带，洒在每一个角落。但它们却不能阻止我的手慢慢变冷。惊人的真相在眼前掠过，我和奥雷里亚诺·巴比伦看到了故事的终结，但这带来的不是读完《百年孤独》的成就感，也不是讶异与恐惧，而是比之更深沉的东西——它就在我的身体里。

　　它就在我的身体里，它就在我的嘴边，可我却看不清它，无法喊出它的名字。它时常隐藏在黑暗之中，但实际上它无处不在。"你是谁？"我大喊着。它没有回答，却如黑雾般散去消失不见。我回过头，目光重新落在那本书上。

没有前言，没有后记，没有章节号、章节名，有种令人不舒服的神秘感，这便是我对这本书的第一印象。同时，它既没有绚烂的魔法，也没有令人欲罢不能的悬念，它有着太多的不同。然而，就是这样一本深奥难懂的书，吸引着我一遍又一遍地去理解它、感悟它。它有着令人无法抗拒的魔力，那黑雾般的魔力，无处不在的魔力。

它是何塞·阿尔卡蒂奥·布恩迪亚永无休止的疯狂。昔日的领袖在炼金术实验室中渐渐失去理智，在栗树下的日晒雨淋中被人遗忘，而在生命的尽头，迎接他的是他所杀死的敌人的灵魂。

它是乌尔苏拉毫无回报的艰辛。她以超乎常人的热情对待每一个客人，打理家中的一切，却在卧床不起时沦为孩子们的玩具。

它是奥雷里亚诺·布恩迪亚上校令人绝望的无爱。他有未卜先知的能力，有杰出的军事才能，但一切的光环却无法遮掩他缺乏爱的能力。他从未爱过一个人，即使是那所谓一见钟情的蕾梅黛斯。他始终孤身一人。

它是阿玛兰妲和丽贝卡终其一生的殊死对抗。前者爱着皮埃特罗和赫里内勒多，却因毫无理由的恐惧放弃爱情，在死神的预言中编织着自己的寿衣；后者为禁断的爱逐出家门，可她心中真有爱吗？留给她的只有遗忘。

它是何塞·阿尔卡蒂奥第二夜不能眠的梦魇。三十多人在政府军的屠杀下仅剩他一人存活，冰冷的身体、永无止境的运尸列车将永远烙在他的灵魂中。它是奥雷里亚诺第二毫无意义的激情。他活在妻子与情妇之间，却从未得到真爱，那放荡不羁、对一切都无所谓的激情却在为女儿赚学费的操劳和病痛之中消亡殆尽。

…………

它无处不在，但它现在就在我眼前。从渐渐散去的黑雾中显现出来的，是那眼神深邃的老人。他有着和加西亚·马尔克斯一样的面容，可我知道他不是。他比马尔克斯更苍老。而在下一刻，我毫不犹豫地说出了他的名字：

"孤独。"

他没有回答，眉头却更加紧锁。

"我总以为这本书的主人公是奥雷里亚诺和他的家族，但我错了。直到最后我才发现，真正的主角是你，孤独。"我自顾自地讲着，"家族中的每一个人都无法摆脱孤独，纵使他有再多的朋友、再美的容貌、再顶尖的智慧，但他们的宿命终是孤独。"

他盯着我，终于缓缓开口："我试着让人们遗忘我。我用了那些难以记忆却被人不停地反复使用的名字，用了看似毫无关联的剧情，我甚至希望所有的人就像得了书中的失眠症一样忘记我。但越遗忘，人越孤独。就像那毫不起眼的预言羊皮纸，纵然使用再多的密码、再难懂的语言，真相总会在最后一刻出现，孤独也将在那时涌现。没有一个人能抗拒，处在时代的路口、注定百年孤独的布恩迪亚家族不能抗拒，其他人也不能抗拒。就像遗传一样，孤独存在于每一个人的血液中，没有一个人可以抗拒……"

他消散了，就像花瓣在风中散开一样。借着暖阳，我试图温暖身体来消去心中的孤独。但我知道，它不可能永远消去。因为我已经感受到那在我体内流淌的——孤独之血。

史诗般的孤独
——读《百年孤独》
胡佳仪

简介	华东理工大学学士，英国纽卡斯尔大学笔译与口译专业硕士研究生在读。
阅读感悟	阅读的魅力在于合上书的那一刻，脑海中浮现出另一种世界的缩影，无须用言语赘述，只想在心里慢慢回味。

在阅读《百年孤独》的过程中，我的感受发生了很大的变化。奥雷里亚诺·布恩迪亚发起战争之前，我一直觉得马孔多是个充满希望的村镇。吉卜赛人不断带来新的似乎充满魔力的物品，引得马孔多的人民日日沉浸在好奇的喜悦之中。即使冰块、放大镜、望远镜在我们看来已是稀松平常的物件，但对作者描述的布恩迪亚家族如何痴迷于此，我相信这就是神奇的创造。尤其是用来浪费时间的膏药、忘却不快回忆的仪器……这些在现实生活中被称为荒诞的物品出现在书中，更添加了一丝魔幻的气息，也使整个故事更引人入胜、使人信服。面对家族历史的开端，神秘又惊奇的氛围使我兴奋不已。无论是丽贝卡与阿玛兰妲之间的阴沉气氛，还是蕾梅黛丝的死亡，都没有改变我的感受。

但在战争时期，气氛一下变得紧张起来。阿尔卡蒂奥残酷的统治使马孔多变得人心惶惶，家族中的矛盾也更加激烈了。想到起初蓬勃向上的生活，我才渐渐意识到之前的一切都是伏笔。无论是奥雷里亚诺·布恩迪亚出生时的异常冷静，还是丽贝卡与阿玛兰妲的"斗争"，都是孤独的因素。坎坷的道路逐渐展开了。

随着家族人员的增添、离世，事情发展得更复杂、更出乎意料了。奥雷里亚诺第二、费尔南达、佩特拉·科特斯间错综复杂的关系，美人儿蕾梅黛丝不同寻常的生活方式及离奇升天，何塞·阿尔卡蒂奥对金钱的渴望、报应般的死亡，梅梅与马乌里肖·巴比伦相恋的痛苦，阿玛兰妲·乌尔苏拉与奥雷里亚诺的乱伦……各种人物的得志与消沉穿插进行，牵引着家族的兴衰。虽然起初每个人的性格不同，但总有外界环境的影响或是血液中的因子使他们越来越相像。这奇妙的纽带打得越紧，越使我惊叹布恩迪亚家族经历了如何的激情、动荡、孤独！再也没有单纯的心境来回味这本书，总是单纯中夹杂着担忧，悲痛处蕴含希望，绝境后是新生的感受盘旋在脑海。一场场轮回在百年间耗尽了马孔多的生命，各式孤独汇聚成了布恩迪亚家族。就算是外来者，也会被感染，共享孤独的人生。

梅尔基亚德斯在书中很早死去，却又死而复生，最后死去时，布恩迪亚家族还有许多故事未发生。他是唯一贯穿全书的人，一个神秘、友好、充满无限惊喜的吉卜赛人。梅尔基亚德斯为整个家族的发展奠定了基础，这个毫无疑问。他的魔法让人着迷，他的出现就像是一道金光，对事件的发展起着决定性作用。炼金室无疑是一切的开端。何塞·阿尔卡蒂奥·布恩迪亚和奥雷里亚诺沉浸在炼金的研究中，逐渐减少了与家人的接触，是孤独的根源。梅尔基亚德斯的死而复生为马孔多带来根除失眠症的药水，也保证了家族的历史按照羊皮卷的记载发展。他不时吐露出难以理解的话语，都在向我们预示着家族史的发展，但只有读到最后，才真正能把一切串联起来，就像一场梦。

布恩迪亚家族居住的房屋已历经百年，从充满生机、令人羡慕的大宅，演变为到处是蟑螂、白蚁、蛛网、蝎子的没人记得的古屋，饱含着乌尔苏拉的辛勤、超乎寻常的坚韧，记录了蕾梅黛丝虽然短暂但珍贵的欢乐，吸收了费尔南达成为女王的梦想和对生活不屈又绝望的颓丧……无论家中女子如何尽力地补救，这座房子都像木头般渐渐腐朽。

"家族的第一个人被捆在树上，最后一个人正被蚂蚁吃掉"，梅尔基亚德斯的预言——羊皮卷上的记载成真，随着飓风的卷去，我不禁思考：孤独的历史到底是自然的发展，还是梅尔基亚德斯的导演？

作者构思的巧妙、魔幻将我卷进那阵飓风中，我想伸出手去抚摸那羊皮卷上的文字，亲眼见证无比的细节；我想走在马孔多的街道上，寻觅加泰罗尼亚智者的书店，抬头仰望也许会出现飞机的天空；我想走进破败的宅子，一探小蕾梅黛丝的照片……

历经百年的孤独就此消失不见，一切痛苦折磨都过去了，但拉丁美洲这片神奇的土地、这个虚构的世界给了我从未触及的真实感。我知道书中的生活历经情感的挣扎、生存的困境、灵魂的迷失，但我也想尝试这孤独的生活，随波逐流。

阅读对象：

人生中最美妙的事都是免费的

阅读提示：每天记录快乐的事

作　者：[加拿大] 尼尔·帕斯理查

四角天空

——读《人生中最美妙的事都是免费的》

平胡秋月

简介	现就读于南京航空航天大学。已开创个人独立非营业性质微信公众号，并在学院内管理公众号推送文稿。
阅读感悟	阅读不只是一个积累素材、提升修养的过程，还能汲取精神力量，让你在每一个脆弱的时刻，坚持着去筑起一道道城墙。

　　天空中，每一朵云都是新鲜的，它们在无垠的微蓝中飘荡，带着像刚挤出来的牛奶般的乳白。它们不属于昨天，它们不期待未来，它们活在这一刻。

　　街上熙熙攘攘的人群中，找不到一张微笑的脸。高楼天台上的闹剧时常上演，看热闹的人们一如既往地驻足十余分钟后咒骂着离开。庆幸的是，这些人还留有一份观赏的闲情，那些拎着公文包或者踩着高跟鞋的人，则是快速投注理解的目光，接着匆匆赶路。这是城市，这是生存。

我们活了一辈子为了追求幸福，却身陷利益中放弃快乐去寻找那些迷住了我们的双眼的东西。金钱、名誉，甚至逞强着得到的颜面，或是欺骗自己而获取的赞赏认同。当这些看似昂贵的东西满满地堆在目标所在的地方，没有人记得自己为什么要追求它们，只会在失去了升职机会时怒气冲冲地向家人发泄自己的情绪，或是为着股市中失去的一笔钱而站在楼顶的风中哭泣。我们已经成了获得幸福的工具，在这些廉价的东西面前，展现了最无知的自己。

我们学会了与比自己惨的人比较，通过这样的方式寻找快乐和安慰。可惜愚蠢的我们并不知道，那些看起来有着相当糟糕境遇的人，早就学会了用自己的方式创造幸福。

你试过将一个橘子完美地剥开，剥下的皮连着不断吗？那一刻的你，是否充斥着成就感和快乐？那一刻的你，是否觉得自己做了一件极其美妙的事？在那一刻，你是否感到幸福？

这是尼尔·帕斯理查教会我们的幸福。他的人生简直糟透了，但他找到了一个让自己坚强快乐活下去的方法。他每天记录着使自己快乐的事，就是这些，伴他度过了艰难岁月。

"你刚刚按下电梯的按钮，门就在你面前开了，'叮！'感觉妙极了！"

安静地读着这些小小的美妙的事，感觉到些许酸楚，就像《哈尔的移动城堡》里的那句话："不知道为什么，我止不住流泪。"或许是因为，自己从未发现过这些美好的事而感叹；或许是因为，他为了找到快乐的自己而努力去做这些事的心疼。

"一袋薯片吃到最后那一小角碎屑，把薄饼码得和盒子边儿一样整齐，自动售货机多吐了一件东西给你……"多么可爱的幸福，就像是父母不让吃甜食的小孩偷吃到一颗糖果一般的单纯的欣喜。学会幸福，并不只是去无穷无尽地寻找与发现，而是去体会，去记忆。记住那一刻的美好，记住在你的生命中，每一个细节都值得去感受其中蕴藏的美好。

世界上最值得痛苦的是什么，是失去亲人朋友，或是收到自己的病危通知书吗？那并不代表终结。每天醒来，你能感觉到你的皮肤表面依然温热，你能感受到空气带来的清新，那么你还活着，没有什么值得去对着灰白的墙发怅流泪的。你，是为今天活着，不管昨天谁逝世了，或是明天你将停止呼吸和心跳，现在，你依然能知道自己还存在于这个世界，你依然拥有着所有生物都拥有的渴望得到幸福的梦，那么，仔细想想，有什么是不幸福的，有什么是值得你站在天台边缘，看着脚下渺小的，或许希望你走下来，或许希望你跳下来的人们，做出抛弃这个美妙的世界的抉择？

这一刻，我还活着，是最幸福的事。

还记得乡间小径旁白色野花的芳香吗？还记得寂静夜里仰望星空却看不到一颗星星的失落吗？还记得独坐窗边却等不到一个人经过的孤寂吗？我们如果耗费了一生去痛苦，那么，我们怎么能感受到那千万种情绪带来的感受呢？

每个人都有自己的方式让自己快乐，而尼尔同时让所有读者感受到了他所拥有的快乐。他记录下美妙的瞬间，努力拽回近乎绝望的自己。是那个竭力让自己快乐，心中实则为着自己无助的坚强而微微心痛的他，让我感觉到眼角渗出的湿润。

今天的今天，不是昨天的明天，也不是明天的昨天。生于世上，我们没带来什么，也带不走什么。只有今天，以及一个个今天里我们学到的、体会到的一切，是我们始终拥有的。

当鳞次栉比的高层楼房遮挡住视线，我们学会不再去欣赏天空。当我嘲笑自己居然会因为天空的美而惊讶时，才发现自己已经错过这样的美十几年。

为什么要打开窗？我想，我只是渴望通过没有玻璃颜色的四角窗框，看一看纤尘不染的天空和云朵。

推开窗欣赏仅仅属于我的，下一秒便不再是原来模样的天空。

感觉妙极了！

阅读对象：

不能承受的生命之轻

阅读提示：生命轻重的哲理思考

作　者：[捷克] 米兰·昆德拉

生命之轻

——读《不能承受的生命之轻》

徐晨晨

简介	本科毕业于华东师范大学。目前于北京大学分子医学研究所攻读博士学位。
阅读感悟	回想起来，已然记不起曾经读过的哪一本书是什么情节。然而那些文字教会我的，都刻在了生活的每一个脚印里。

　　在夏天蝉鸣的夜里我第一次读完关于生命的轻与重的这本书，蒸汽般的热浪压在心头，也把我压到地上，贴近大地，贴近生命。可你又不得不活在无足轻重的氧气里啊！呼吸着尘埃和空气里的淡淡青草味道，每一天闭上眼就如同飘浮在云间的羽毛，轻得没有重量，不受重力，无拘无束。

　　我最喜欢书中的托马斯。托马斯在头脑清醒之时选择爱上特蕾莎，在睁眼之时选择正义并绝不留下辱国辱己的声明书，在享尽城市繁华后能毅然放弃名利的光环，甚至是在米兰·昆德拉从脑海中塑造他并赋予他说话的权利时，托马斯就成了一名生命之重的人。我喜欢他，因为他通过特蕾莎告诉我爱情，通过取舍选择正义，通过他告诉我们生命之重。也许他并不存在，却是我心中的偶像；也许他并不很伟大，反而很懦弱，但他重得足以让人记住他。

一开始我以为生命之重与轻，仅在于死亡的那一刻，它用于判断在生命消逝的某一刻，人们的死亡是否有价值。而读完米兰·昆德拉的内心独白，关于生命的思考告诉我，重与轻不在于死亡的那一刻，而是在于我们活着的日日夜夜里，在于我们头脑清醒的某一刻做下的善事或恶行，在于：

一个人在午夜梦回时是会痛哭流涕、悔不当初，还是突然惊醒、怅然若失？

人们照镜子突然看到镜中那白发苍苍的自己时是恨，是悔，还是微笑不语？

你抬头看夜空时，会想起曾经的美好记忆，还是一个又一个回不去的错误与失败？

我也欣赏萨比娜，欣赏她的勇敢和背叛。虽然我并不赞同她为了背叛拿婚姻和幸福做赌注，但在那个宗教统治人心的时代，她愿意背叛就意味着人类的进步。她对于"活在真实里"的想法相较于弗兰茨，也更让人觉得真实。我们必须活在人们的目光下，所以不得不有所掩饰和隐瞒。这也就像走在大街上的每个人都要穿衣服一样再平常不过。这并不虚假，因为并不是世界上的每个人都必须去了解，看到一个人的全部。

至少我不想活在玻璃房里，正如不想在心中打着"小九九"时被老师拆穿。我更愿意做个有故事的人，我不会做像萨比娜那样的蚕，努力吐丝将自己包裹得严严实实不让谁进入，我只会把自己的故事讲给愿意倾听的人，也只会听那些愿意讲故事的人的生命之声。

有时候我会想活得像萨比娜一般，实际所做的一切不会给任何人带来喜悦，但也随心所欲活得轻松自在。这种心情大概在每每挑灯夜读被沉重的作业压向大地之时最甚。

可有时候，我又想做另一个托马斯。尽管被爱情压倒，被正义折磨，被生活磨白了双鬓，我依旧是我，负重前行，即使蒙上双眼也永远不会走错路，因为心中总有一个坚定的声音，而爱与正义都在脚下。无论流言蜚语或是谁投来百般嘲讽的眼神都心如磐石。这种想法，每到期末写总结时最甚，恨不得在"贡献"一栏里有写不完的付出，恨不得"成绩"一栏里门门都是一百分，恨不得在"规划"一栏里写上"我会成功"。

我们的生命都还在路上，故事也才刚刚开始讲，很多人的声音也还来不及听，也许我并不知道大义凛然，正义与爱情也不会成为我的信念，可我也总有一丝良知，至少会做个善良的人；也许我不会活得重于泰山，但至少闭上眼进入梦乡之时，即使轻如羽毛，也要做凤凰的羽毛翱翔天际。我们的生命会轻，会重，会爱，会倾听，会倾诉，会平淡地走完，不留遗憾。

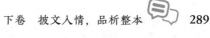

阅读对象：

瓦尔登湖

阅读提示：神的一滴

作　者：[美国]亨利·戴维·梭罗

宁静深处

——读《瓦尔登湖》

许哲楚

简介	浙江大学工学学士，现就职于华为。
阅读感悟	阅读名著能让人在交流时风趣而智慧，能让人在繁忙中进入一个宁静而广阔的另一番天地。在快节奏生活中，静下心来读一本好书却成了一种奢求，确实让人有些感慨。

　　书，令人喜，令人悲，令人愤怒，令人沉痛。然而，在茫茫书海中，最吸引我的，莫过于使人平静的文字了。

　　《瓦尔登湖》，如那无风下的平静湖泽般，总能勾起我乃至每一位读者隐藏于心灵深处的思绪，世上最真实的所思与所感。

　　正如书的序言所写的那样，只有内心宁静的人才能看懂这本宁静的书，一本一位宁静的作者写的书。确实，每当我内心烦躁、焦虑之时捧起这《瓦尔登湖》，映入眼帘的便只有那呆板、毫无乐趣可言的枯燥蚂蚁字——没有思想，没有体会，甚至连意义也没有。随手翻过几页后，便丧失了对它的兴趣。现在回想起来，这是何等的愚昧啊！一本好书，永远不会因为我的拒绝而丧失其价值。宁静的价值，是焦躁之人绝对无法审视到的。渐渐地，自己发现了这一点，也便学会了平静内心。在阅读之前，总先深呼吸几次，让心跳速度减缓，也许达不到作者写书那时的心境，无限接近也是有可能的吧——忽视周围的一切杂音，使世界上仿佛只有我存在。一个人的世界，总是清静至极的。一滴水从荷叶上滑下，一片落叶从树上降下，一根羽毛从飞鸟的羽翼上飘下……无论如何细微的声响，在那里，都听得见。

每当这时，再翻开书，黑色方块字就显得多彩、生动起来了，处处蕴藏着人生感悟，处处藏匿着生活哲学。

"若你能放弃自己的多少，就能为别人付出多少"，而事实上，为别人付出多少，恰恰也能收获多少；

"大自然既能包容我们的长处，那么也能包容我们的短处"，所以我们无须过分担忧自己的不足之处，做好自己，其实便已足够；

"人们不尊重应该尊重的东西，却尊重那些受人尊敬的东西"，盲目跟从是多么令人无奈啊！真正应敬仰的，是人内心的善和美，然而这社会，却只尊敬那些衣着光鲜的人——足以令人、令这一社会深刻反思！

曾记得梭罗的简介：思想的先驱者，想要改变社会现状，却遭到冷眼相待。在这种情形下，冷静下来谈何容易！但是，梭罗做到了，在瓦尔登湖上，在自然之中，梭罗找到了他的宁静的出发点。在那片宁静之中，他透彻地洞察着人世，专心致志地思考，细心揣测、感悟，揭发了一个个社会丑恶，展现了一处处荒谬至极的景象。这对于我们全世界的人来说，是一笔多么巨大的财富！他令我们看到了真正应追求的目标，让我们知道了理应前行的方向。

没错，这就是宁静的力量，这就是宁静之下的梭罗的力量，这就是《瓦尔登湖》的力量。在此之前，我还未曾切身体会过宁静的魅力、宁静的伟大，是《瓦尔登湖》使我懂得了这一切！

"宁静而致远。"确实，只有当人完全宁静时，才能看清世界，看清自己，看清未来；也只有这时，人才能拥有自己全部的理智，深刻地分析出人生。

很幸运自己能阅读到这本宁静的书，也很幸运自己能从中学到"宁静"。而实际上，幸运的人又何止是我！每一个人，都能从中获得启迪，不是吗？

端一杯咖啡，坐至书桌前，闭上眼，宁静地默想吧。

在宁静深处，有无数的真理，等候着我们的到达。

阅读对象：

老人与海

阅读提示：永不屈服的硬汉

作　者：[美国] 海明威

不以成败论英雄

——读《老人与海》

黄天奇

简介	日本东京工业大学应用化学专业修士在读，专攻新能源技术。
阅读感悟	阅读是占卜生活的法术，时常让我恍然大悟。

《老人与海》的故事简短却寓意深刻。

简单的人物，简单的场景，简单的故事，还有那富有悲伤气息的结局——虽是意料之外，却也是情理之中。海明威用最具艺术风格的方法给了读者希望，揭示了时代现实，继而又是发人深省的鼓励。他说：

我试图写一个真正的老人，一个真正的孩子，真正的大海，一条真正的鱼和许多真正的鲨鱼。然而，如果我能写得足够真实的话，他们也能代表许多其他的事物。

这些事物是什么？我无须在此多做讨论，仁者见仁，只有各自的心知道答案，我们永远无法给出标准去做评判，而这无标准型的评判又何尝不是本书的最大魅力，又何尝不是生命的精辟哲理？

我以为，全书最大的亮点便在于结局，老人与梦寐以求的一千五百磅的大马哈鱼搏斗三天三夜，将其成功制服，而这条大鱼却在归途中被鲨鱼吃得只剩下了鱼骨。许多人不禁要问：作者为什么不让老人获得全胜，来个大圆满的喜剧式结局，这岂不是更能鼓舞人心？

这话听来有理，可仔细一品，才发现作者的狡黠。的确，英雄的胜利总能让人热血沸腾，可那些近乎完美的战役在常人或穷苦人的眼中更像是传奇与神话，是一个只能放在耳边，伸手却不可及的梦幻。面对这些，被生活所困的人们或许只有羡慕、叹息的份，甚至在对比之后更觉自己人生的灰暗。由此看来，海明威对故事的结局设置就显得更合理、更人性了。

全文中有一句经典：人可以被毁灭，但不能被打败。所谓"毁灭"，是在不屈中消亡；而"打败"，则是在屈服中苟活。老人的行为很好地诠释了这句话的真谛。他的故事不仅象征着人与自然的关系，更象征着整个人类坚不可摧的精神。在现实中，他看似败了，但在精神上，他却是个胜利者——他用顽强搏击的精神，展示了人的高贵与尊严。

遍顾人生，有谁能一直如愿以偿？背离心愿往往是生命的常态。只有正视，才能前进。自古就有"不以成败论英雄"之言语，在我看来，这句话最为实在也最为客观，这更是海明威想传递的思想。"成败"，在除去能够人为尽到的努力后，剩下的便只是概率问题，我们控制不了更强求不来，因此，英雄与否，全由"付出"与"坚持"决定——一颗百折不挠、希望永存的心才是英雄的关键。

贝多芬也说过类似的话："我可以被摧毁，但我不能被征服。"没错，摧毁是肉体上的，征服却事关灵魂，灵魂可以抽离肉体而存在，可肉体一旦没了灵魂便什么都不是。因此，本书所传达的精神力量不仅仅是童话寓言里的真善美，更是人们在现实中生存下去的精神依靠。

在书中，胜利已经不是重点，重要的是一个人生命的价值，敢于挑战，一次又一次地超越。老人所代表的是人类的自信，是强大的坚守意识。

我们要做生命中的英雄，就无须惧怕失败。直面一切的坎坷，只要付出努力，只要能够坚守，结果到底如何已不再重要，因为充实的过程已填满你的心灵，无须过问成败。

论英雄，不问成败。

阅读对象：

苏菲的世界

阅读提示：我们也是星辰

作　者：[挪威]乔斯坦·贾德

谁是你的艾伯特少校

——读《苏菲的世界》

张适可

简介	耶鲁大学医学工程硕士。散文《清明时节雨纷纷》发表于《作文通讯》。
阅读感悟	如果名著是美酒，那么最好的下酒菜就是自己的经历。随着经历的不同，同一本书可以品出截然不同的味道。

　　你是谁？世界从何而来？当我静静地坐在书桌前翻开这本书的时候，被桎梏所束缚的对世界的好奇心苏醒了，仿佛重做了一个孩提时代的梦。苏菲的哲学课把我所习惯的世界打得支离破碎，留下遍地的玻璃碎片反射着先哲的理性与智慧的光，像早上的太阳唤醒了渐渐将一切视为理所当然的睡眼惺忪的灵魂。

　　从德谟克里特斯到弗洛伊德，从理性主义到唯物论，我划着一支长篙在苏菲的哲学大海中漂流，让精神接受前所未有的洗礼。它像一座灯塔，照出一束束的光射穿了哲学的朦胧的雾，让波澜壮阔的哲学史汹涌在我心上。古希腊哲学三杰的争论尚在我耳边回荡，文艺复兴的钟声又已经敲响，黑格尔、马克思也挥手走过我的身旁。直到我看到最后一章，苏菲离去，那轰然一响，震得我深陷彷徨。

谁是你，我，我们的艾伯特少校？——这个问题久久萦绕在我的脑海中。没有他，苏菲就只是一个普通的女孩。她不会对世界的存在感到不可思议，也不会去思考存在的理由和价值。他循循善诱，令苏菲们找回了曾经以为失去却从不曾失去的能力——孩子般的好奇和质疑。那我们呢？

是啊。谁不曾是个孩子？谁不曾对这个世界感到新鲜无比？谁以前没有问过父母星星和月亮的问题？那样的我们又到何处去了？谁还记得我们小时候曾经思考过黑格尔们的问题？是时间抚平了孩子们踩在沙滩上哲学的脚印，还是不断学来的知识让我们在对世界的熟悉中忘却了质疑？

我们问太阳为什么是圆的，答案是引力；我们问水是由什么组成的，答案是一群 H_2O；我们问为什么会下雨，答案是水汽凝结落到地面；我们爬上树去问鸟儿为什么唱歌，却被厉声喝下，并被告知不能攀爬否则罚款。

其实，艾伯特少校一直存在于每个人心里。只不过在答案和规则被重复一千遍后，它们就成了真理，将艾伯特压入了心中的死角。只不过我们都浸泡在了纷繁复杂的生活琐事中，以至于艾伯特也被现实的浪淹没。

在我们的世界中，我们与月亮的距离一直是三十八万四千四百千米；人的学习目的是更好地生活；我们必须……而这一切都不过在阐述着一条规则——不准提问！于是我们对一切都做出了判断，不论是正确还是错误，当判断做出的时候，我们便不会再去提问了。艾伯特少校就这样被岁月带走，渐行渐远。

找回艾伯特少校吧！尝试着去像苏菲一样生活吧！——人和机器的本质差别便是人会提问啊！在质疑中，你也许会真正发现自己的生命价值，并让自己远离那机器般的碌碌一生。

找回艾伯特少校吧！当你带着你心中的艾伯特少校一起上路时，你会看到你的人生发出了和苏格拉底们一样的淡淡的金子般的光辉！

结局或为开始

——由结尾简评《苏菲的世界》

吕　远

合上书本的刹那，我脑海中"那轰然一响"，恍若此书最后所言。先前的所有感悟，尽皆化作万千星辰，若隐若现。

一切似乎又回到了最初的时候。

或许由此，我认识到《苏菲的世界》最精妙之处便是它的结尾。

故事开始于"你是谁""世界从何而来"这些质朴的问题，却也结束于此。对于未受到系统哲学学习的人来说，也许这些问题的答案来得如此自然，以至于想不出具体的解释过程；相反地，有些人可能已经被这个问题困扰多时，百思不得其解。

而追随苏菲的视角，我开始进入哲学启蒙的世界。从自然派哲学家到苏格拉底，从中世纪到巴洛克时期，从休姆到康德……直至我们这个时代。我在深入阅读中，见证了简单与繁复之间的转换、论证与否定其中的交错。而最初的问题，由不解走向明了后又重显扑朔迷离。

阅读这本书的前后，问题仍是那个问题，答案也没有多大变化。那么，这仅仅是一场无意义的轮回、原地打转的空想吗？不，结局的回归并非意味着内涵的一成不变。我曾看到过一段话：

> 结束，也代表着开始；开始，也就预示着结束。开始和结束，就是这么永无止境地不断循环着……只是每一次开始与结束之间的轮回，内中的人和物，均已不同。

推动改变的是整个过程。在学习了整个西方的哲学发展史，经历由茫然至充实的转变之后，改变的不仅仅是主人公苏菲，也包括身为读者的我。

经过作者的引述，尽管我仍旧难以言明"世界从何而来"，但也不由得想到"宇宙要不就是一向都存在着，要不就是突然无中生有……"我的探求并非止步于此。有了本书结尾的思想突破，我不由得将书页前翻，想要挖掘出隐藏的信息。

线索出现在康德的理论中。千百年来各个学派争执不休，而康德使哲学走出了理性主义与经验主义的僵局，这也标志着一个旧纪元的结束与新阶段的伊始。

对于康德之前的理论对立，苏菲说："他们都对，也都不对。"那么回到本书结尾的问题，或许"宇宙一直存在"与"无中生有"都有道理，却又不尽然正确。正如本书从头至尾既是一场轮回，又是前进中的一步，看似对立的两者或许都仅仅是盲人摸象罢了。若想看得更加客观一些，那么我们应该是"做个明眼人"而非"像盲人一般摸象"了。古诗云："欲穷千里目，更上一层楼。"换句话说，我们需要更开阔的视野。

至此，哲学的发展史在作者的梳理下，表现出失衡—平衡—失衡的形式。总是先有一些天才提出一些极端的理论，随后再有反对派的天才充实其对立面的理论，直至一位康德式的哲学家使得双方理论平衡，然后又有天才提出更深刻的极端思想……如此周而复始，西方哲学便有了长足的进步。

从"山不是山，水不是水"到"山还是山，水还是水"，这隶属于传统东方哲学的高深境界，作者从西方哲学的角度给出了精辟的诠释。

由此也不难看出，本书并不完全是西方哲学史，也渗透着作者自己的哲学信仰。尤其是从"对位法"到"那轰然一响"的结尾部分，作者展现了其博大自然的历史观。中国古有先贤感悟曰："天地玄黄，宇宙洪荒。日月盈昃，辰宿列张。"而作者说："我们也是星辰……"而无论是苏菲与艾伯特所处平行空间中旁观者般的境地，还是我们在浩瀚星海中沧海一粟的遐思，都令我豁然开朗。至此，东西方哲学仿佛又融为了一体。

而结局或为开始，读完本书后，我与天地间的精神往来也许刚刚开始。

阅读对象：

远山在呼唤

阅读提示：梦想是一个奇妙的力量

作　者：[日本]植村直己

一直很幸福

——读《远山在呼唤》

潘知津

简介	现就读于新加坡南洋理工大学。曾出版过个人成长笔记《你贯穿了我的少年时光》。曾获杭州市中小学生"品味书香　诵读经典"读书征文活动三等奖。
阅读感悟	保持阅读的习惯不一定能减少你生活中大大小小的麻烦，但是往往能减少你碰到这些麻烦时的忧虑。它使你能坦然接受自己很渺小，也赋予你继续往前走的柔软力量。

"你为什么喜欢山？"

闷热的四等舱里，植村靠着他脏兮兮的登山包，一群卷头发的黑种人围过来好奇地问。植村看着他们，他们的眼球和牙齿在这个没有窗户，没有阳光洒进来的地方显得白亮白亮的。

——题记

《远山在呼唤》是日本登山家植村直己的一本记录，内容是他从大学开始的登山经历。他是第一个登遍五大洲最高峰的登山家，一个怀揣一百一十美元就远离家乡踏上登山之旅的冒险者。这本书完成后十年左右，他在严冬尝试登顶麦金利山，失踪在茫茫雪山上。

拿到这本书的同一天我爬了北高峰，下山途中突然大雨如注，裸露的石头一经冲刷变得很光滑。我没带雨衣，也撑不了雨伞，甚至没法控制自己的重心。下到不是泥沙路的地方，才注意到小腿上已经叮了一只山地蚂蟥——大概是刚刚浸在泥水里的时候惹上的。湿漉漉地坐了两个小时车回家，把自己折腾干净，吸着气给那个止不住血的伤口涂碘酒，我半是抱怨半是疑惑：

"植村为什么一直登山？"

植村说，登山是一种兴趣。有了这个兴趣，他的确遇见过许多美好时刻。在勃朗峰下的帐篷里醒来，零星几头牛专注而安静地吃草，它们脖子上硕大的铃铛是他绝佳的天然闹钟；乞力马扎罗山顶的日出，漫长绵延的地平线，硕大的太阳散发着微微的红光；从四等舱里脱身，裹着睡袋迎着海风从苏伊士运河的日落一直等到静谧夜空中繁星灿烂。

它们吸引着植村。冰川，雪，高山植物，冰爪踩入雪脊线的声音，登顶之后的喜悦和满足。

因为昨天爬山的时候一直用手掌撑着登山杖，我的虎口感觉像得了内伤。我揉着虎口，默默地想，"兴趣"似乎并不是一个完全合理的解释。我喜欢在山上挖多肉植物，喜欢登顶之后逗弄那只总围着你脚边欢欣跳跃的土狗，但是，嘿，我很确定自己并不想再继续一次滂沱大雨中下山的经历，防晒霜顺着雨水进入眼睛的苦涩刺痛，还有一些跟植村冒着生命危险登山比起来鸡毛蒜皮的小困难，已经消磨冲淡了我的兴趣。

一个登山家不仅仅了解冰川的魅力，也一定对它的威力深有体会。每次在风雪中艰难前行，用生命做一个不能失误的赌局的赌注；每次在登山前缩衣节食，不分假期地干重体力劳动的活儿，凑住宿和食物的钱；在二十多岁这个最执着于享乐的年纪不参加任何的舞会派对——也不与姑娘深交，难道植村的兴趣竟是如此难以消弭且使他甘愿为此做无数牺牲吗？

没有一个人会为了兴趣牺牲自己的生活，这是植村自己说的。

兴趣造就一时的激情，就像肾上腺素飙升一样。但兴趣只是点缀生活的某样东西，不但不索取付出，反而要去奋斗和冒险。

那些与他同船去往乞力马扎罗的黑人跟我一样困惑，他们问，为什么你为了兴趣爬山，却要坐这种不把人当人的四等舱呢？植村没有回答，我想他大概在思考。思考从那个被称为"拼命三郎"的登山新手，到现在这个怀着雄心壮志的勇者，登山对于他而言，是否仍局限于一种兴趣，还是成了别的什么，驱使他在这条路上越走越坚定。

掉进隐形冰隙九死一生的植村，得了黄疸病恢复期不到一半就踩上滑雪板再次工作的植村，迎着人们的讽刺目光把船上吃剩的面包攒来当口粮的植村，把破了洞的袜子套在手上当手套使的植村……

经历了所有这些，渐渐地，植村的文字里，攀登这座那座山，演变成了"梦想"。

梦想，是一个我们愿意为之去奋斗、努力，为之去改变，为之去做出牺牲的奇妙力量。

植村说，山是危险的。但当然应该继续攀登。

植村说，跟那些法国人不一样，我有梦想。

梦想这个解释让我感到信服。这本书没有太多专业术语，我看得很快，当他写到跟曾经与他绑在同一条红色登山绳上的队友一起登山，感到很宽心、很安全的时候，我突然觉得也许登山对于他而言还意味着更多的东西。虽然他习惯于独自登山，但他的背后仍然有很多给他提供支撑的人，而他一直心存感激。当队长用对讲机在营地呼叫他"植村，加油加油"的时候；当安娜修女告诉他，神与他同在，她会为他祈福的时候；当滑雪场的让先生给他带薪休假的时候……登山成了一种精神上的使命和责任，他要拥抱这些山，要征服这些山，好让他们知道，他那么厉害，从不辜负他们的企盼，好让他们看到他完完整整地归来。

可能还有一点，这是勇敢好胜且有些意气用事的植村对自己的挑战，对人类极限的挑战。

20 世纪 40 年代出生的植村，我不了解，我更无法面对面地问他："植村先生您为什么一直坚持登山？"

但他对于登山这项他所钟爱的运动所付出的，透过纸张，被我窥探到了。

我想也许命中注定我们每个人一辈子都会遇见一个梦想，一份事业，一项运动或者是别的什么，就像登山之于植村，对它赋予热爱，投身于此，并明确地握住自己的方向。它很自然地，就成了你生命的一部分。

那个时候，我们会像一个武士，断然出行，无所畏惧，坚持到底。

在他最后一次攀登的麦金利山上，植村在生命的最后一刻会想些什么呢？是那些一侧脸上鼻涕冻结成冰，另一侧脸上鼻涕像小孩的口水一样流个不停的日子吗？

突然想起大四那年的植村说：我想，登山对我而言，是最幸福的选择。

阅读对象：

解忧杂货店
阅读提示：人必须相互支撑

作　者：[日本]东野圭吾

拥有地图的人
——读《解忧杂货店》
屠一诺

生命，原是一场旅行。上帝说，既然已受到生的惠泽，便不能奢求太多。于是，他只给每个人一张地图，让他们去自寻道路。

有的人，成功寻找到了属于自己的归宿；有的人，却根本不会解读地图；还有的人，被路上的荆棘割伤刺痛，绝望到扔了地图。

假如这时，有一位看透了生命的老者，用温暖的话语教导你去看这地图，结果，又会怎样呢？

一、丢失地图的人

克郎是一个丢失了地图的人。

或者说，他从心底觉得他丢失了属于自己的地图，一张音乐世界的地图。因此，他才被迫要面对父亲希望他继承的鱼松店，而不是成为一位享誉全球的音乐家。

试问一句，你，可曾丢失过地图？一份小小的却正合你意的地图，清晰标注的路线正好指向你想到达的地方。如果你丢失了那份地图，你脚下，又是通向何处的道路，是否能到达你心中的目的地？

我相信，每个人心中都有一份无法触及的地图。

事实上，丢失了地图的人，往往还有另一份地图——一份明确了道路，因而减少许多阻碍的地图。但他们真正想去的地方却不在地图上，甚至，这份地图还有可能让自己在路途中跌得浑身是伤。

我曾经有幸听一位画家授课，短暂的课程结束后，我问了一个在今天看来不能更愚蠢的问题。我说，我也挺喜欢画画的，但画画这条路是不是很难走啊？当时那个画家注视我的目光和她对我说的话，让我满脸通红。她说，不论做什么事，你想做好就一定会很难的。但真正喜欢做这件事的人，是不会因为难就轻易放弃的。虽然只是随口一问，但那位画家给我的回复却一直停留在我的脑海里。我想，画画于我只是一个寻常爱好，但真正遇见一生挚爱之时，我真的敢不顾一切为之奋斗吗？这一路上的所有难处，包括经济利益、成功概率等等，我真的能保证全然不顾吗？

我真的不能，也不敢轻易保证。

丢失了地图，往往是因为迷失了自己。他们的心是飘荡在空中的风筝，因为没有抉择的勇气，只能被看似安稳的风筝线牵连，远远眺望着自己心仪的地方。但风筝毅然扯开风筝线，哪怕在电闪雷鸣中被撕裂也不顾，会是最正确的选择吗？

真正的勇气，又有谁能够评判？

二、误解地图的人

我相信，每个读到浩介的故事的人，都会忍不住心痛。

浩介只是一名初中生，当父母告诉他，他们家因负债而被迫出逃时，他完全表现出了一个孩子的无助与无奈。正值披头士的解散，他自以为看透了人与人之间情断义绝的残忍，甚至有一种被父母背叛的心痛，因此不顾浪矢老爷爷劝他和父母不要出逃从头再来的劝告，在出逃过程中离开了父母，最终去了孤儿院。

直到多年后，他才知道当年一切事情的真相，父母为了他而自杀，并同时造成他也自杀的假象，好让离开父母的他可以免受债主的干扰。知道真相的浩介，除了用酒精麻醉自己的神经与苦苦憋着眼泪外，别无选择。他在酒吧对浪矢爷爷写下的故事结局，与其说是为了让爷爷安心，倒不如说是靠幻想中一家人的幸福来安慰自己。

他的悲剧，源于他对手中那一份地图的误解。他以为父母为了利益，为了出逃，毫不顾及自己的儿子。但他错了，人与人之间的情感不需要也无法全然表达，很多事情只能自己用心才能看透。他以为父母对他太冷漠，殊不知，那仅仅是表象，很多时候，感情会被眼前充斥的困境隐瞒。他以为一旦逃跑生活便会无比灰暗，却不知失去亲情滋润的生活会更加黯然失色。有很多我们"以为"的东西，其实静下心来想想，都会为此而感到懊悔和痛惜。

静下心来，仔细看看你手中的地图吧！许多执迷不悟，唯有你自己能破解。

三、空白地图的人

躲进浪矢杂货店的三个小贼，阴差阳错替许多人解决了烦忧，并在最后，收到了浪矢爷爷替他们解忧的信笺。

他们三个做贼，也是被逼无奈。从小便被带去孤儿院，有着不同于常人的辛酸经历，长大后再次走上歧途，也是因为纷纷失业，陷入窘境。他们根本无路可走，或者说，他们的地图上一片空白。

可浪矢老爷爷却对他们说："正因为是一张白纸，才可以随心所欲地描绘地图。一切全在你自己。对你来说，一切都是自由的，在你面前是无限的可能。"

我想，这句话并不只是浪矢爷爷想对他们说的话，更是东野圭吾想对每一位拥有地图的人说的话。即便浪矢老爷爷是那位看透了生命的老者，能予人以最真挚的告诫，我仍不敢乞求生命中能有这样的贵人，为我点灯指航。但转念想想，连逃跑的三个小贼都能做他人生命中至关重要的解忧人，我们自己，又为何不能做自己生命中的贵人？

地图，就在手中，路，就在脚下。哪怕一片空白，也有无限可能。一切一切的未来，便在此刻，由你我来抉择了。

（指导老师：傅岩）

（本文曾获杭州市中小学生"品味书香　诵读经典"读书征文活动一等奖）

心之所在
——读《解忧杂货店》
傅春燕

简介	现就读于武汉大学，主修口腔医学专业。曾获杭州市中小学生"品味书香　诵读经典"读书征文活动三等奖。
阅读感悟	阅读使外界和自我相互融合，让自我变得更有包容性。阅读也能提供新的视角或解决问题的思路，会激发潜藏在心底的想法，促成某些机缘去尝试拓展自我。

　　解忧杂货店，以忧为始，以解为终，命运的天桥一头紧接着鲜为人知的杂货店，另一头架于位处半山的孤儿院。形形色色的人穿梭其间，游走于现在与未来，交织出一个个真实感人又扣人心弦的故事。望向天空，似乎隐隐存在无形的线，将心与心系在一起，人们互相拉扯挣扎，又都苦于内心的纠缠之痛。如同沙漏一般，忧者的内心正有东西在不断流失……

　　一个"忧"字，扣住了读者的心。忧愁长醒不眠，使人们饱受折磨。击剑运动员在追逐梦想与陪伴恋人中徘徊受困，鱼店音乐人在继承与打拼中揪心，还有人，因曾经所追崇者化为泡影而迷惑……这些迷途的羔羊，在一封封穿梭于时空的信中得到指点，似乎是幸运女神眷顾了他们，才得以坚定自己的方向，开辟出一条属于自己的无悔的路。那么生存于现实的我们，心中的忧又该如何解决？不是每个人都有知音相随，不是每匹良马都能幸遇伯乐。若处于低谷，免不了有人对我们予以冷漠，有的人淡淡说些无稽之谈。我们免不了徘徊犹豫，躲不过遭受痛苦。如同作者所述，在人生的岔路口，人究竟应该怎么做？

我们最大的无奈在于我们不仅是忧者，还要充当自己的解忧者。然而，当局者迷，我们就如被世界遗弃在沙漠的一角，世界在高空无情地讽笑，他们明明看得清清楚楚，却任由我们像无头苍蝇般乱窜，内心被扯得伤痕累累。当我们痛苦时，我们知错了，回头了，朝着不受拉扯之苦的方向，我们一路奔跑……写信给浪矢爷爷的人，也如解忧者本人所说，其实早有了心的选择，只是他们需要自信，需要安慰，这正是被扯破的内心所流失的东西，也是浪矢杂货店真正可以给予伤者的礼物。在我犯难时，朋友曾献上抉择的妙计：掷硬币。当掷出的选择让我想再试一次时，我就知道了心的方向。沙漠中迷途的人们，请亲手为自己的心灵贴上安慰的创可贴，将沙漏倒转过来，向着微笑的方向，去品味一路的美好。

的确，也有人心灵被注射了麻醉剂，总是无知无觉。他们的双眼也被愤怒喷洒了迷雾，在他们眼前是非被杂糅在一起，他们也会奔跑，眼前风景也是那么美好，只不过最后清醒时才发现，情丝崩裂，心灵血迹斑斑。小男孩浩介给我的警示铭记于心，他选择离开父母，是的，他很幸运，可称作成功人士，当他意外得知成功的背后，有着父母用生命搭起来的依靠时，他还是成功的吗？然而事实很残酷，为当局者换上有色眼镜，理解、辨识能力都会错乱，就像红光照耀下的白纸也会反射烈火的颜色。我为小男孩浩介感到痛心。可转念一想，正处于青春期的我何尝没有过冲动呢？父母的生命又为我缩减了多少。我想记住这种体谅的感觉，记住他鲜血淋淋的教训，愤怒时有那么一幅亲切的画面来轻抚我们的神经，引着血液流回头脑，洗去傲慢的气焰，我们会豁然开朗。

所有的生活背后，要感谢的是当事人的努力。

故事的另一个焦点，在于"解"。而解忧者并不是什么有高学历的心理医生或是哲学家。小偷曾在信里提道："如果你发现是在向这样的人咨询，你会觉得自己可笑。"然而他们确确实实使忧者得到安慰与救赎，社会地位并没有阻止他们拥抱善意天使，我们又何必刻意为其添上魔鬼的面纱呢？要知道即使是真正的浪矢爷爷也只不过是杂货店老板。善意天使不会冷落任何一个想要拥抱善良的人，她将他们视如孩子，喂以快乐的乳汁。快乐，这是世间人人渴望品尝占有的啊！有人为其在社会深渊里拼得头破血流，结果却不如小偷寄出回信后眼中闪烁的光芒来得美好。我们即使逃不过忧愁的魔掌，但在快乐时也可以给予忧愁者一个微笑，也许这就是他们心中的太阳。我想每个人心中都会有一个笑脸久久难忘，那么你的笑脸是否同样在他人心中驻足了呢？

浪矢爷爷对每封来信都精细思考，即使是三十三封出自同一人之手的恶作剧也不例外。小偷对是否还有来信也挂念于心，他们渴望抓住这个能喂饱心灵的机会！虽然不是每一个烦恼他们都能如意解决，每个人都能得到满意的结果，事实却是每个人都对其心怀感激。因为在最需要的时候，有人愿意聆听他们诉说痛苦，与身处孤独的自己同在。如果有这样的机会，请务必牢牢抓住。时空轮回，种种因缘下自己会不慎陷入忧愁选择的牢笼，又该怎么渴求他人为你分担呢？

人无法独自生活，必须相互支撑才能活下去。

风吹月圆，时间再次流逝，告别杂货店，我找到了内心缺失的东西，殊不知还需多少历练才能将其填满心灵……但是换个角度看，正因为现在的空虚，我才能有"再多一点"之说。滔滔血液在体内迸射，冥冥之中暗示着我，加快步伐！

阅读对象：

堂吉诃德

阅读提示：美德使他发疯

作　者：[西班牙]塞万提斯

做一个严肃的疯子

——浅谈《堂吉诃德》

卢　桑

简介	浙江大学本科毕业，美国北卡罗来纳州立大学硕士毕业。目前于美国加州从事金融行业。
阅读感悟	从小养成的阅读习惯让我在嘈杂琐碎的生活里找到一份独特的寄托，更好地感知这个世界，塑造个性。无论在人生哪个阶段，从事怎样的工作，我都会珍惜自己能够安心阅读的好时光。

一匹瘦马，一身破烂的盔甲，一个疯狂的老人向着自己的理想大道出发了。

堂吉诃德的远征，在出发之前已经注定了失败，他所向往的游侠骑士制度，早已寿终正寝。他并没有瞻前顾后，踏上了一个注定无果而终，但也注定了要被千古传颂的征程。他遭遇了无数次的毒打、无数次的侮辱，一路上的艰辛只有自己在夜间慢慢品味。

如果我们把堂吉诃德的经历当作一场平凡的生活剧，一开始，我们可能会被他那些荒唐的言行折腾得捧腹大笑。然而当玩笑频繁地出现，再三地重复上演，我们开始觉得无聊、严肃，最后甚至是痛苦。生活中重复的玩笑绝不再是玩笑，而是生活的残酷。随着堂吉诃德的经历逐渐丰富，我们不得不惊讶于他脆弱身躯的巨大承受力。他不停地接受践踏、拷打与羞辱，让人们体会到这种近乎丧失人性的折磨。与此同时，我们不难发现作者的笔调已不再如一开始那样辛辣，而多了一份怜悯和支持。

堂吉诃德的荒唐让人难以接受，因为一个人怎么能为一个荒诞虚无的理想将矛枪肆意指向他人，也引来他人的矛枪？但细察我们的生活，何处不充斥着堂吉诃德的影子？理想对于我们往往意味着不现实，并且越是伟大的理想越是显得荒诞。孟子的理想是天下大同，鲁迅渴望改造国民，这些理想固然美好，却被现实击得粉碎，当他们怀揣着治世的良方，满怀拯救世界的信念时，却发现世界只给了一个冷漠的背身，就像堂吉诃德无数次地渴望能惩奸除恶或拯救美人时，却只能遇到几头牛或几架风车。

若将堂吉诃德概念化，堂吉诃德为一名凡人，振兴骑士道为一个梦想，我们发现，他遭受过无数的嘲笑声，显出了自己的另一面，他对自己的事业无比忠诚，永远勇往直前，为梦想献出了自己的一切，那么义无反顾，又那么坚强、乐观。他面对许许多多的艰险和挫折，可遇到需要帮助的人，从来都倾己所能，没有任何为难。他践行着游侠骑士的信条：彬彬有礼，保护妇女和儿童，帮助一切需要帮助的人。他的人格魅力像是敷了泥的金，人们都嘲笑他粗糙的外表，鲜有人看透。

当堂吉诃德走向了现代，在历史的大风大浪中走着，泥巴终于渐渐被剥蚀，耀眼的光泽闪现人间，他终于被人看懂，终于常有人掩卷沉思，叹息，思索作者赋予他的悲哀，那含着泪的笑。

不论外界的世界如何变幻，无论是热衷于理想还是遗弃理想的年代，我愿如堂吉诃德一样，始终走在自己梦想的途中，做一个严肃的疯子，有一个梦的传奇。可以走得很慢，但绝不回头。

阅读对象：

泰戈尔诗选

阅读提示：永恒的纯真

作　者：[印度]泰戈尔

《吉檀迦利》的语言与写作方式

杨海慧

简介	毕业于英国格拉斯哥大学企业管理专业，目前在做车联网方向的行业分析工作。
阅读感悟	读书于我是一种汲取力量的方式。其中，有为获得支配时间的自由感到自在，也有与书中的描述感到共鸣的畅快，更有了解到一个全新视角的感叹。

　　冰心在对泰戈尔的评价中写道："泰戈尔！谢谢你以快美的诗情，救治我天赋的悲感；谢谢你以超卓的哲理，慰藉我心灵的寂寞。"怀着对泰戈尔的崇敬，我拜读了泰戈尔的《吉檀迦利》。以下是我对这部诗集的粗浅评价。

　　阅读之后，我完全被泰戈尔的语言吸引。他的文字具有诗般的优雅、歌般的韵律，并且透露出浓厚的思想精神。比如，泰戈尔写的：

　　有谣传说一线新月的微光，触到了消散的秋云的边缘，微笑就

在被朝雾洗净的晨梦中，第一次生出来了——这就是那婴儿睡梦中
唇上闪现的微笑。

"被朝雾洗净的晨梦"，这是多么纯净、清新！"微光""边缘"，使婴儿微小、
不易觉察、具有无穷的感染力的面部表情跃然纸上。一个婴儿的微笑——生
命最基本的表情，被泰戈尔描述得如此美妙。诗人用这些梦幻般的语言，表
达了欣喜的心情和热爱生命、歌颂生命的情感。

又如：

季候应和着这急速不宁的音乐，跳舞着来了又去——颜色、声音、
香味在这充溢的快乐里，汇注成奔流无尽的瀑泉，时时刻刻地在溅落、
退落而死亡。

前面生动地表达了季节变化之快，富有动感，同时阐述了事物兴衰的
真理。

泰戈尔的语言又有明快、简洁、冷峻、深沉的特点。如在描写死亡时写的：

你的眼睛向我最后一盼，我的生命就永远是你的。

短短几句，把死亡写得如此唯美、与众不同。这充分显示出诗人对生命
结束的从容，更表现了他敬畏神灵、心归神灵的高尚。

又如：

孩子们在无边的世界的海滨聚会。风暴在无路的天空中飘游，
船舶在无轨的海上破碎，死亡在猖狂，孩子们却在游戏。在无边的
世界的海滨，孩子们盛大地聚会着。

诗人极力渲染了可怕的环境，这与游戏中的孩子形成鲜明的对比。孩子

就是那么天真，不管这世界有多么现实、多么残酷，他们总沉浸在自己的世界中。诗人借此也显示了他孩童般的心，以及对纯洁的向往。

同时，泰戈尔的诗句很多都用到了反复的手法和排比句，读起来朗朗上口并十分有冲击力。比如：

> 在那里，心是无畏的，头也抬得高昂；在那里，知识是自由的；
> 在那里，世界还没有被狭小的家国的墙隔成片段……

层层递进，表达了诗人对美好未来的向往。

泰戈尔的诗中不仅有优美的文字，他的诗还具有独特的写作方式。

《吉檀迦利》中的大部分诗歌是用第二人称写的，就像用一种对话的语气写诗，比如：

> 在你心的深处难道没有快乐吗？你的每一个足音，不会使道路
> 的琴弦迸出痛苦的柔音吗？

这种写法增强了诗歌的亲近感、感染力，让人感到诗人的确渴望与神灵结合。

诗人描写的"我"的情感，就是随着情节的发展变得淡然的。一开始，"我"对神灵有无比的向往。

> 他来坐在我的身边，而我没有醒起。多么可恨的睡眠，唉，不幸
> 的我呀！

这种渴望仿佛已成了"我"生命的全部。而到后来，神灵再一次到来时，"我"却说：

> 若是他的脚步没有把我惊醒，请不要叫醒我，我不愿意小鸟喳

杂的合唱和庆祝晨光的狂欢的风声，把我从睡梦中吵醒。即使我的
主突然来到我的门前，也让我无扰地睡着。

　　这一个变化过程，让人切身感到"我"真正地与神结合，追求高雅生活，向往美好未来。诗人把这种潜移默化、追求神灵的作用表达了出来，这比从头至尾只是在赞扬、崇尚神灵的诗歌要生动形象得多。

　　"由于他那至为敏锐、清新与优美的诗……"，泰戈尔获得了诺贝尔文学奖，我自认为他的诗集很独特，哲思与文采兼备。

谈《泰戈尔诗选》的伟大灵魂

孙震宇

简介	浙江大学毕业后获得美国哥伦比亚大学统计学硕士学位。现在美国纽约就职，从事数据建模分析方面的咨询工作。
阅读感悟	回想起高中时阅读的名著，我庆幸能早早地去感悟文学巨匠的情感和思想，以此为基础，去反思自己，并且指引我未来的人生路。读好书，需尽早！

　　读过小说《亮剑》，书挺厚，但用了两三天的时间便看完了。读到书的结尾时，我记得自己的眼眶里已噙满了泪，然后书上的文字便模糊了。我用泪眼暂且隔开世界，而用心沉浸于书的灵魂中，那是军魂，在无畏和服从中诞生，于奋斗和不屈里加强，却在那真正军人义无反顾走向死亡时获得永生。

　　我认为，一本好书定有属于它自己的精魂，由作者本身的灵魂浇铸而成。读书便是在品味作者的魂。书可读完，但书中灵魂却广泛而持久地影响着读者的一生，使其生命之泉不至于枯竭，价值观得以更理性地确立，视野豁然

开朗，心灵得到震撼。

　　毋庸置疑，《泰戈尔诗选》便是这样一本好书。是的，我的心被完全震住，恰似星光相对于日光的黯淡，河流之于海洋的渺小。我从不曾想到一个人的心灵竟会如此地丰富多彩，面对他的灵魂，我真愿唱一首永恒的赞歌，然而我的才智是如此粗浅，我变得无从下手了。

　　选编的五个诗集，都可谓是泰戈尔的经典之作。《吉檀迦利》写的是献给"神"的诗歌；《园丁集》表达了诗人对爱情和人生的思索，甘愿成为"为爱情、人生培植美丽的繁花的园丁"；《新月集》是对儿童美好纯真的赞美之音；《采果集》则恰似《吉檀迦利》的续篇，进一步讨论了生命的本质；《飞鸟集》实是诗人内心历程的记录，短小精练，富有哲理。

　　可以说，五个诗集各有特色，却并非独立。我不能说这些诗集哪一本最好，我只能说诗人在哪一本诗集中侧重于哪一方面的描写。可以不假思索地说，他的诗视角标新立异，似乎什么都可以交谈，首首都如此美妙。在他的脑海中，仿佛无所谓虚无，也无所谓真实，二者可以相互转化。作者的心像是自由的鸟，时而寄托于此，时而寄托于彼，无拘无束，这不是他灵魂的一个体现吗？没错，他的心中定藏着不羁的灵魂，在世界的天空中徜徉。他说："我的心，这只野鸟，在你的双眼中找到了天空。"我喜欢他的这首诗："根是地下的枝；枝是空中的根。"多么有趣的想法！这样美妙的想法、这样美妙的诗句在书中随处可见。他灵魂的自由并非疯癫，而是充溢着童趣。他的诗歌中一个重要的特点也是童趣。不然，何以写就《新月集》呢？他的见解是独到的：

　　　　孩子有成堆的黄金与珠子，

　　　　但他到这个世界上来，

　　　　却像一个乞丐。

　　　　他所以这样假装了来，

　　　　并不是没有缘故。

　　　　这个可爱的小小的裸着身体的乞丐，

　　　　所以假装着完全无助的样子，

便是想要祈求妈妈的爱的财富。

——《孩童之道》

我读到此处时，心灵也像被母亲的手抚摸着一样，满是爱意了。然而这样的美句在书中还有很多。他的灵魂将我感召，于是我小小的心也像孩子一样变得天真无邪了，没有烦恼，只有无尽的音符，上帝的歌回来了。

这远不是泰戈尔灵魂的全部！他有着一颗博爱的心，他喜欢上帝所创造的一草一木；他崇敬为人践踏的泥土；他爱真理；他爱思索和发现；他赞美简朴的生活，百姓辛勤的劳动；他也为伟大的爱情歌唱；他甚至不抛弃错误、失败。这些全是他所爱的主题。可又有如此众多的事物为他所不齿：权力者对百姓的摧残，狂暴的战争，虚伪、名誉和金钱，怯懦者的无能与无知者的自以为是，等等。好吧，这就是我所能讲的他的伟大灵魂了。

现在请来看一看吧。无论你从哪一方面去想，都会觉得"伟大"这个字眼毫不为过。过分的热爱会使人觉得他过于乐观，过分的批判使人觉得作者太过消极，单纯的说理使人厌烦，单纯的叙景则过于简单，单有童真使人觉得他没有长大，只有自由则会被认作是与社会格格不入的人。但是，将所有这些品质都汇集于一个灵魂上，那么你会觉得它有着难以名状的诱惑力。乍一看，仿佛这是不可能的，这个灵魂处处都充溢着矛盾，可若细想，只是泰戈尔没有将许多人性的美好抛弃罢了。心灵中总有空间来存放美好，有人说它们不可能共存了。于是房间的门紧闭了，那美好进不去了。

那么就来读一读《泰戈尔诗选》吧！让他灵魂中的美好渗入你干枯烦躁的心，让你在享受中使自己的灵魂得到升华。到那时，你的灵魂也会奏起希望的歌，在这世界中，坦然快乐地去面对一切，用心去感悟一切。

我想说，泰戈尔及其作品的确蕴藏着伟大的灵魂。真应该再去读一读他的诗，真的应该。

阅读对象：

哈姆雷特

阅读提示：生存或毁灭

作　者：[英国]莎士比亚

落　差

杜金凌

简介	毕业于上海财经大学，获硕士学位。现从事商品期货研究工作，多次参加行业内研讨会并做主题发言。
阅读感悟	读一本书，不同年龄段会有不同的理解。彼时的文字，稚嫩却纯粹。字里行间渗透的年少特有的执拗，确是应当谨记的初心。

合上《哈姆雷特》，闭上眼睛，轻轻地揉着眼眶。多愁善感的悲剧王子，伪善凶残的弑兄国王，饱含冤屈的无奈幽魂，一阵狂笑，一声哀号，觥筹交错，刀光剑影，一幕幕地袭入脑海。一千个读者眼中有一千个哈姆雷特，此言不虚。只要将莎士比亚的人性光辉映于当世，就会让人们看到许多彷徨与迷惘。

书中的主人公哈姆雷特从小在无忧无虑、安定祥和的环境中长大，所以他生来感性，内心柔弱，以王子的身份在幸福的襁褓中欣赏世界。一切使他不禁感叹：人真是一件完美的艺术品。谁料世事无常，最尊重的父亲离奇去世，母亲改嫁，残酷的现实让他不知所措。悲伤中竟又听闻生父是被大权在握的叔父毒杀，便发誓要报血海深仇。无奈，他看透了人性却看不透人心。没有权术，缺少心计，报仇只是奢望。于是他崩溃了，疯了。书中对哈姆雷特丧失心智的一段描写十分详尽，但其真假无从得知。有人说，这是为他结局处的报仇成功做的铺垫，体现他的计谋，以此让仇人放松警惕。然而，从剧本整体上看，联系他的生平经历，这是他逃避现实的体现。美好的一切瞬间幻灭，留下一切肮脏与污秽。朋友的背叛，恋人的利用，母亲的漠然，一个晴空霹雳后，他看清了"完美"人性的丑陋。所以他满嘴胡言，所以他精神涣散。现实与梦境的巨大反差，让他开始怀疑一切；如此的变故让现实更加现实，正如温室内的花朵在暴风骤雨中摇摇欲坠，是理想、完美对于丑恶的屈服，或者另一种反抗。

不禁想起一个片段：世界不符合想象，如梦初醒，已是一片狼藉。现实可以赋予任何人幻想的权利，却又总是在鸟语花香中电闪雷鸣。曾经和一位刚步入社会的学姐探讨对社会的认识，我认为社会应是和谐真实、没有阴暗角落的舞台，她却认真地打断我的种种设想："你将来会后悔的。我很担心你接受不了。"没有诧异，没有茫然，意料之中。翻开积满尘土的亘古史实，厌恶黑暗的社会现实、归隐田园、闲云野鹤的隐士比比皆是，也不乏难以接受现实、自暴自弃、甘愿随波逐流的叹息。必须承认，主观意识与客观存在总有着落差。只有乐观接受、坦然面对才能处变不惊。哈姆雷特手持利剑，刺向对人性的良善的诠释。曲末终了，不知他在倒下的刹那，在眼前天地倒转的瞬间，是否重新掂量过自己与敌同归于尽的做法是不是走投无路的唯一选择。百姓的拥戴，父亲的嘱托，他的不顾一切的复仇，是敢于面对惨淡的现实，还是逃避自己应当承担的责任？

没有黑暗就不存在光明。只愿借用一双光明的眼睛在黑暗中寻找光明。

阅读对象：

远大前程

阅读提示：悲剧的内涵

作　者：[英国] 狄更斯

悲剧，或高于悲剧

——读《远大前程》

章奕林

简介	西安交通大学学士，美国佐治亚理工学院音乐技术专业硕士研究生。
阅读感悟	对我而言，阅读最大的意义并不在于阅读的内容，而是阅读这件事本身，因为阅读迫使人拥有片刻的时间休憩和思考。这在快节奏和信息泛滥的今天弥足珍贵。

　　"远大前程"，相信不少人与我一样，看到这个充满着梦想与希望的书名后，认为这是一位少年历尽艰难，追逐理想的励志小说。而细细品读后，我看到的是一个截然不同的故事，拥有截然不同的结局。前程破碎，希望幻灭。或许狄更斯抛给世人一个悲剧性的收尾，远比来一个富有希望的结局更有深意。

　　全书清晰明了地将皮普的"远大前程"分为三部分。

第一部分主要写皮普儿时在家乡的生活，同时为他奔向前程做铺垫。孤儿皮普从小由姐姐抚养，受雇于贵族郝薇香，爱上了她的养女艾斯黛拉，一心想成为"上等人"。其间埋下了不少的包袱，例如开头皮普帮助因犯脱逃，郝薇香诡异的住宅与身世，以及皮普与艾斯黛拉的感情。这一部分也着重表现了乔、毕蒂等底层人民的善良与温情。

第二部分讲述的是皮普在成为"上等人"后的生活，在这一部分中，皮普的性格也发生了巨大转变，从无邪善良变成奢华势利，逐渐对乔冷漠，但依然不放弃对艾斯黛拉的追求。第一部分中埋下的包袱也一一爆炸。皮普姐姐去世，郝薇香的小姐身世大白，预示着爱情的破灭，财产的供给人竟是曾经的逃犯，前途毁于一旦，赫伯特、文米克的帮助，律师贾格斯的罪恶，情节的转折令人震惊也叫人叹息。

在第三部分，皮普和逃犯最终直面现实，艾斯黛拉另嫁他人，逃犯被擒，遗产充公。他们相互扶持，收拾眼前的"烂摊子"。逃犯去世，皮普回归曾经的生活。

悲剧是一种载体，深埋其中的内涵才是真正应该去发掘的元素。

皮普所经历的一切终究未能改变他的命运。铁匠，依然在社会的底层挣扎，突如其来的好运不过是机缘巧合，不过是场刻骨铭心的骗局。命运的不公使得人们在生命的原点徘徊，走不出早已设好的圈套。上流社会的奢靡与腐烂，底层民众的善良与苦痛，勾勒出当时英国混乱黑暗的社会全景。

现实的狼藉，人心的不堪，碎裂，堆砌，阻拦于皮普子虚乌有的"前程"之桥。看似美好的爱情竟沦为骗局，实为感恩的相助洗不清曾经的罪恶。在善恶一线之隔，黑白颠倒混乱的黑暗世界中，乔、毕蒂则成了星点火光。这些底层人民心灵的美好与善良，贯穿全书。"爱"是这本小说着重想要表现的。例如乔自始至终没有改变对皮普的关爱，在皮普危难时刻，暗中用自己仅有的积蓄还清了他的债款。这或许也是我印象最深刻的桥段之一。皮普对艾斯黛拉的爱也是在幻灭后有一个美好的收场。小说结尾的最后一段给这段爱情一个新的希冀：

夜雾散处，月华皎洁，静穆寥廓，再也看不见幢幢幽影，似乎预示着，我们再也不会分离了。

　　对现实的批判，对善良人性的赞美，也许只是狄更斯所要表达的一部分。这本凝聚他一生经历和思想认知的小说同样展现了他的人生观念和哲学思想。环境对人性的影响，就是其中很大的一块内容。造成皮普一心想成为"上等人"这种观念的，是艾斯黛拉的高傲与偏见，以及他萌生出的对艾斯黛拉的感情。这样的环境改变了皮普的内心，也促成了离开家乡后性格的转变，以及接下来随前程的破灭回归善良。

　　前程轰然倒塌。很难想象这一场轰轰烈烈的悲剧背后竟隐藏着如此众多的元素，它们穿插、重叠于故事的角角落落，使人深思、反省、启迪，这些元素的存在甚至高于悲剧本身。

　　《远大前程》具有名著应有的深度。悲惨的故事演绎着人世间的黑白爱恨，对命运的认知与感叹，无愧为西方评论家推崇的"狄更斯最出色的作品"，书中对生命和人性的看法，值得细细发掘品味，由此找寻作者狄更斯留给世人的真谛。

阅读对象:

蝇 王

阅读提示: 人性的黑暗与童心的泯灭

作　者:[英国]威廉·戈尔丁

人之初, 性本恶

——小评《蝇王》

楼书怿

简介	毕业于澳大利亚昆士兰大学, 获化工荣誉学士学位。
阅读感悟	稚时捧卷阅诗书, 鲜有倦意不知眠。鸠浅笠泽巨浪涌, 周郎赤矶战船连。德赛先生门下客, 达摩老子促膝谈。奇闻仙境游四海, 不负鼻前眼镜宽。

　　如果要问戈尔丁凭借什么将诺贝尔奖收入囊中, 那么我认为, 很大程度上是在《蝇王》中的精彩发挥打动了评委。《蝇王》究竟是一本怎样的书, 它又为何如此出类拔萃呢?

　　《蝇王》所讲述的故事相当简单: 在一次想象的世界大战中, 一群六至十二岁的儿童因飞机失事而被困于荒岛。起初, 他们将荒岛视为世外桃源, 尚能和平相处。到了后来, 因为对一头根本就是子虚乌有的"野兽"的恐惧,人类身上的本能与兽性开始膨胀，孩子们分成两派——一派是坚持会有人来救他们的民主派，象征理智和文明；另一派则是象征野蛮与暴力的专制派，沉浸在血腥的狩猎当中，丧失了文明社会的语言能力和思考能力，成为野蛮人。他们相互残杀，最终恶的本能压倒了文明的力量。

作者戈尔丁创作《蝇王》，实际上是受了小说《珊瑚岛》的影响。在《珊瑚岛》中，拉尔夫、杰克、彼得金三人同样是流落于一个荒岛，在岛上，他们遇到了土匪与海盗，然而他们机智勇敢，最终齐心协力击败了敌人并成功获救。有意思的是，《蝇王》的主人公也叫拉尔夫和杰克，但故事情节截然不同，可以说，这是戈尔丁对珊瑚岛上所体现的过度乐观的全盘否定。

故事中的许多情节意味深长，引人深思。

拉尔夫召集所有孩子搭简易屋舍以防雷雨，结果第一个帐篷大家齐心协力搭好，第二个帐篷只有一小半人参与，第三个只有拉尔夫与萨姆埃里克兄弟参与了搭建，然而三个帐篷大家却共同享有……如此种种的矛盾激化了拉尔夫与杰克之间的分裂，同时更激发了人性的恶。

杰克作为合唱团的队长，人类文明制度给了他一定的优越感，以至于他在荒岛上能保持首领的地位。同时他刚愎自用，狂妄自大，对人毫不客气，不留情面，在毫无约束的荒岛上更是肆无忌惮。他对首领拉尔夫有尊敬，尚有情面，对他看不起的猪崽子却是拳脚相加，并屡屡当众羞辱他。在拉尔夫与他决裂之后，他撕破脸皮，大肆追杀拉尔夫。要不是作者恰到好处地指挥海军舰队赶到并阻止了这一人间惨剧，恐怕拉尔夫早已成为杰克的阶下囚了。人性的欺软怕硬、贪婪、凶残，那股可怕的兽性，在戈尔丁笔下，就是一幕幕血性的屠杀。

然而，如此多的孩子，却没有一人公开对杰克表示抗议，这算什么？无声的屈服还是早已习惯于卑鄙的等级游戏？这令人唏嘘不已。

在故事中，那头挑起孩子们内心兽性的"野兽"无疑是戈尔丁笔下的一个亮点。当切实的危机摆在眼前，人本能的惊慌失措以及原始的想法所形成的现在所说的"迷信"，仿佛就是几千年前人类初始时的状态。当然，不乏像西蒙这样探寻真理的先知，当他们获得解释、获得真相之时，迎接他们的是什么呢？是众人的嘲笑与不解。文中西蒙之死无疑给我们重重的警醒——西蒙发现那扰动人心的所谓"野兽"不过是一具飞行员的尸体时，他不顾身体的虚弱，将这一真相告知众人，换来的却是在狂热的反对派的拳打脚踢下的死亡。西蒙那一句"野兽就是我们自己"便永远地湮没于人性之恶中。西蒙的死是无辜的，也是历史的必然。

书中大量的夸张、对比同样精彩。雪白的沙滩，白天是文明的圣地，孩子们能和谐相处；夜晚则仿佛撒旦来临，充满着血腥屠杀。以杰克为首的打猎派在初尝屠杀的欢愉、快感后便一发而不可收拾，往日的矜持，伪装的文明，在他们凶残地猎杀野猪之时轰然倒塌，人类对血腥的原始欲望急剧膨胀，原始的本能最终战胜了文明。为了成功地捕杀猎物，杰克一帮人涂上了类似古代士兵出征时的油彩，俨然回到了原始人类社会。他们整日以打猎为生，沉浸于此，抹着油彩，割下猪头祭祀"野兽"，晚上围着篝火唱歌跳舞，那本能的叫喊"杀野猪哟""割喉咙哟""放它血哟""干掉他哟"充斥于小岛……一切在现在看来都是那么荒诞不经，可在戈尔丁笔下又显得那么真实，合乎情理，不由得给读者极强的心灵震撼：我们人类文明拥有制度、规则，但当人类不受这些控制之时，文明会堕落到什么地步呢？

戈尔丁在书中详细地描绘了人性的黑暗与童心的泯灭，隐晦地写出了人类本性之恶被激发后可能产生的可怕后果，揭示了"人之初，性本恶"的人性特质，对野蛮与文明可能的冲突进行了深入探讨，并给主人公的未来留置了一定悬念：已兽化的杰克一伙人，再次与文明相遇，他们会如何呢？本书故事不落俗套，反其道而行之，给人留下了深刻印象以及无限深思。

凝在铅字里的岁月

张辰雨

　　小时候，书于我有一种说不出的神圣。书页发黄、掉了封皮、缺了角的书也是由母亲弄得平平整整小心地放在书架上，而我是从来不敢动的。对于满载书的书架更是敬畏得五体投地。承载了那么沉重的智慧的高大的书架，如巨人一般，让幼小的我只能瞭叹地而望。那时的我总是羡慕地看着母亲从高高的书架上□童话书，然后就有了美丽的童话如流水□年幼的我总是天真地向往着书中的□地渴望着那一块块方方正正的铅字□是胆怯地不敢奢望阅读

　　后来，当我再大一点□以自己看书的时候，阅读□的资本，我把那一本□从早到晚甚至不□着上楼，然后□了。"那时□

附　录

　　附录一为"阅读与精神成长"。从学生撰写的随笔、演讲稿和书信里，我们可以观赏到，阅读名著在促进他们精神成长的过程中，闪烁着思想和情感的个性表现的明亮色彩。附录二为"真情之文"。从学生创作的散文、小说和戏剧里，我们可以领略到，无论是描述真人真事，还是虚构想象情节，都是有温度、有厚度和有力度的真情表达。

※说明

我们提倡"多读大用经典，少做无效闲题"，主要目的是让学生去深入解读名著的内容和欣赏其艺术价值，通过内省体验，厚实人文素养，以促进精神健康成长，利于未来的持续发展。课题结题后，从学生们阅读经典名著后的批注以及撰写的书评、读后感等文章来看，我们分析总结为：阅读经典名著影响了他们的个性发展，丰富了内心世界，提升了审美情趣，开阔了文化视野，获得了第二人生经验，对人类情感的理性认识不断加深和自我意识不断强化等，这些都是与提升语文核心素养水平直接相关的要素。

阅读附录一"阅读与精神成长"中的这些随笔、演讲稿和书信等，可见出这些读书人的阅读经历与精神成长的过程，其意义可以说是在丰富他们的精神内涵和满足精神生活需要的同时，更意味着他们"还有追求，还在奋斗……还保持着一种思考、反省、批判、上下求索的姿态和能力"（北大中文系陈平原教授语）。当然，如方可育同学的独特感受，特别是因为阅读引发对生存意义的质疑与追问，更是可贵的思考与收获。

附录二"真情之文"中的散文、小说和戏剧，无论是描述真人真事，还是虚构想象情节，我们以为都是有温度、有厚度和有力度的真情表达。

我们主张"读经典名著，写真情文章"，表明我们对读写关系的认识。没有厚实的阅读积累，是不可能写出好文章的。高中生生活阅历有限，而经典名著，如前所述，就是丰富他们人生经验，提升精神高度和审美境界的重要资源。韩愈说"气盛则言之短长与声之高下者皆宜"（《答李翊书》），而经典阅读可以养成的这种"气"，是作者写出真情之文的重要的源头活水。舍此去为文造情，片面追求速成小技，都是本末倒置的做法。我们可以说，阅读经典名著对于写作是"无用之大用"，而这种"大用"是潜移默化、无迹可寻的。

附录一　阅读与精神成长

凝在铅字里的岁月

张依雨

小时候，书于我有一种说不出的神圣。书页发黄、掉了封皮、缺了角的书也是由母亲弄得平平整整小心地放在书架上，而我是从来不敢动的。对于满载书的书架更是敬畏得五体投地。承载了那么沉重的智慧的高大的书架，如巨人一般，让幼小的我只能惊叹地仰望。那时的我总是羡慕地看着母亲从高高的书架上拿下童话书，然后就有了美丽的童话如溪水般流淌。年幼的我总是天真地向往着书中的世界，热烈地渴望着那一块块方方正正的铅字，却从来都是胆怯地不敢奢望阅读。

后来，当我再大一点的时候，当我终于可以自己看书的时候，阅读仿佛给了我可以炫耀的资本。我把那一本《快乐作文》翻了又翻，从早翻到晚甚至不舍得放下，常常是吃完饭就奔着上楼，然后骄傲地对弟弟妹妹说："我去看书了。"那时的一本《快乐作文》仿佛就是我的全部，那时的阅读仿佛就是一种信仰，那时的我用一颗单纯的心去虔诚地相信阅读的力量，用一种简单的信念去膜拜书的神圣，像虔诚的信徒，哪怕头破血流也要一步一跪地向着心中的圣地前行，不曾疲惫。

再后来，当阅读也成了家常便饭的时候，书也就显得不那么神圣得遥不可及了。我踮着脚把那本《快乐作文》放到曾经仰望的书架上，然后转身扑进更广阔的书的海洋。我开始阅读名著《钢铁是怎样炼成的》《简·爱》《傲慢与偏见》……阅读之时，有时我会为主人公的成功而欣喜不已，也会为他的遭遇而愁眉不展，甚至会为他的苦痛经历痛哭流涕。虽然当时的我还不能完全理解书中深邃的思想，但我是第一次真正领略到了书的魅力，不是小时候对书的敬畏，也不是后来对《快乐作文》一样的崇拜，而是那些朴实的文字蕴藏着可以触动思绪的无穷力量。彼时我还不懂文字的力量可以如旋涡般将人卷入书中的世界，只是隐约觉得书有一种不可抗拒的让人废寝忘食的力量。

终于我长得和书架差不多高了。我可以轻而易举地拿下书架最高层的任何一本书，然而阅读对于我而言，已经不只是蜻蜓点水般看过、哭过、笑过的浮光掠影，而更多的是对于朴实文字后面蕴藏的无穷力量的感叹和沉迷。所有的文字都在岁月的濯洗下沉淀在文字的河床里，有的被时光磨去了棱角，润滑得如鹅卵石一般，即便只是轻轻地划过脚底，也会让人心动不已；有的仍是固执地守着自己锋利的棱角，如尖峰利石，一旦掠过眼底，便会让迷糊的心疼得一下子惊醒。我第一次真正窥见了文字背后无穷大的世界。小小的文字如黑洞一般，微渺的身躯竟能容纳一切，哪怕是光亮也被集中于那小小的一点，即便是岁月也被凝在那黑色的横竖撇捺里。就像诗词，哪怕只是几个字，简单几句，也能描绘出万般风情，临摹出百般情感。略窥文人墨客笔下的人世红尘，就已歆羡不已：看尽李白的豪放，高歌"黄河之水天上来，奔流到海不复回"；略识苏轼的豪迈，咏叹"大江东去，浪淘尽，千古风流人物"；感受李煜的惆怅，苦吟"问君能有几多愁，恰似一江春水向东流"；难忘杜甫的忧愤，疾呼"安得广厦千万间，大庇天下寒士俱欢颜"……吟读诗词，我真的感觉到了笔底生花的微妙，感叹于"笔落惊风雨，诗成泣鬼神"的气魄。文字让我沉醉，阅读让我心驰神往。美丽的文字真的让阅读成了最美丽的享受。

终于明白，那一个个黑色的铅字都是历经了人世的浮沉，看尽了人世的沧桑，才能这么稳稳地嵌在书页里，凝着作者的智慧，凝着岁月的痕迹。

从幼稚到成熟，我以为我的成长都是凝在铅字中，嵌在书页里的。回顾那些过去的岁月，似乎所有的时光都被凝在了那白底黑字上。从敬畏到崇拜，从喜欢到欣赏，每一点的成长，我想每一页书页、每一个铅字都会记着的。世界上没有什么能够永垂不朽，然而我宁愿相信铅字不老，书魂不朽。我愿把我的成长凝在笔尖下，把生命凝在铅字里；愿岁月永恒，凝在不老的铅字里。

我的阅读，我们的阅读

方可育

老师们，同学们：

上午好！

我觉得，阅读似乎是一件非常私人的事，除却那些宏伟的学术分析、精准的论文研究，我以为更加重要的是阅读时心灵与心灵的碰撞和那些无法言说的动人情感。所以今天，我更愿意与大家分享我个人的阅读感受。这可能会是一定程度上的自说自话，却也是一个高中生对世界最真诚的思索。

我的重生与成长，是从重读《变形记》开始的。不同于初中时对小说新奇写法的惊异，高中时重读《变形记》，我却不能控制自己发抖的手指，因为第一次，我从书页中看见了自己，也看见了卡夫卡的绝望。在我的眼中，《变形记》是一种对意义、对爱与灵魂的质疑。在此之前，我想先问一问大家，什么是爱？爱，温暖、圣洁，它让人想到初生的朝阳，想到孩子最天真的笑脸。我想，大部分人都会同意，这是一种无条件的、关乎灵魂的、发自心灵的美好情感。这是长存于我们信仰之中的根基，也是我们人生终极意义的重要部分。但是，这一切真的是这样吗？还是这只是长期以来人们的自欺欺人与高尚借口呢？在《变形记》中，卡夫卡做了这样一个实验，当格里高尔变成一只甲虫时，一切都改变了。父亲从一开始轻轻叩门的询问变为用苹果用力砸向自己的儿子；母亲从一开始温柔平和的声音变为格里高尔死后的喜悦神情；而妹妹则从一开始关切的担忧变为最后消灭哥哥的决心……从原来温馨美好的家庭变为扭曲的变形家庭，一切的改变只源于他变成了一只甲虫。他失去了他的工作，失去了他的收入，失去了他的社会地位，失去了他几乎所有的一切，唯一没有失去的就是他的灵魂；但随之，所有的爱都消失了。人们以灵魂标榜的崇高的爱事实上都交织在纷繁的社会利益之网中。而这，正是我战栗的原因。格里高尔的变形看似荒诞，但在现实世界中却真实得可怕。谁能说自己不会有一天面临甲虫般的生存困境呢？而我们自诩的那些崇高的爱，能带领我们飞越人性的沟壑吗？我不敢想象，如果我是格里高尔，我还有没有信心活下去，如果我身边的人变成了一只甲虫，我是否会一如既往地付出我的爱。我更加不敢想象，那会是我亲爱的爸爸妈妈……在这里，我也想问一问在座的各位老师、同学一句，如果你生命中最亲近的一个人遇到了如格里高尔变形一般的困境，失去了他与物质世界的所有联系，那么你还会一如既往地以灵魂之名爱他吗？你会没有一点退却和犹豫吗？从这沉默中，我终于体会到了卡夫卡的绝望。这世界的真相是如此冰冷荒凉：你我的爱，可能都是在灵魂面前的自欺。我们所谓的意义，都无一例外指向了虚无。我的心陷入了前所未有的恐慌，那么多那么多的爱与美好都在那一瞬间永远地崩塌了。

合上书本，我始终无法平复自己的心情，卡夫卡的绝望目光深深刺痛了我，却也让我清醒。文学经典第一次带给我的人生以彻底的颠覆。我焦灼，我迷茫，我绝望。而阅读，成了我唯一的出口。也是从那时候起，我开始读到萨特的"存在先于本质"，读加缪的《局外人》。默尔索作为反抗者，以荒诞反抗荒诞，最终被世界拒绝。我急切地想要寻找意义，却发现陀思妥耶夫斯基在《地下室手记》里对我们的出路感到绝望；更是在学者对《传道书》的注释中找到了斩钉截铁的那一句："人生，没有意义。"等到所有疯狂的搜寻之后，我终于要面对这一点，人生没有意义。这是一个十八岁高中女生对世界的追问，而得到的仅这书页中这苍白的一句。我久久地望着这句话，却又感觉忽然松了一口气，像是从极度的疲累中终于解脱，又像是在极度的脆弱后终于有勇气去面对地上那被摔碎的镜子中的残缺人影。齐宏伟教授说："人生本没有意义。一切意义都是人加之于它的。"他说，卡夫卡的绝望正在于他并不是寻找爱，寻找永恒，他寻找的恰恰是意义，也只有意义。

那些超越的美丽与神圣的确虚无，却又带着人们踏踏实实地走向彼岸。也正是因为此岸的缺失，所以才会有对彼岸的期待与憧憬。这是一次次熄灯后，我在内心深处对自己的答复。现实生活中确实似乎到处都是人性的裂缝，而绝望正来自对生活最深刻的体悟。它足以让人放弃一切，但是那些灿烂的星辰之景却更能唤起我们说不出的、奋不顾身的疯狂与牺牲。所以，才会有《变形记》中虫形的格里高尔对妹妹琴声的感动；才会有加缪在《局外人》的最后，赋予默尔索以深邃的夜和星空。就在临刑前的晨曦，默尔索面对着这沉睡的夏夜，第一次向这个世界的动人的冷漠敞开了心扉。他说："我体验到这个世界如此像我，如此友爱，我觉得我过去是幸福的，我现在仍然是幸福的……"

这就是经典文学传递给我们的。我们探寻爱，探寻灵魂，探寻人生的终极意义并且给出疑问和思考。而真正的经典，带来质疑，带来战栗。它们不仅仅真实地揭露出人性的丑恶和狰狞、世界的残酷和荒凉，更加重要的是，它们带给我们在现实黑夜中仰望真善美的星空；它们带给我们在人性深渊中超拔而出的精神气度；它们带给我们穿透一切黑暗的价值之光！

尽管我们对于这世界仍无法给出确切的答案，但我想疑问总比答案更加动人。这是我从自己的阅读中体悟到的，而这又何尝不是我们共同的阅读。从这些经典中，我们看见自己，看见人类旅途中共同的日月星辰；我们跨越民族，认定我们是希望与光明的子孙；我们以心灵相碰，将这一念的感动与执着化为我们这一生永远的坚守！

谢谢大家！

（指导教师：傅岩）

（本文获上海市第二届阅读经典演讲活动特别奖）

※说明

这是方可育同学代表学军中学参加上海市第二届阅读经典演讲活动的演讲稿。本次演讲活动，于 2015 年 5 月 1 日在百年老校上海市市北中学举行，共有十一位学生演讲，其中首次特邀上海市外的阅读经典成效卓著的江苏省和浙江省各一所中学的一名学生参加。评委团由全国著名教育家、作家、学者组成。方可育同学演讲精彩，表现优异，得到人民教育家、著名语文特级教师于漪，著名教授陈引驰和作家叶辛等评委的充分肯定。演讲结束后，评委向方可育及其指导教师傅岩颁发了证书和奖品。之后，记者就读写与演讲的关系和演讲的能力与技巧等问题对方可育同学进行了特别采访，并以"一个十八岁高中女生对世界的追问"为题发表了采访视频和有关文章。

※名家评语

是一个中学生的自言自语，也是方可育青春真诚的道白。不要急于找答案，还是好好地感受人生和书本的精彩吧。

——叶辛（著名作家，长篇小说《蹉跎岁月》《孽债》的作者）

这是一位真正的演讲者，从容镇定，目光不断和听众交流，声音、语调都控制得恰到好处，读的是卡夫卡《变形记》，理解得很透彻，表达有穿透力，非常出色。

——王意如（华东师范大学中文系教授）

演讲集中在《变形记》，由此引申出对爱的条件和人生意义的反思，情绪饱满，一气贯下，思想的展示和感情的冲击兼有，正表现出经典阅读的意义和价值。

——陈引驰（复旦大学中文系教授，老庄研究专家）

1.文章开头很好，先声夺人，能够激发阅读者的欲望，让人耳目一新。2.整篇文章以时间发展为线索，谋篇布局，展开论述，语句到意。讲演论点明确，论据充分，条理清晰，说服力很强，是一场极有吸引力的脱稿讲演，好！很有深度的阅读！

——王耀东（《语文学习》杂志总编）

方可育同学（左二）、傅岩老师（左三），与人民教育家、著名语文特级教师于漪（左一）合影

复旦大学中文系陈引驰教授为傅岩老师（右一）颁奖

方可育同学（左二）领奖

方可育同学（右二）、傅岩老师（右三），与著名作家叶辛（右一）交流

在疑问和答案间找寻

——给方可育的一封信

周　旻

简介	北京大学文学博士，研究方向为中国近现代文学与文化。本科毕业于华东师范大学中文系，曾获第一届原创文学大赛散文组一等奖；攻读博士学位期间，论文获第六届孟二冬教授纪念学术奖三等奖。
阅读感悟	从高中开始热爱文学。影响我走上中国现代文学的研究之路的，是曾让年少的我深受震撼的巴金先生的《家》。文学阅读，在求学时代是"自己的园地"，在课业之余打开了我自由的想象空间；而在从事专业研究时，则是一个文学从业者观察世界的根本方法、了解特定时代的独特法门。

亲爱的方可育学妹：

你好！

"尽管我们对于这世界仍无法给出确切的答案，但我想疑问总比答案更加动人。"看了师妹在上海市第二届阅读经典演讲活动中的演讲视频，这句话一直回荡在我的耳畔。我仿佛看到了高中时的自己：同样的高三，同样的五月，同是对于阅读的欣喜与渴望。八年前的初夏时节，我也怀抱着这样的心情，从杭州学军中学高三（6）班毕业，踏上另一段人生旅程。之所以说是"另一段"，是因为，高中的三年时光我的身份一直是一个"理科生"，但高考填报志愿时我将所有大学的第一志愿都填上了"中国语言文学系"，从此便成了一个中文系的学生。这样的人生旅程，如今已经走过第八个年头，但听到方可育学妹的演讲，看到这句话在屏幕上出现的瞬间，我仿佛仍能触摸到那一段高中的岁月，文学在我心中种下的无声的种子，朦胧而倔强，长出的藤蔓爬上我在校图书馆借过的每一本书，在笔记本上写下的每一句话。

今年的 4 月 17 日，当我完成北京大学古典文学博士研究生面试，走在春末的未名湖畔时，我悄悄地想了想自己的"文学之路"。钱理群老师有一个经典的讲座题目，叫"我的文学之路"，每一个在北大中文系读书的人，都有这样的一条路。我的路不崎岖也不坎坷，不像钱老师，经历"文革"、下乡、回城；要说有那么一点点与众不同之处的话，就正在于这最初的最初，我从数理化的公式、考卷中发现了文学，发现了阅读的美好，发现了写作的舒快，发现了以文学作为志业是我真正想要达成的梦想。那时的我，怀着这如同秘密一般的小小梦想，一边努力地完成高考，在六门学科中尽量地掌握知识；一边坚持着每周借书，每日读书。此间，母校给予我的帮助是很大的。还记得高三的最后半年，我正如饥似渴地阅读着法国 20 世纪 30 年代的文学，读着萨特、加缪、纪德、圣·埃克苏佩里等人的小说，特别希望学校图书馆能多买一些他们的书。我给图书馆写了信，并很快得到了回应，管理员热情地答应了我的请求。我从这些经典文学中汲取的养分，一直受用至今。那时我喜欢在随笔作业中涂写些私人的阅读感受，我的语文老师傅岩老师对此一直加以鼓励，并不以应试的议论文为要求，任我提出多少天马行空的说法都微笑着赞许。他的支持和信任，使我能无忧无虑地徜徉在课本与文学作品之间，有时我写小说，有时我写感伤的散文，有时我又对一个既定看法振振有词地辩论。我不拘一格地写，写到高考，也能做出别致的文章；记得那时语文考了一百三十分，全是作文的功劳。

傅岩老师同样是学妹的语文老师，他接受采访时说了这样一番话："人的一生中有很多事比高考更重要，比如开阔眼界，我认为像可育这样有阅读功底的学生，有机会就应该去更广阔的舞台展示。"这话说得朴素而真挚。作为你的一个学姐，看着你"自说自话"的侃侃而谈，我真的为你感到高兴，你已经迈上了一个广阔的舞台，你会有更灿烂的梦想和未来。

正如学妹所说，文学的意义是生命式的、私人化的。我一直任性地认为世上最好的文学，是能在生命的某一时某一刻，忽然穿越纸背，直指心灵，让人恍然，如同庄周梦蝶。热爱阅读的人，总能走在思想的前面，独坐书桌前，却如坐上了凡尔纳的热气球，早已环游世界，遍晓人间。"人世几回伤往事，山形依旧枕寒流"，山河如此，书册更是。你说阅读是思考人生的唯一出口，那不妨也就一直读下去，凭着兴趣热爱下去，它虽然在这滚滚红尘中是一处无何有之乡，还尚有些无用之用，鲁迅先生说："涵养人之神思，即文章之职与用也。"

再过两年，高中毕业也满十年了，我仍在读书，仍在疑问和答案间找寻，这也是人生一桩从未变更的开怀之事。我愿母校杭州学军中学一直人才辈出，桃李芳菲；愿可育学妹一帆风顺，一直以读书为乐！

顺颂

夏祺

周旻 拜

于北京大学

2015 年 5 月 8 日

附录二　真情之文

清明时节雨纷纷

张适可

睁开惺忪的睡眼，窗外一片雨雾迷蒙，气温降了不少，冷风不知疲倦地敲打着纱窗，发出阵阵声响，没有一点春风的温暖，倒有点秋风的萧瑟。正想倒头睡去，却又不小心想起了今天的要事：上坟。便只得强打起精神，不舍地离开被窝的怀抱。

要知道现在已经是初三最后冲刺的时候啊，为什么要去上坟呢？浪费一天时间不说，还不能好好休息，而别人可都在发愤呢！于是一种被别人超过、初中三年努力在这清明节功亏一篑的感觉便油然而生。但父母坚持要去。唉，只能怀揣着一肚子的无奈、害怕和不满冒雨上路了。

一

上车坐定，父母不约而同地聊起了昨晚的梦，他们都说自己梦见了老家的坟头，还有爷爷、阿太。问及我时，我却不太识趣地说了一通实话：我梦到了一份份试卷，上面密密麻麻地绕着的是无限的永不相交的弯弯曲曲的磁感线，渐渐地，我也变成了一份试卷上面一样的磁感线……他们好像从话语里听出了我的不满，忙安慰我说上一下坟以后祖上会保佑你，中考一定考得好！但这对那时的我而言就像对一个早已不相信童话的孩子讲狼来了一样，不起作用。我选择了沉默。沉默是最好的否定。

妈妈不厌其烦地讲起了老阿太与我的故事。我小时候，天气热，家里没有空调，我身上发痱子了，高烧不退，急得老阿太踮着一双小脚走了十几里的山路去给我买蜂蜜——据说那是去火的良药。后来我竟奇迹般地好了。

疲倦像潮水一样把我吞噬。一觉醒来，车已快到了。雨停了。望望窗外，一样的绿色农田，一样的小山坡，一样的平坦的高速公路，唯一不同的只有不息的车流了。

车过收费站，我继续在车窗外单调的景色中寻找一抹新奇。猛然间发现绿也分很多种啊，路边杂草是浅绿，道旁水稻是翠绿，远处山峦则是苍绿。打开车窗，沉闷的空气渐渐消退，吹进来的风仿佛也带着绿，夹杂着雨天特有的泥土的气味，给百无聊赖的我带来一丝快意。都市的漂泊者啊，这也许能给你久违的安逸吧！

正当我以为我要融化在这绿中的时候，沾满泥土、衣着丑陋的农民，刺鼻的粪味，刺眼的垃圾，刺耳的刹车声，打破了我的幻梦——这才是真正的乡村。有时候，真相不一定让人高兴。

车驶过漂亮的章镇大桥，进入了这江南小镇，又通过了一条爸爸曾向妈妈吹嘘"繁华似长安"的街，我并不觉得那街有多大，甚至比记忆里的也要小了很多。也许是我长大了，也许是在杭州繁华的大街上看惯了吧，如此想，心中不免又多了一份"曾经沧海难为水，除却巫山不是云"的失落。

爸爸继续津津乐道着儿时的故事，却引起了妈妈不时的调侃，阵阵笑声暂时吹散了心中的不满和郁闷。

二

随着车的喇叭声，奶奶乐呵呵地迎了出来。从大人们讲的听不懂的土话以及妈妈的"翻译"中，我艰难地听出来：姑父他们一家已经先去上坟了，又说我是什么风水什么的，犯冲不能去上坟。

无奈之下，又不能白来一趟，于是我就强跟爸妈来到山脚下，上到半山腰，然后让爸妈上去，我在那等着。雨天路上泥泞不堪，山上的路又是杂草丛生，荆棘横行。这让我来到半山腰都颇费了些工夫。

望着山上大家放出的烟花，我只能宽慰自己孝心已尽到了，不枉来此一回。我待在雨中，努力不再去想那些正在努力学习的同学，事已至此，既来之则安之吧！雨歇了一会儿，我心也静了下来，无意中惊奇地发现了那隐藏在雨气里的淡淡的小花，一些有名的和无名的野花都在偷偷地笑着呢。慢慢地，我看出了些山中的野趣，感到了些梅妻鹤子的诗意，心情也好了不少。和大伙会合后，上了车，我发现衣服上挂了不少花，身上也有了两道伤口，但回想一下，心中涌出了一点莫名的豪情。

三

吃完午饭，去看曾经的家。撑着伞走在乡间小路上，我向下望去，隐约看到一间间破败的小土房。父亲的话匣子打开了，他告诉我很多。我眼前出现了这些场景：这里曾经住过一家人，这家的孩子在这里玩耍，在江里游泳，顶着烈日去"双抢"，在竹林里乘凉读书；曹娥江发大水时，地势低洼的小房子里水漫金山，他的父母蹚水把板凳柜子叠高，忙进忙出。他的父亲倾尽毕生心血只为造一幢不进水的新房。贫穷的烙印深深刻下了，同时刻下的还有对乡土一生的眷恋。虽然他跳出了农门，有了城里的房子，有了城里人的穿着，但他始终记得他是一只风筝，无论飞多高，乡土的线都不会断——他就是我的父亲。

我们又踱步到了曹娥江边。父亲告诉我，东汉义女曹娥投江后，这江就叫曹娥江了。面对滚滚江水，我似乎明白了什么。从父亲口中我还知道，原先这江上有一座简易的浮桥，发大水把桥冲塌了，交通就变得十分不方便，于是就建起了一座雄伟的斜拉式钢筋水泥大桥。父亲至今仍十分怀念那老桥，那些温馨的记忆，没有因时间的流逝而淡去，它依然那么鲜活。

是啊，这一切的一切对父亲来说是多么亲切，对我而言又是多么陌生啊！

四

本来说好是晚饭前走的，又拖到了饭后，这自然又引起了我的不悦。农村吃一餐饭要吃到什么时候啊！

果然不出所料，我和妈妈早早吃完了，但父亲仍在那里传经布道，口若悬河，滔滔不绝。我催了几次，他仍无动于衷，直到我面带怒色地去狠拽了他一把，他才恋恋不舍地结束了他的"讲坛"。

一路上我和妈妈纷纷责怪他，火药味越来越浓，突然又都沉默了，车内一片寂静，空气好像要爆炸一样。

但妈妈却马上理解了父亲。接着妈妈告诉了我两件事。

父亲的爷爷病危时，父亲正在冲刺高考，为了跃出农门，他没能见到他爷爷最后一面。我爷爷病危时，我父亲是初三班主任，正为中考冲刺，为了学生的未来，父亲没有请假，他也没有能见上他父亲最后一面。"子欲养而亲不待"，父亲的内心满是自责，这事成了他心里的结，怎么也解不开。所以，父亲在我临近中考这样重要的时候，带我回老家祭祖。父亲用他的方式告诉了我：亲情比考试成绩，比以后的一些事更重要。

听到这，我心中如遭受了一个霹雳，十分羞愧，其实我一点也不了解我的父亲，甚至不知道他心中竟有这样的一个结，我一直所做的，也许就只有站在自己的立场对他妄加非议罢了。

我眼中的粗俗的农民是他曾经最亲密的童年玩伴，我眼中肮脏泥泞的土地是养育了他十几年的母亲。他爱这片土地，爱得如此深沉，在他心里这早已不只是一片土地了。但我作为他的儿子却无法理解，也许一个从未扎根于一片土地的游民是不会拥有这种强烈的乡土情结的。我被震撼了，被父亲，也被这曾被我藐视过的土地深深震撼了。

请原谅我的无知吧！这曾经承载着父亲无数回忆与梦想又时常令他魂牵梦萦的伊甸园，这曾经养育了父亲祖祖辈辈而又让他们长眠于此的土地！

泪在眼眶中打转，迷迷糊糊之中我看到：车窗外好像有一个满面沧桑的老人，左手扛着锄头，右手牵着一个黑黝黝的孩子，在泥泞的路上艰难地行走着，渐行渐远，直到消失在那一片雨雾迷蒙之中……

（指导教师：傅岩）

（本文曾发表于《作文通讯》）

【指导教师点评】这是一篇饱含真情实感的文章。如果说父母与子女之间有所谓"代沟"的话，光靠"传经布道"的说教，确实难以填平。而一次这样的"上坟"的经历，却让儿子发自肺腑地真正地理解了父亲。我们在感动之余，是否更深刻地理解了教育家陶行知先生的"生活即教育"的内涵？文章的细节描写丰富，切合作者心态，真切动人，且运用对比，曲折有致，如初三学习时间紧与上坟浪费时间的冲突、我的不满与长辈们的安慰、我心中的暂时愉快与因为"犯冲"不能上坟的无奈、父亲对故乡的熟悉与我对故乡的陌生……最后推向高潮：我的忍无可忍与理解父亲情感后的强烈震撼。这些内容再与文章结尾的画面融合，更凸显了文章真情的力量。

绿绸裙

良 岳

一

一连三四天，清晰的梦境让常霁有些不安。

常霁的睡眠是浅的，上了高中之后更是如此。睡着的时候，也不过在半梦半醒之间，一丁点的风吹草动都能让她清醒过来。这样的睡眠质量，自然不会属于一个好的造梦的夜晚，偶尔做梦，也都逸散在清晨刷牙洗脸哗啦啦的水声中而记不起来了。

这次却不一样。那个约莫十岁的小女孩像是住进了她的梦里，她身上那条荷叶边的绿绸裙，仿佛是被人一同一针一线地缝进了常霁的梦境里，花纹绚丽精致。大多数时候，她从失焦的近处出现，背影从模糊到清晰，轻快地往远处跑去。结局总是同一个——女孩忽然停下来，然后倏地回过身。

梦境总是在这里中断，女孩回首的那短短一瞬，也从未给足常霁辨认她的时间。而让她不安的是，绿绸裙女孩蹦跳着走过的那条坑坑洼洼、常有积水的路，她是认得的。那是她从小长大的地方，她几乎记熟了每一处路面的凹凸不平。而女孩停下的地方，假如记忆不出差错，大概是个垃圾桶。

常霁完全摸不着头脑。纷乱的思绪像绞成一团的毛线，让人束手无策，不知从哪里理起。只能在早上收拾收拾凌乱的心情,踩着满地的落叶急匆匆地上学去。

二

雾霾简直像是凝固在了半空中,空气中胶着着一股乳白色的烦躁。常霁一边下楼,一边从衣袋里拿出口罩戴上,呼出的热气顿时凝在了镜片上。楼房外,除了灰白色的雾几乎什么都看不见,只有树叶的红红黄黄在灰蒙蒙的色调中若隐若现。

"像是一条挣扎的河流。"常霁在周记里这样写道。

"你的文章写得交关好。"做班主任的语文老师这么说道。说这话的时候,她正拿着常霁的"未来规划",那是每个学生必须写的,会入档案。常霁在每一个预期的专业中填的都是理工科,跟文科几乎搭不上边。"不考虑大学读文吗?"老师问,问完她又自顾自地说,"你这样的学生,不读中文系可惜了。"

常霁笑得很得体,尽管并不明白班主任的意图。在被"升学率"和"高考"绑架的高中的五线谱里,选专业就像一个突兀的音符。她第一百万遍地说:"理科是我的兴趣所在。"

这也是她第一百万遍撒同一个谎了。她在心里轻轻地叹口气,礼貌地退出办公室。转身的一瞬间,一抹绿色冲进她的脑海,常霁蓦地想起了梦里的女孩和那条绿绸裙。她用力地甩甩头,把这些突然出现的画面打散,快步往教室走去。

耳边仍是班主任的那句话,"不读中文系可惜了"。常霁挚爱文字,然而她知道,自己的一万张稿纸也抵不上明年6月那三天写完的一沓卷子。

写作,不过是小时候的一个梦想,现在已经散落得难以分辨。

三

常霁随着下晚自习的人群涌出教学楼。林荫道两旁,高大的法国梧桐被如墨的夜色和鬼魅般的雾霭挟持,仿佛被人从半腰砍去,死气沉沉,了无生意。她眯着眼找到母亲的车,小跑几步坐了进去。

"明天我们要去看外婆。"母亲熟练地打着方向盘。常霁心不在焉地应了一声，这才想起明天又是周六了。海一样的困意慢慢地包围了她，她抱着书包不再与奋拉的眼皮做斗争。

眼前的景象突然明晰。一条小路带着新鲜的气息，女孩宽宽的荷叶裙摆，像是被人肆意挥画的绿颜料扬起又落下。柔软的短发，随着她蹦跳的脚步轻轻晃动，洋溢着稚童的天真烂漫。

女孩又一次停了下来。她像受惊了一样侧退几步，又急急忙忙地往旁边走去。那里真的是一个垃圾桶——女孩把手伸进去，掏出了一个破旧的本子。

她满眼都是疑惑与不解，直直盯进常霁的梦境。她手上紧紧攥着那个本子，因为用力过度，"作文本"三个字略略变了形。

坐在去医院的车上，常霁心里一团糟。梦境的发展让她越来越疑惑。她看清了那个女孩的眼神，却无论如何也记不住她的脸；她到底是谁？为何总是穿着那条绿绸裙？作文本又从何而来？

她头疼地扶住额头。她直觉那个女孩与她有着千丝万缕的联系，但她毫无头绪，不知从何想起。她庆幸车子已开到医院门口，让她能以"马上要去看外婆了，要开心一点"的借口，把这些奇怪的念头抛诸脑后。

四

看见外孙女走进来，外婆脸上全是笑意，一下子打开了话匣子。她急急忙忙地拉常霁坐下，像个孩童般连连问着家里和学校里的事，常霁一一回答。家乡的方言带着熟悉的尾音和情调，亲切而温暖，让常霁的眼角眉梢都染上了暖意，话语也带着温和的声息。

外婆絮絮叨叨地问到一半，突然像想起什么似的，脸上漾起神秘的笑容。她拿过放在一旁的布包，对常霁眨了眨眼睛。常霁好奇地看着她慢慢解开布包，然后像邀功一样抖开里面的东西。

"阿霁你小时候就喜欢穿裙子，"外婆念叨起来，"穿上了就到家楼下蹦蹦跳跳地跑一圈，当时那个邻居周阿姨还夸你穿得灿，像只花蝴蝶，还记得哇？又喜欢看故事，抱了一本书能在角落窝一个下午。十岁的时候你从学校拿了个本子回来，宝贝得跟什么似的，成天在上面写些东西。"

外婆顿了顿，把布包里的东西塞进常霁手里接着说："这本来是你十岁的生日礼物，结果你去外地读书了哇，到现在才有机会给你。都穿不下了，但留着当个纪念也好哇……阿霁？"外婆转过头，看着许久未回话的外孙女。

六年前那个蝉鸣不止的盛夏，常霁离开家乡出外念书。追在长途汽车后的外婆手里晃动的布包，在漫长的时间里兜兜转转，又转回到了常霁的手里。

手中的裙子绿得好像泛着光，触碰的指尖上透出丝丝的凉意。明明是轻飘飘的绸料子，拿在手里却仿佛有千斤重量。绿绸裙上的花纹，她早已了然于心，熟悉得如一位旧友。而外婆提到的那个本子，仿佛哗的一声揭开了那些常霁很久很久都没有正视过的东西。

常霁呆立在原地，满脸错愕与惊疑，还半掺着成分复杂的悲伤。她刻意遗忘的东西，现在统统回到了脑海里。

十岁。常霁抱着作文本从位子上站起来，下巴微扬，眼神清亮："我的梦想是成为一名作家。"窗外的流云大朵大朵往远处的天空蔓延，西边夕阳的光亮明明已渐渐暗淡，却在透过窗子的那一刻，折射出以梦想为名的熠熠光芒。

十三岁。常霁背着书包从初中的校门走出来，几何图形和物理公式在脑海里盘旋交织，大段的生物理论不遗余力地轰击着她的记忆力。作文本被各种练习册压在书包最底下不见天日，曾经的梦想被遗忘在角落里，盖上了名为现实的窨井盖。

十五岁。常霁咬着笔杆子刷题，曾经用来誊抄"暮霭沉沉楚天阔"的笔端，与椭圆和双曲线做着艰难的斗争。余光瞄到案几上的作文本，她一阵心烦意乱，抓起本子随手塞进一堆旧物底下。厚厚的镜片掩藏着她的情绪，不复当年的执着热血。

绿晶石既已落满灰尘，无论曾经怎样璀璨，都只能以微弱的光芒延续自己被忽略的存在。

没有人要求她放弃写作。是她自己死死抱住"高考"二字不放，刻意忽略了那曾经如冬日阳光般耀眼灿烂的梦想和执着于追求不言放弃的年岁。

　　常霁在回家的车上忽然落泪。她记起了绿绸裙女孩的脸，记起了作文本的来历，记起了被自己弃之不顾的梦想。它们都还带着渺茫的呼吸。

五

　　常霁铺开泛黄的稿纸。夜深人静，笔尖与稿纸摩擦的沙沙声格外动听。她像是去会一位许久未见的老友，虽然彼此都不太认得对方了，招呼也打得生涩，却掩不住快要溢出来的满心欢喜。

　　月光铺洒在稿纸上，睡意渐渐袭来，她趴在桌上睡了过去。那条小路又一如既往地延展，绿绸裙女孩从小路的尽头轻快地走来，双手抱着那个作文本。她停住脚步，绽开一个灿烂的笑容。

　　十岁的常霁在梦里对长大后的自己伸出手，轻声说：

　　"你记起我了吗？"

　　常霁缓缓睁开眼睛。窗外阳光正好，雾霾散得干干净净。一只绿色的雀儿停在临窗的树枝上，清晨的欢歌穿透玻璃直达耳畔。

　　希望伴着日光翩翩而来，在十六岁的常霁心底生根发芽、抽枝长叶。

　　满目都是葱茏的绿意。

（指导老师：傅岩）

（本文曾获全国中学生作文大赛一等奖）

重　生

—— 一个以鲁迅经典为核心的课本剧

廖安知

简介	杭州市"《中学生天地》杯"作文比赛高中组二等奖，学军中学图书馆钉子户、复旦大学优秀毕业生。
阅读感悟	地球上的智慧生物所遇到的物质困境在螺旋上升，但精神困境只是原地打转。文学和历史的不同之处在于，文学更多地由历史中的小人物书写，而名著的作者和我们一样，从小人物的视角观察、体验、叙述、思考，与尔同销万古愁。

〔台上一桌，桌边两椅，桌上一壶两杯，一沓手写笔记。一民国打扮青年捧书独坐。

友人　（走上，赶时间的样子，将外套甩在桌上，飞快地自斟自饮。）

青年　（放下书看着他）这么急急忙忙的是做什么？

友人　（咽下茶水，两手撑在桌上，迫切地盯着他）我想，你平日爱做些文章。

青年　（漠不关心状）是又如何？

友人　我们想办一个杂志。

青年　（淡淡地）那便办。

友人　（有些恼意）你……！

青年　（将书合上，放在桌上，站起身，平视他，语气冷静而客观）假如一间铁屋子，是绝无窗户而万难破毁的，里面有许多熟睡的人，不久都要闷死了，然而是从昏睡入死灭，并不感到就死的悲哀。现在你大嚷起来，惊起了较为清醒的几个人，使这不幸的少数者来受无可挽救的临终的苦楚，你倒以为对得起他们么？

友人 （焦躁地瞪着他，说话却极其冷静地）你在怕什么？

青年 （惊讶，有些恼）我没有怕什么。（离开桌子）

友人 （坐下）哼。

［友人动作定格，青年走到舞台前方。

青年 （喃喃自语）我在怕什么？（苦笑）

［幕后，人声鼎沸，许多声音讨论着，夹杂着市侩的唾骂。人声淡去，只余下两个声音。

［**幕后甲** 康大叔——听说今天结果的一个犯人，便是夏家的孩子，那是谁的孩子？究竟是什么事？

［**幕后乙** 谁的？不就是夏四奶奶的儿子么？那个小家伙！

青年 （站在场边，皱起眉头）这些人！

华老栓 （衣服乱糟糟的，有些慌，怀里揣着东西，低着头走路，飞快地走过青年身边，嗫嚅着重复）借过……劳驾，借过！

青年 （躲闪不及，撞个正着）哎哟！

华老栓 （怀里的油纸包跌了出来，他近乎疯狂地矮身去接，抖着手把东西揣回去，根本就没看青年，护着宝贝一样地捧着东西走了。他面前没有人，可他还是低着头，眼里只有怀里的东西，几乎是无意识地对着虚空说道）让一让，对不住，借过！

青年 （忙不迭站远了，拍拍衣服上的灰，对着华老栓远去的背影呸了一口）去看丧命的热闹也这么急，不知道的还以为是去赶着救命呢！

［华老栓似乎是听到了，踉跄一下，消失在幕后（孔乙己和祥林嫂分别站在舞台两边）

青年 （自语）我可不要做这样的人。

［祥林嫂从台左缓慢上，她一手提着竹篮。内中一个破碗，空的；一手拄着一支比她更长的竹竿，下端开了裂。

祥林嫂 （呜咽着）我真傻，真的。

［台下几个村妇打扮的人在说笑。

祥林嫂 （看见妇女，紧走两步）我真傻，真的。

妇女 （笑道）是的，你是单知道雪天野兽在深山里没有食吃，才会到村里来的。

［其他妇女应和：傻瓜……，傻不傻呀……

青年 （有点害怕，自言自语道）这老婆婆有些吓人。

［**友人** 你在怕什么？

青年 （一个激灵，自言自语）我不怕，她让我想起我母亲，我可不怕我母亲。

祥林嫂 （凑近，压低了声音，盯着青年）一个人死了之后，究竟有没有魂灵的？

青年 （悚然）也许有罢，——我想。

祥林嫂 （两眼放光，不自觉地往前移动）那么，也就有地狱了？死掉的一家的人，都能见面的？

青年 （不自觉地被逼退）唉唉，见不见面呢？

祥林嫂 （一步步前逼）见不见面呢？

青年 （胆怯起来，声音越来越小）那是，……实在，我说不清……其实，究竟有没有魂灵，我也说不清。

［祥林嫂似乎是想要继续逼他，小步挪过来。

［青年溃败似的，飞快倒退开，祥林嫂幽幽叹气，蹒跚下场。

［另一边，背对观众站着垂着辫子穿着长衫的孔乙己。

青年 （拍着胸口，自语）也不知道母亲安否，我得给她去一封信。

孔乙己 （悠然接口）子曰，父母在，不远游，游必有方。

青年 （转向孔乙己，惊讶）你是谁？

孔乙己 （慢条斯理地转过身，观众发现他的长袍正面其实满是油渍、灰垢和补丁）你读过书么？

青年 （略略点一点头，自语）又是一个怪人。

孔乙己 读过书，我便考你一考。"茴香豆"的"茴"字，怎样写的？

青年 （皱起眉）不是草头底下一个"来回"的"回"字么？

孔乙己 （高兴点头）对呀对呀！……"回"字有四样写法，你知道么？

青年 （尖锐反问）我要知道"回"字有四样写法，有什么用？

孔乙己 （摇头）何必曰利？亦有仁义而已矣。

青年 （激动地反驳）仁义道德，不过"吃人"二字！！！

孔乙己 （怒斥）小子无知！（烦躁地走来走去）仁义礼智，人道具矣。

青年 （冷笑，用手指拎起他破败的长衫，讥讽地）你怀揣着仁义，就是落到这副田地么？

孔乙己 （满面通红，结结巴巴地）仁者……爱人……义……义……

青年 （怒视，打断）就是因为你们这些人，我们才落到了这步田地！

孔乙己 （被逼急了，大吼）我还能怎样？我还能怎样？

青年 （怔住，松开了他）你……

课本剧《重生》演出现场

孔乙己　（抱着头蹲在地上，掩面，断断续续道）君子固穷，君子固穷……小人……

青年　（微微战栗着，看着孔乙己说不出话来，要伸手拉起孔乙己，却又克制住了）

〔友人　你在怕什么？

青年　（不由自主地接话）我怕我也变成这样……

孔乙己　（魔怔一样重复）不容何病？不容何病？

〔青年看着孔乙己，摇着头不断往后退，很害怕他的样子。慌乱地快步退开，飞跑下台。

〔孔乙己择机下台。

〔幕后，两名妇女带着哭腔的声音。

〔妇女甲　我的儿啊！便是你父半夜取来的宝贝也救不了你的命么！我的小栓儿！

〔妇女乙　瑜儿！他们都冤枉了你！天叫你可怜见的！

青年　（仔细听着，露出不忍的神色）都是一样的儿子……（突然想起了什么）难道之前那老伯，真是去救命的？

〔青年找着声音的来源，往中间走，与另一边走过来的人擦肩而过，走出几步之后——

青年　（转过身，不确定地）你……

夏瑜　（不卑不亢）我是夏瑜。

青年　（自言自语）有点耳熟。（自己重复道）夏瑜？夏瑜？……

夏瑜　（平静而清晰地）就是去年被斩首的那个革命党人。

青年　（倒吸一口冷气，快步走近）你就是……！（握住他的手一直不放）

夏瑜　他们准我入人世一次，见见我母亲。

青年　（恍然）原来是你母亲在哭你。

夏瑜　（清晰地）他们拿我颈子里最新鲜的血，喂给一个得了痨病的孩子。那孩子过了不久，也去世了。你听……

　　〔幕后，两妇女哀哀的哭声再次传来，"小栓儿"和"瑜儿"含糊成一片。

　　夏瑜　（神色悲恸）是母亲在哭儿子，是她们在哭我们。

　　青年　（缓缓放开他的手）

　　夏瑜　（看着他，语气慷慨起来）民族危难，必须有人站出来，不然中华儿女，只会沦陷在无意义的哀泣中！（毫不介意地再次伸出手）

　　青年　（双手垂在身侧，渐渐握拳）我……

　　〔**友人**　（站起来）你在怕什么？

　　夏瑜　（迅速接上友人的问话，放下手）你明明对我等革命者有着本能的亲近，你属于我们。

　　〔**友人**　你在怕什么？

　　夏瑜　（迅速接上）你不是怯懦，只是怀疑，你并不在担心自己的安危……沉睡的人，你到底在怕什么？

　　青年　（看看夏瑜，看看友人）我……

　　夏瑜　（突然微笑，显得有点诡异，一边退场一边说）你一向是不信有魂灵的。我这个魂灵出现在这里，是谁的想法呢？

　　青年　（看着他消失在幕后，低声）是我。

　　友人　（每次开口时都往前走几步，到最后站在青年面前）你在怕什么？

　　青年　（表情痛苦，纠结地自语）一开始我想，这民族没有希望，腐朽得摇摇欲坠，我对这腐朽感到厌恶。那时候我怕他们。我想着割裂我和他们的关系，标榜自己的清洁。

　　〔大屏幕展示一幅《药》里看客的图片。

　　友人　（往前走）你在怕什么？

　　青年　（喃喃）我怕他们里包括着我在乎的人，我的亲人……像那老婆婆一样一步步落入泥淖……我毕竟放不下他们……〔大屏幕展示祥林嫂的图片。〕再后来我发现了，如果不掀翻整个制度，我满腹的墨水终将污浊，天下的墨水也都将污浊。〔大屏幕展示孔乙己的图片。〕

　　友人　（往前走）你在怕什么？

青年　（越来越大声）我在怕，他们拒绝成为我们。

〔大屏幕展示《药》里夏瑜问斩，看客伸长脖子的图片。

青年　（站直，掷地有声，打断）不，他们便是我们，他们必须是我们！（握拳）我拒绝承认他们便是我们，是我的短浅。但是，他们拒绝承认我们便是他们，在眼下这是事实，却也是我们需要努力的地方！

〔友人刚好走到他面前。两人拥抱。

友人　你的答案呢？

〔大屏幕上打出：假如一间铁屋子，是绝无窗户而万难破毁的，里面有许多熟睡的人，不久都要闷死了，然而是从昏睡入死灭，并不感到就死的悲哀。现在你大嚷起来，惊起了较为清醒的几个人，使这不幸的少数者来受无可挽救的临终的苦楚，你倒以为对得起他们么？

青年　（掷地有声）几个人既然起来，你不能说决没有毁坏这铁屋的希望。铁屋纵然坚固，但是被叫醒的人，应当有承担苦难的自觉！

〔大屏幕上打出：然而几个人既然起来，你不能说决没有毁坏这铁屋的希望。

友人　说得好！（两人握手）

〔大屏幕上打出：——鲁迅《〈呐喊〉自序》

青年　（热切地）什么时候可以交稿？

〔两个人维持着握手时的姿势，动作定格。大概过了三秒，一个现代语文老师打扮的人走出来。

现代青年　我家门前有两棵树，一棵是枣树，还有一棵——

〔幕后，孩童的哄笑声：也是枣树！哈哈哈哈哈哈哈……

现代青年　（摇着头）先生孤独如斯，直至如今，真是孺子不可教。（皱眉）娱乐至上的风气侵袭文化，对先生不尊重的言论，只能体现言说者自身的格局狭小，这反而证明了先生的伟大。

〔大屏幕打出：没有伟大的人物出现的民族，是世界上最可怜的生物之群；有了伟大的人物，而不知拥护，爱戴，崇仰的国家，是没有希望的奴隶之邦。——郁达夫

课本剧《重生》的演员们在演出结束后和导演周秋敏老师合影

现代青年　（摇头叹气，回头看到青年，面露惊讶）你是……先生……？

青年　（微笑）我是他，我也不是他。我是青年，我也是你。迷茫、割裂和否定，每一代都有。但是，不要灰心，重新的肯定和回归，是一条必然之路。

现代青年　（若有所思）一味地割裂，只会让我们沦入孤独的精神困境。

〔同时，华老栓、祥林嫂、孔乙己、夏瑜择机上，造型不变。

青年　重生的信念，是进步的火种，是民族在任何时代都拒绝庸俗的灵魂。先生创造出他辉煌的精神帝国（指向身后的角色），也是为了我们青年也能踏着他思考的道路，解救自己的困境，高举进步的大旗。（面向观众）彷徨时总要有人呐喊，而先生，走在前面。

众人合　踏《莽原》，刘《野草》，《热风》《奔流》，一生《呐喊》；痛《毁灭》，叹《而已》，《十月》《噩耗》，万众《彷徨》。云山苍苍，江水泱泱。先生之风，山高水长。

〔大屏幕打出：历史人物之所以伟大，正在于我们可以因他而深刻地意识到自身的存在；在存在方式的选择中间，我们根本不愿拒绝他的灵魂的参

与。鲁迅就是这样一个人。他没有把黄金世界轻易预约给人类，却以燃烧般的生命，成为了千千万万追求者的精神的火光。——林贤治

（全剧终）

※说明

2017年9月，第十二届全国鲁迅学校校际交流会在杭州学军中学召开。在开幕式上，学军中学学生演出了原创课本剧《重生》。《青年时报》、中国教育在线浙江站等媒体及时报道，在全国产生影响。

剧本由学生廖安知执笔主创。语文组傅岩、周秋敏、孔凡哲等老师参与了相关工作。尤其是周秋敏老师，为《重生》的编导投入了大量的时间和精力，使演出得到专家和同行的一致好评。

之后，《重生》在学校大型活动中多次演出。这是学军中学长期开展"读鲁"活动的重要成果之一。读者可在腾讯视频中观赏此剧。

写在之后

魏子墨

简介	毕业于美国克拉克大学，获硕士学位。
阅读感悟	说起读名著对写作的影响，我觉得若只是在文字上苦苦去求，难免陷入"云空未必空""勿使惹尘埃"的境地。名著是情感，是众生相。所谓画鬼易，画马难。读名著，而后可画马。

在我从高中毕业六年之后，我的朋友圈被同一条消息刷屏了。

傅老师退休了。

一

消息来源于学校官方微信平台，大家纷纷在文末留言。

"能成为傅老师的课代表是我高中最荣幸的事。"

"傅老师是我高中时代最喜欢的老师。希望多年之后可以在他的小木屋与他谈谈年少时的自己。"

"桃李不言下自成蹊，落花无言人淡如菊。"

"慎独。"

··········

这些留言来自不同的年龄，不同的地方，不同的人。他们并不都互相认识，但他们都是傅老师的学生。

二

画画对我来说，一直是件难事，特别是画人像，无论是用色彩，还是用文笔。说到傅老师，大概大家都会提起他雄浑的嗓音、戴着厚厚的镜片的眼睛、黑色的外套、锈迹斑斑的自行车。

我很难和你说，他长得什么样。我可以说，有一点国字脸，个子不高，人群中你也许不能一眼认出来，但他的声音绝对算得上独一无二。我心中常想，倘若傅老师没有成为一个语文老师，那他一定会是个很好的歌唱家，大概是帕瓦罗蒂那种。不过这也是我做傅老师的学生已经是他在校工作的后期的缘故，傅老师年轻的时候还是非常帅的，像古天乐一样平平无奇。

我当然不会把他的眉毛鼻子眼睛都形容一番，那样就显得有些蠢，也不符合傅老师的气势。挑一个他让我印象最深的动作，我就选把五个手指捏在一起那个。

我不知道他本人对此是否有知觉，往往是出现在他要提出什么问题的时候。如果有人回答上了，他就说：哎，对啦，连眼镜都跟着反光了。

在高中的课堂上，沉默是一种常态，倒不是内容不够有趣，而是大家常常习惯于那样的状态。一节课几十分钟，到了中后期，有时候会出现一瞬间的涣散，这种涣散是集体性的，往往这样的情况发生在中午前后的课里。在这样的时刻，标志性的手势就要出现了，讲到某一个点的时候，傅老师就问：是什么啊？他的手仿佛扎住了袋口，过了一小会儿，没有人回答，他就接着说，是 XXX 嘛，对不对啊？那些积蓄的情绪从他舒缓的手指间奔腾而出，于是仿佛松了一口气，而后重新打起了精神。

傅老师偶尔会讲一些小故事，大多数我已不太能记清，就只记得两件事。一次是提到了农忙时的"双抢"；另一次是讲《边城》时提到了一点湘西剿匪的事，有同学误以为他是湖南人，还傻傻地以为他当过土匪，他就在班上"辟了谣"。本来并不知晓老师是哪里人，这一下子反倒常常误会他真的是湖南人了。

三

"我看傅老师是认出你的字了。"同学开玩笑地和我说。

每次月考，年级里都要出一份例文选，供同学们点评欣赏。有篇文章好像是我高中唯一的月考上"例文选"的作文，文章就从试卷里选。

我的语文成绩并不好，从前就是，特别是那些阅读理解题。都说阅读理解有"套路"，有"格式"，可惜对我而言，理解都常常有偏差，那些"套路"并不能救我。我的一张语文卷子，可能要有一半的分数都是来自作文，不是因为作文分高，而是总分实在是太低了。

傅老师常常找我谈话，并且对于我喜欢写文章这事表示极大的支持。不过，写文章，四分意，八分底，可能写出来的，也就只有一分。积累不是一朝一夕的事，自然就闹出了急于求成的笑话来。这时候他就不断地强调，写文章最重要的，还是要有真情实感。用武侠的话说，就是重剑无锋，大巧不工。

那一次的月考作文能被选中，我自己觉得，和我写的最后一句话多少有点关系，不过被同学这么一说，多少是有点动摇的。要说傅老师认不出我的字，看不出是我的作文，那是不可能的。且不说他这样的高手，就是我自己，看多了，有些同学的文风也能摸到个大概。我并不想去考虑这个事情，我相信他一定有更全面的把握。

有一年暑假，有一项作业是要看一列书单上的其中一些经典，然后写书评或读后感。当时我选了《围城》写了一篇，被傅老师提出来点评了几句。现在回头看，当时看《围城》眼光更柔和些，混着那个年纪的莫名其妙，想来也真是难为傅老师，在那么零碎的字句中看懂了我的意思。

那个时候我住校，托他代买了几本书，他一直没肯收我的书钱，说那些书就当是送给我的了。毕业前夕，我把自己写的一些东西交给他，后来我回校，他就将一本校刊塞给我。原来我毕业之后，他还是把我写的文字推荐给其他老师，最后其中一部分载在校刊上了。

最后一次回校的时候，傅老师已经没有带班的教学任务了，不过还暂时在学校里。我找到他，我们又聊了一次，他看上去好像是多了一些皱纹，不过他雄浑的嗓音让我感觉他的身体状况还不错。

临走前他给了我枣子吃，还问我笔名"月海吞夜"的意思，我没好意思说，不过收下了枣子。

韩愈在《马说》里讲，千里马常有，而伯乐不常有。

我想我也许并不是千里马，但我相信傅老师一定是个伯乐。

四

傅老师退休了，今后的日子也还漫长，无论在哪儿，都是个人选择罢了。

作为傅老师众多学生中的一个，就目前来看，做老师是不太可能了，既没那资格，也没那智慧。我想我能做的，就是还这样，一直写写，虽然不是那么精彩。

不过就像他喜欢的：他山之石，可以攻玉。和他有关的思考，我想是会延续的，不仅在他身上，也在我们这些学生的身上。

希望他一直健健康康的，也祝

生日快乐！